审计名著译丛
（第一辑）

王家新　晏维龙　主编

对政府的监督
——监察长制度与问责研究

MONITORING GOVERNMENT:
Inspectors General and the Search for Accountability

[美]保罗·C.莱特　著
Paul C.Light
王金秀　姬琨　徐玮　杜佳　唐燕萍　译

中国财经出版传媒集团
经济科学出版社
Economic Science Press

图字 01-2020-2026
图书在版编目（CIP）数据

对政府的监督：监察长制度与问责研究/（美）保罗·C. 莱特著；王金秀等译. --北京：经济科学出版社，2020.7
（审计名著译丛. 第一辑）
书名原文：Monitoring Government: Inspectors General and the Search for Accountability
ISBN 978-7-5218-1582-5

Ⅰ.①对… Ⅱ.①保…②王… Ⅲ.①政府审计-美国 Ⅳ.①F239.44

中国版本图书馆 CIP 数据核字（2020）第 162644 号

责任编辑：张庆杰　罗一鸣
责任校对：王苗苗
责任印制：范　艳　张佳裕

Monitoring Government: Inspectors General and the Search for Accountability Licensed by The Brookings Institution Press, Washington, DC, U.S.A.
Monitoring Government: Inspectors General and the Search for Accountability © 1993, The Brookings Institution.

对政府的监督
——监察长制度与问责研究
MONITORING GOVERNMENT:
Inspectors General and the Search for Accountability
[美] 保罗·C. 莱特　著
Paul C. Light
王金秀　姬琨　徐玮　杜佳　唐燕萍　译
经济科学出版社出版、发行　新华书店经销
社址：北京市海淀区阜成路甲 28 号　邮编：100142
总编部电话：010-88191217　发行部电话：010-88191522
网址：www.esp.com.cn
电子邮箱：esp@esp.com.cn
天猫网店：经济科学出版社旗舰店
网址：http://jjkxcbs.tmall.com
固安华明印业有限公司印装
710×1000　16 开　18.75 印张　300000 字数
2020 年 12 月第 1 版　2020 年 12 月第 1 次印刷
ISBN 978-7-5218-1582-5　定价：75.00 元
(图书出现印装问题，本社负责调换。电话：010-88191510)
版权所有　侵权必究　打击盗版　举报热线：010-88191661
QQ：2242791300　营销中心电话：010-88191537
电子邮箱：dbts@esp.com.cn

《审计名著译丛》编委会

主　　编：王家新　晏维龙
副 主 编：尹　平　王会金　时　现　裴　育
执行主编：郑石桥　喻一文

布鲁金斯学会

布鲁金斯学会（The Brookings Institution）是一家独立的、非营利的组织，致力于无党派研究，教育以及经济、政府、外交政策和社科类的出版。其主要目的是协助发展有效的公共政策和促进公众对于国家事务重要性的理解。布鲁金斯学会创建于1927年12月8日，由1916年成立的政府研究所（The Institute for Government Research），1922年成立的经济研究所（The Institute of Economics）和1924年成立的罗伯特·布鲁金斯经济和政府研究学院（The Robert Brookings Graduate School of Economics and Government）合并而成。

该学会对公共政策事务保持中立的态度以保证研究人员的学术自由，布鲁金斯出版物中的解释和结论仅代表作者本人的立场和观点。

治理研究院

治理研究院（The Governance Institute），成立于1986年，是一个非营利性组织，关注于探索、解释以及缓和美国联邦体系中权力的分配和分立问题。它致力于研究政府中各个层面和分支机构如何能够最好地互相协作。它也会关注到组织内或者机构之间影响政府运作的行为。治理研究院也关注于那些能够显著影响公共服务的交付实施和质量的行业以及调解组织。

该研究院的关注重点是制度化进程，这是联结法律、机构和政策的枢纽。研究院认为问题的解决应该整合研究和讨论。这也是为什么研究院努力和那些能改变进程和政策的决策者协作的原因。研究院目前的工作主要在三个领域：司法部门的问题、行政部门的问题、法律行业面临的挑战。

译者序

在1989年美国住房和城市发展部丑闻曝光之前，公众对联邦监察长制度知之甚少。这个丑闻第一次将监察长们推向了舆论的风口浪尖，几天之内，监察长上了新闻头条，国会、媒体以及公众开始追问：监察长制度在确保政府问责方面究竟起到了什么作用？在舞弊、浪费和滥用职权的行为中，政府是否该被问责？

早在1978年，美国颁布了《监察长法案》。根据这个法案，联邦各部门和机构设立了监察长办公室，负责开展审计、调查、监察和评价工作，实行向国会和部门负责人双重报告制度。制定这个法案的目标包括：创建独立客观的机构负责审计和调查工作；促进节约、提高效率、增强有效性；预防和发现舞弊、浪费和滥用职权；保持各部门和国会之间的信息沟通并协调开展必要的纠正行动。由于该法案的实施，在20世纪80年代，监察长办公室成为联邦政府中发展最为迅猛的部门之一，即便在诸多机构人事冻结的背景下，监察长办公室仍然在不断扩大规模、增加经费。

《对政府的监督》一书首次系统评价了监察长制度以及政府在推行这一制度中所做的努力。监察长制度在维护和促进公共资金的安全和有效使用，推动联邦政府及其部门改进管理、提高绩效和强化责任，防止公共资源和权力的滥用等方面，发挥了十分重要的作用。然而，这一制度在运作方面存在的问题却鲜为人知。对于行政部门而言，监察长以行政控制为代价，行使了太多的自由裁量权；对国会来说，监察长缺少足够的自主权。总而言之，问题不仅仅是如何运行监察长制度，而且是在三权分立的体制下如何发挥其积极作用。

本书追溯了监察长制度的发展史以及工作重点日益转向调查的历程，回顾了监察长制度的组织化和制度化发展过程，研究了联邦政府对监察长制度的投入所折射的当时的管理理念，并且重点讨论了如何建设监察长制度使之更有利于改善政府管理。全书共分为五个部分，十一章。第一部分介绍了监察长制度理念产生的背景，简要回顾了监察长制度的发展历史，集中讨论比较了三种问责类型：合规问责、绩效问责和能力构建问责。第二部分是监察长制度的设计理念，探讨了国会为何会在面临反对的情况下仍然坚持监察长制度这一理念，研究了《监察长法案》的立法过程。第三部分阐述了《监察长法案》的实施情况，详细描述了在卡特时期新履职的监察长们面临的重重困难，介绍了在里根时期监察长制度得以发展的情况，揭示了监察长面临的冲突与挑战。第四部分关于监察长的权责和问责机构的运作，重点对审计人员和调查人员进行了比较，考察了监察长办公室的全面发展情况。第五部分回答了本书的中心问题：监察长制度有效吗？深入探讨了监察长如何更好地发挥监督政府的职责，为监察长设想了一个更为广泛的角色，同时提出了关于监察长制度影响力的三大问题。

作者保罗·C. 莱特博士是纽约大学瓦格纳学院公共服务学讲座教授，公共服务全球中心的创始首席研究员。在进入纽约大学之前，莱特博士是布鲁金斯学会的道格拉斯狄龙高级研究员，其公共服务中心的创始主任。他曾担任皮尤慈善信托基金会公共政策项目主任，明尼苏达大学休伯特·H. 汉弗莱公共事务研究院的公共事务学教授，治理研究院的高级研究员。他出版了 25 本专著，其研究兴趣包括官僚制度、行政部门、国会、福利计划、政府改革、非营利组织的有效性、组织变革及政治任命程序等。

本书写于 1993 年，随后美国的监察长制度又有新的发展。2008 年，时任美国总统布什签署了《2008 年监察长改革法案》，对监察长制度做出重大改革，凸显了强化政府和公共领域监督的趋势，在增强监察长的独立性、加强各部门和机构监察长工作的协调、提高监察长工作能力和质量等方面都做出更为细致的制度安排。

本书由五位译者合作翻译完成：王金秀翻译序言、第一章、第二章和第三章,并且与杜佳合作翻译第四章;姬琨翻译第五章和第六章;唐燕萍翻译第七章和第八章;徐玮翻译第九章、第十章和第十一章。本书在翻译过程中得到南京审计大学审计科学研究院的热情支持,审计专家郑石桥教授和章之旺教授通读译稿,从专业的角度把关,提出宝贵的修改意见。译者对两位教授的支持和帮助深表感谢。

唐燕萍

前　言

来华盛顿上任的当选官员几乎都向选民承诺过他们将整顿政府，使之更好地发挥作用，归政于民。然而，一旦就职，他们迅速发现对政府管理进行改革并非易事。联邦政府是个错综复杂的庞大单位，由数以百计的部门和机构组成。了解它已然很困难，管理它更加困难。

然而，自20世纪70年代早期以来，不断上升的预算赤字和频频曝光的丑闻——从水门事件到储贷危机——已使反对舞弊、浪费和滥用职权的斗争成为全国首要任务。新成立的监察长办公室（Offices of Inspector General, OIGs）就加入了这场斗争，它们遍布于整个联邦政府内，根据《1978年监察长法案》的规定而成立。当时监察长办公室致力于通过不断细化的规定和程序，即合规性监督，来改善政府管理，而非采用绩效激励机制或在有助于政府履行使命的基础建设方面进行投入。

在20世纪80年代，监察长办公室成为联邦政府中发展最为迅猛的部门之一。即使当时处在诸多机构人事冻结的背景下，监察长办公室仍得以迅速扩张，增加了新职员并获得额外资金。本书作者保罗·C. 莱特追溯了监察长办公室的发展史以及工作重点逐步转向调查的历程。莱特还回顾了监察长办公室组织化和制度化的过程，研究了联邦政府对监察长办公室制度的投入所反映出的当时的管理理念，并重点讨论了如何建设监察长办公室制度使之更有利于改善政府管理。

本书由布鲁金斯学会和治理研究院联合出版。保罗·C. 莱特是明尼苏达大学休伯特·H. 汉弗莱公共事务研究院的公共事务学教授，同时担任治理研究院的高级研究员。他衷心感谢研究院及其院长罗伯特·卡茨曼提供的帮助。此外，作者向在本研究不同阶段给予支持的同事们表示感谢，他们是巴巴克·阿马伽尼、约翰·布兰德尔、莫特·科恩、泰瑞·库珀、乔治·弗雷德里克森、詹姆斯·耶恩伯格、弗雷德·凯撒、朱迪·莱希、杰弗瑞·卢贝斯、托马斯·E. 曼恩、马克·H. 摩尔、卡罗尔·内维斯和G. 爱德华·舒，同时也向诸位监察长以及其他政府官员表示感谢，感谢他们慷慨地抽出宝贵时间，尤其感谢查尔斯·邓普西、谢尔曼·芬克、理查德·库斯罗、汤姆·莫里斯和詹姆斯·诺顿。本书作者还向帕特丽夏·英格拉哈姆、唐·凯特尔、洛林·刘易斯、吉尔伯特·斯坦纳以及一位匿名审稿者致意，感谢他们仔细阅读文稿并提出宝贵的改进建议。感谢莱斯利·布鲁沃德、约翰·明格斯和盖尔·索佛尔提供研究支持；感谢科琳·麦吉尼斯和帕特丽夏·杜威编辑文稿；感谢艾莉森·林姆斯基验证事实内容；感谢海伦·霍尔、苏珊·汤普森和伊丽莎白·托伊提供行政支持；感谢马克思·弗兰克编制索引。作者还想特别提及斯蒂文·凯尔曼的著作，它在帮助作者理解问责方面极为有益。最后，作者感谢他的妻子莎伦·帕姆平托·莱特和他的女儿凯特，感谢她们的耐心与支持。

治理研究院感谢查尔斯·E. 卡尔佩珀基金会对本研究项目给予的重要支持。研究院同时也向美国行政会议致谢，正是由于它提出的援助要求促成了开展对监察长办公室研究的决定。虽然本书的研究独立于美国行政会议本身正在进行的研究，但研究院希望本书对它们的研究有所助益。

本书表达之观点是作者之观点，并不属于前面所致谢的人员和组织机构，也不属于布鲁金斯学会的受托人、高级主管或工作人员，亦不属于治理研究院的董事、高级职员和其他工作人员。

布鲁斯·K. 马克罗瑞
布鲁金斯学会主席
1992年11月
华盛顿特区

目 录

导论 　　　　　　　　　　　　　　　　　　　　　　　　　1
　　为什么研究监察长制度 / 2
　　调查方法 / 4
　　本书的结构设置 / 6

第一部分　基本框架

第一章　最新的监督者 　　　　　　　　　　　　　　　　11
　　问责途径 / 12
　　监督问责 / 16
　　总结：限制的时代 / 21

第二章　监察长制度的兴起 　　　　　　　　　　　　　　23
　　《监察长法案》简介 / 23
　　发展简史 / 26
　　法律原型 / 28
　　非法定的选择 / 31
　　总结：带刺的铁丝网 / 35

第二部分　设计理念

第三章　国会因何立法　　39
　　监察长制遏制的三大问题 / 39
　　打击舞弊的政策 / 43
　　获取信息的必要性 / 48
　　结论：合规之选 / 57

第四章　创建得力助手　　59
　　另一种可能的结果 / 60
　　监察长究竟做些什么 / 62
　　制度化的矛盾 / 69

第三部分　法案的实施

第五章　1979 级的监察长　　79
　　卡特的选择 / 80
　　人员裁减 / 89
　　结论：任务繁重，时间仓促 / 99

第六章　光辉岁月　　101
　　解雇恐慌 / 102
　　从头再来 / 103
　　激冷效应 / 103
　　亲密友谊的开始 / 105
　　结盟的种子 / 110
　　结论：天作之合 / 116

第七章　冲突　　　　　　　　　　　　　　　　　　　　　119
　　1985 级的监察长 / 120
　　微调 / 127
　　进入布什时代 / 130
　　结论：不确定的未来 / 142

第四部分　问责制度的构建

第八章　向调查过渡　　　　　　　　　　　　　　　　　147
　　审计人员和调查人员 / 148
　　开展调查工作的推动力 / 159
　　结论：保护监察长办公室 / 167

第九章　监察长办公室的组织机构　　　　　　　　　　173
　　监察长办公室的组织发展史 / 174
　　组织机构的未来 / 186
　　作为机构存储器的监察长 / 195

第五部分　有效性的问题

第十章　衡量监察长制度的影响力　　　　　　　　　　199
　　有效性的衡量 / 200
　　结论：关于绩效的质疑 / 215

第十一章　监察长制度的未来　　　　　　　　　　　　220
　　《监察长法案》的创新 / 221
　　改革的重奏 / 225
　　监察长的保障机制 / 229

附录　访谈人员名录　　　　　　　　　　　　　　　　　231
注释　　　　　　　　　　　　　　　　　　　　　　　　236
索引　　　　　　　　　　　　　　　　　　　　　　　　258

表格目录

表1-1　问责方面 / 14

表1-2　监督方面 / 17

表2-1　监察长制度的扩张过程（1976~1989年）/ 25

表3-1　委员会和小组委员会活动变化趋势（1955~1983年）/ 52

表3-2　监察长在国会作证情况（1977~1988年）/ 54

表4-1　住房与城市发展部半年执行报告概要（1981~1985年）/ 72

表5-1　人口统计（卡特政府对比里根政府）/ 81

表5-2　监察长背景与观点（卡特政府对比里根政府）/ 82

表5-3　提名程序（卡特政府对比里根政府）/ 86

表5-4　监察长汇报对象和操作状况（卡特政府对比里根政府）/ 91

表5-5　监察长工作的性质（卡特政府对比里根政府）/ 94

表5-6　总统任命官员的目标（1964~1984年）/ 96

表6-1　监察长、文官和政治任命官的数量增长（1980~1986年）/ 107

表6-2　监察长、文官和政治任命官的数量增长（1980~1990年）/ 109

表6-3　《88号改革方案》草案状态（1987~1989年）/ 113

表6-4　任监察长之前的工作部门，两届里根政府任命官 / 115

表7-1　监察长教育背景一览（按级划分）/ 120

表7-2　职业背景及观点（按级划分）/ 121

表7-3　监察长汇报对象和办公室运行状况（按级划分）/ 123

表7-4　监察长的工作性质（按级划分）/ 125

表8-1　监察长办公室人员基本情况统计（按职业划分）/ 148

表8-2　监察长办公室人员背景及观点（按职业划分）/ 149

表8-3　监察长汇报对象和办公室运行状况（按职业划分）/ 150

表8-4　监察长工作的性质（按职业划分）/ 155

表8-5　支持监察长办公室改革（按职业划分）/ 157

表8-6　人员配备（按职业划分）/ 158

表8-7　审计人员和调查人员数量比较（1983年和1990年）/ 161

表8-8　相对于审计人员，调查人员数量的变化（1983~1990年）/ 163

表 9 - 1　组织结构扩大的方式（1980~1989 年）　/ 174

表 9 - 2　组织独立的衡量方式（1983 年和 1989 年）　/ 178

表 9 - 3　组织上的得与失（1983~1989 年）　/ 179

表 9 - 4　监察长办公室的评估与监察部门（1989 年）　/ 194

表 10 - 1　监察长办公室规模比率（1989 年）　/ 202

表 10 - 2　监察长办公室节约资金明细（1989 年 4 月 1 日~9 月 30 日）　/ 205

表 10 - 3　监察长的监管率（1989 年）　/ 207

表 10 - 4　成功调查的特征　/ 210

表 10 - 5　监察长办公室活动排名（1978~1989 年）　/ 211

表 10 - 6　监察长办公室透明度决定因素　/ 213

表 11 - 1　不同时代对监察长改革的支持　/ 227

导论

1989年，美国住房与城市发展部（Department of Housing and Urban Development, HUD）丑闻第一次将联邦监察长们推向了舆论的风口浪尖。时任住房与城市发展部监察长的保罗·亚当斯（Paul Adams）成为近乎所有新闻媒体竞相转载的对象。他向公众披露了被冠以"盗侠罗宾汉"的一位丑闻涉案人员的新细节，并在国会指证部分既得利益者收取高达30万美元的咨询费，例如前内政部长詹姆斯·瓦特（James Watt）利用他跟住房部官员的关系为高价承包商获得住房部项目，从而获得高额好处费，随后通报了涉及住房部部长办公室的政治献金的调查进展情况。一夜之间，监察长登上了各大报刊的头版。

在整起事件中，监察长所起的作用显而易见，正是监察长办公室的调查牵出了住房部丑闻。尽管如此，联邦政府中仍有部分官员认为住房部监察长存在失职之处。国会和媒体在对这桩腐败自部长而下、牵涉甚广的丑闻刨根问底的同时，也在追问监察长的权责。《时代周刊》，在其刊文《住房骗局》中这样质疑："如此贪腐巨案为何时至今日才被曝出？部分原因就在于无人过问"。[1] 言外之意，住房部监察长也位处失察之列。众议院议员克里斯托夫·谢斯（Christopher Shays；共和党人，康涅狄格州）在众议院调查委员会面前与亚当斯的交锋中表达了相同的观点：

> 谢斯先生：我对监察长办公室的印象是你们负责查处渎职行为，发

现问题，然后确保采取相应的措施……

亚当斯先生：首先，谢斯先生，调查正在进行中，我们既没有拿到最终的调查报告，也没有拿到最终的审计报告。我们在1988年9月30日向国会提交的半年报中明确指出住房部存在诸多问题，正在调查中。

谢斯先生：你没有明白我的意思。总的来说，我一直，曾经一度坚信监察长办公室这一理念。我的理解是监察长办公室的存在使得正在被披露的此类事件不会发生，坦率地说，我认为这是——我再也不会感到震惊了，再也没有什么事情能让我感到震惊了……

我想说的是，你们的职责难道不是确保诸如此类事件不会发生？这不正是设立监察长办公室的初衷吗？一旦你们发现了问题，就要确保历史不再重演。[2]

对于谢斯的评论见仁见智，但是他的发问为本书探讨监察长在确保政府问责方面发挥的作用奠定了基础。

为什么研究监察长制度

根据美国《1978年监察长法案》（*Inspector General Act of 1978*），住房与城市发展部设立监察长一职。尽管遭到行政部门近乎一致的反对，该法案在原有卫生教育和福利部（Department of Health, Education, and Welfare, HEW）及能源部（Department of Energy）两个法定监察长办公室的基础上，在其他12个政府部门和机构增设了监察长办公室。卫生教育和福利部在1980年被划分为卫生及公共服务部（Department of Health and Human Services, HHS）和单独的教育部（Department of Education）。到1989年，监察长遍及联邦政府的各个主要机构，包括34个小型机构。

《监察长法案》推动者们的初衷是出于组织架构的考虑：第一，将政府内分散的审计和调查机构整合为独立的、以各部、局为单位的监察长办公室；第二，监察长办公室由总统任命、近乎独立行使职权的监察长负责；第三，

---

① 注：正文外版口所标数码为原著内容所在页码，可结合书后索引中所列页码查阅书中内容，也可据此旁码查阅原著相关内容。

给予监察长在确定运作事项、人员调配方面足够的空间和自由;第四,集中更多的资源打击舞弊、浪费和滥用职权。随着监察长办公室数量的不断增加,相应人员数量和政府拨款数额也水涨船高,这一点不足为奇。尽管20世纪80年代绝大多数联邦政府部门经历了裁员,监察长办公室的工作人员却增加了近1/4。

除了偶然曝出的住房部之类的丑闻,以及政府重组产生的巨大影响,至少还有两点原因决定了研究监察长制度的必要性。首先,监察长制度本身具有研究价值。监察长及其办公室依照相同的法律创立于同一历史时期,为研究美国政府在探索问责制的过程中推出的八项具体"革新"产生的重大影响提供了契机。

1. 监察长是美国政府中为数不多的由总统任命、同时向国会和部门主管汇报工作的官员,这项改革曾在1978年遭到司法部(Department of Justice)的强烈反对。

2. 监察长的任命与其政治派系无关,仅以候选人的专业技术能力和素质为依据,这在政府总统任命的官员中也是极为罕见的。

3. 总统有权罢免监察长,仅需将免职理由书面告知参众两院。

4. 监察长办公室将审计和调查两种职能合二为一。

5. 监察长办公室在人事招募和调配方面享有较大自主权,受到法律保护。

6. 美国政府诸多职能部门需要每半年向国会提交一次工作报告,监察长也不例外。然而他们的工作报告受到极为详尽的格式限定。

7. 监察长有权通过发警告函检举揭发本部门内的违法失当行为。警告函一经发出,部门行政首长无权修改或截留,但可延迟7天公布。

8. 监察长是本部门行政首长的得力助手,同时也是国会议员、各事务委员会、小组委员会间接获取本部门信息的渠道。

其次,研究监察长制度不仅可以帮助我们深入了解《1978年监察长法案》的实施和影响,也为剖析政府问责的三种基本途径之间的关系提供了可能。第一种途径:合规问责,借助详细制定的法律法规、监管准则确保问责主体的行为合乎规范。合规问责主要着眼于事后纠错,期望利用处罚手段的震慑力约束政府内部或外部（例如承包商、受益人）的个体行为。第二种途径：绩效问责，核心在于建立激励和奖励机制促进问责主体实现绩效目标。绩效问责以个人为问责主体，强调制定奖励措施推动个体行为从一开始就朝着良性的方向发展。第三种途径：能力本位问责，是指通过人员、体制、结构等技术应用建设提升部门能力，通过初始投资保障成功的条件。能力建设是指借助充足的资源支持，重点建设人员齐备、训练有素、结构合理、设备先进、工作高效的部门。

尽管三种问责方式均被政府部门采纳，但在整个20世纪80年代，合规问责占据了主导地位，在很大程度上依赖监察长的监督职能。美国政府这一时期的治理理念更多地依仗震慑而非激励，政府对合规性监督的投入恰恰反映出国会和总统不愿在绩效问责和能力建设方面投入人力和物力。合规性监督不仅可以发现大量违法违规行为，因此受到更多关注，从而有更多机会为国会和政府赢得所需的声誉，而且它还能提出成本更低，政治上更易接受，司法上更明确，可更快执行的行动建议。然而，这些建议是否真的可以提高政府的效率是个悬而未决的问题。

调查方法

本书采用三种研究方法搜集资料：（1）向吉米·卡特（Jimmy Carter）总统和罗纳德·里根（Ronald Reagan）总统时期任职过的监察长们邮寄一份结构式问卷进行问卷调查；（2）进行91次半结构式的面对面访谈或电话访谈；（3）进行原始文献分析。这三种不同的途径使每一种都可以对其他两种途径所得的研究成果加以修正或印证。

邮寄问卷的调查旨在从1979~1989年间经总统任命担任过监察长一职的38位监察长处获取信息。[3]此份问卷部分内容基于美国公共管理学会（National Academy of Public Administration）针对从肯尼迪到里根执政期间500多位被任命者的研究而设计的问卷项目，并且在发送给全体调查对象之前已在少数监察长范围内进行过预测试。[4]与众多数据集合一样，并不是每一个变量都有意义。

本次调查锁定的38位监察长中，34位回复了完整的问卷，回复率高达

90%。由于有几位监察长在十年间担任过多种职位,因此此次样本实际可代表这一时期内总计44位被任命官员中的40位。因此,本次调查可生成两个不同的样本:一个是在1979~1989年间任职的34位监察长样本;另一个是被提名并得到参议院批准的40位被任命官员的样本。两种样本皆被使用。

34位监察长的样本有助于了解审计人员和调查人员之间的个体差异(第8、9章),以及他们对监察长制度改革的态度(第11章)。40位被任命官员的样本为分析卡特和里根执政期间他们因何选择以及如何选择他们的监察长提供了资料(第5、6、7章)。里根在总统就职日解聘了所有卡特时期的监察长们,当时没有人得到会再次受聘的保证。要比较卡特和里根的用人标准就需要部分监察长以担任过的不同的职位身份回答一些相同的问题。

面对面式访谈和电话访谈,有些较简短,有些较详尽,它们旨在以另一种视角来拓宽对监察长制度的研究。拟订的参与者们由众多拥有不同职位和背景的人构成——监察长、国会工作人员、审计总署(General Accounting Office,GAO)雇员、白宫顾问、总统任命的官员、内阁部长、甚至还有一位美国前副总统。除非另有注明,所有的被采访者都曾得到承诺他们的回答都会做不具名处理,也就是说,如果没有得到事先许可,所有的引述都不会透露信息来源人的姓名。当面对面的访谈无法安排时,将会由电话采访代替。[5]

对原始文献的探究旨在从历史方面和解析方面提供背景信息。比较容易获取的原始资料有监察长半年报、联邦电话簿、组织结构图、国会听证会记录、国会档案和国会报告。较为机密的信息来源有重要议员的私人备忘录,一位前农业部长的私人日记,一位前白宫国内政策顾问的会议日志,由众议院政府工作委员会(House Government Operations Committee)为1988年的十年回顾所收集的翔实的会谈实录,由参议院政府事务委员会(Senate Governmental Affairs Committee)所做的调研,部门与机构对监察长的内部备忘录(在第7章的讨论中特别涉及1989年法律顾问办公室(Office of Legal Counsel)的观点),未经修改的听证会笔录,监察长内部审计与调查计划,以及半公开地对监察长的研究或由监察长所做的研究。此外,还有在1990年初,为查明监察长办公室的员工数量和组织结构,对所有办公室逐个进行的电话调查。但是,各部门和机构有时在如何计算员工数量方面有所差异,因此这些数字只可视作相应的监察长办公室规模的粗略近似值。

本书的结构设置

这三种研究方法的成果生动又全面地反映出监察长们设立办公室和制定工作重点时面临的重重压力。然而，在汇报研究成果之前，第一部分为基本框架，有两章介绍性内容。

第一章开端集中讨论研究三种问责类型：合规问责、绩效问责和能力本位问责。在比较了这几种不同的问责途径之后，讨论就转向了监督的本质，监督是在追究责任时监察长拥有的唯一利器；紧接着讨论围绕监察长取得成果和做出建议将获得的政治奖励措施而展开；随后讨论了政府中官僚制范式的主导地位问题，这一状况促使合规性监督成为防范舞弊、浪费和滥用职权的第一道屏障。

第二章紧接着简要回顾了监察长制度的发展历史。1975 年，国会开始起草卫生教育和福利部《监察长法案》，这为随后《1978 年监察长法案》奠定了基础。当时有两种模式供国会选择：一种是建立高度独立的"孤狼式"调查人员制度，另一种是建立一个更具适应性的强大的助手制度。国会最终选择了第二个方案，赋予未来的监察长执行绩效问责和能力本位问责的权利，尽管会受到来自总统的制约。

本书的其余部分按照粗略的时间顺序介绍了《监察长法案》发展历程。

第二部分为设计理念，描述了当时围绕是否通过此法案而进行的立法辩论。第三章提出疑问，国会为何如此被监察长这一理念所吸引，特别是在将要受到波及的那些部门和机构坚决反对的情况下。肯定不仅仅是因为担心舞弊、浪费和滥用职权的行为或者忧虑丑闻引发的可怕的关注和报道，肯定还有更多因素在起作用。这项立法同样反映出国会中日益增多的欲建功立业型议员和他们的工作人员对掌握信息的需求；不仅仅是某种常规信息，而且还包括那种在议员间和在听证会上才能传播的小微情报，那种在合规监督中容易显现出问题的信息。

第四章研究了法案最终获得通过之前所做的立法选择过程。国会对监察长职责的定位一直不太明确。一方面，监察长将成为其部门或机构领导的得力助手，借此实现推动绩效问责和能力建设的愿景。另一方面，监察长将负责提供该部门的内部信息，因此一位行政部门的政敌曾形容监察长们为"间谍"。如此一来产生了对此制度的爱恨交织的矛盾情绪，正如住房与城市发展部的案例所表现出的，问题在于需要同时向部门主管和国会报告。

第三部分为法案的实施，关注《监察长法案》实施前10年的情况，并且对卡特时期和里根时期第一、第二任任职者进行了比较。第五章首先详细讲述了在卡特处于风波不断的执政第三年和第四年时，新履职的监察长们面临重重困难，艰难地创办他们的办公室。第六章介绍了在里根时期监察长制度得以发展的情况。在那些反对成立监察长办公室的部门和机构里，监察长很快意识到他们若想配备更多人员和资金必须要进行艰难的斗争。因此，当里根时期政府管理和预算办公室（Office of Management and Budget，OMB）提议与之建立一个新联盟时，监察长很快就接受了。监察长从而得到了人员和资金，遂在反对浪费的斗争中，他们一次次的统计业绩大显身手，而且他们在如何选择继任者的问题上也赢得了至关重要的权利。这一切传达的信息很明确：监察长办公室检查出的违反法规成果越多就意味着它将获得更多的制度保障，甚至更多的独立性。

然而，诚如第七章所述，当新一届政府上台执政后并不特别在意打击舞弊行为，这些协议不久就中断了。监察长制度虽然因在反对浪费的斗争中的作为而被广为称颂，但后来不得不退居次要地位，皆因乔治·布什（George Bush）政府做决策时更着眼于对外政策，反对浪费的斗争已不再是首要的任务。况且，对监察长制度猛烈地抨击也为问责提供了经验。当监察长们坚持最传统的合规监督时最安全，当他们涉足更重要的绩效或能力建构监督时最易受到批评。

第四部分，问责制度的构建，回答了关于监察长的权责和他们的组织机构如何运作等一系列问题。例如，第八章记录了历年来在监察长办公室人员配备中更多雇用调查人员的动向，同时对20世纪80年代被任命为监察长的审计人员和调查人员进行了比较。第九章考察了监察长办公室的全面发展情况，包括试图使之免受所在部门和机构的其他下属单位必须遵守的日常约束等。这两章结束时都对监察长制度提出改革建议：第八章提出了聘用监察长的新办法并对监察长的奖金制提出质疑，第九章就监察长办公室不断扩展的执法权和在评估时的重要地位之间提出了折中方案。

第五部分为有效性的问题，回答了本书的中心问题：监察长制度有效吗？监察长制这一模式如何得以加强以期能为绩效问责和能力本位问责提供更多帮助？第十章表明，这一问题极难解决，必须先回答一系列具体问题：（1）监察长办公室专业性有多强？（2）工作范围包括哪些？（3）节省的资金有多庞大？（4）情况有多乐观？（5）结果如何切实可见？对一位监察长来说，仅仅基本完成这五大指标是远远不够的。有效性还必须包含绩效因素。是否获得公众更多的信任？是否使政府对舞弊、浪费和滥用职权更具免疫力？是否使政府创造出更伟大的价值？这里指的是，更有品质的生活，更好的教育，更清洁的环境，更低的犯罪率等方面。这些问题的答案是复杂的。

第十一章为监察长设想了一个比其创建者的预期更为广泛的角色。这章在仔细考量过监察长制度革新后，又提出了三大关于监察长制度影响力的问题：（1）改善政府问责的最佳途径是什么？（2）哪些监督方法在改善问责中最为有效？（3）哪种方法能确保监察长不论做什么工作都能做到客观？本书结尾时提出，监察长通过加强他们的评鉴能力，借此在政府中树立起长久的机构形象，必将在问责的过程中大有裨益。

第一部分　基本框架

第一章
最新的监督者

1978年的秋天是探索政府问责道路上最为忙碌的一个时期。在立法会议的最后一个月，国会通过了《公务员改革法案》（The Civil Service Reform Act）、《政府道德法》（The Ethics in Government Act）和《监察长法案》（Inspector General Act）。这三大法案可以说是50年里最重要的一套行政改革。[1]

但是，这些法律法规并不是一个整体的改革战略。这些议案来自不同的委员会，由不同的倡导者提出，而且在立法程序上从未产生交集。它们也并不是唯一为加强政府问责所做的努力。最初在20世纪60年代和70年代早期就有众多国会改革方案出台——扩充委员会体系，扩大美国审计总署权力，新成立技术评估办公室（Office of Technology Assessment）以及国会预算办公室（Congressional Budget Office），通过《战争权力决议案》（The War Powers Resolution）和《预算和截留控制法案》（The Budget and Impoundment Control Act）。[2]随后在70年代早期到中期阶段出台了"阳光"法案和其他一些对官员自主裁量权的制约措施：《联邦咨询委员会法》（The Federal Advisory Committee Act）、《信息自由法修正案》（The Freedom of Information Act Amendment）、《隐私法》（The Privacy Act）、《联邦竞选法案》（The Federal Election Campaign Act）、《政府阳光法案》（the Government in the Sunshine Act）和其他各种立法否决权，拨款附带条款，机构人员配备最低限和最高限，任职年限限制，招录条件限制等。[3]

接着，在这波历史改革浪潮的后期涌现了两项《监察长法案》。起初第一项仅在卫生教育和福利部设立监察长办公室，随后第二项使之覆盖整个联邦政府。这两项法案只是大批改革措施中的一小部分而已。众多改革措施带来最重要的成效是来自政府内部与外部的监督评价者数量急剧增加——从国会议员到大众媒体，从审计总署调查人员到利益集团等。监察长只不过是这个时代出现的最新的监督者而已。

1978年的《监察长法案》是唯一一部结合了当代三种问责策略的改革法规，即基于法律法规的合规问责，激励绩效的问责和提升政府基础能力的问责。其他如《公务员改革法案》主要通过绩效激励和能力构建的方式运转，《政府道德法》主要通过合规问责方式操作，《监察长法案》从构思、落实、组织、效果都征询了意见。监察长最终在问责中几乎完全依靠合规问责在很大程度上反映出当时行政改革的政治策略。

问责途径

尽管政府会尝试绩效激励措施，比如绩效工资，或偶尔也会投入资金进行公务员体制改革，但是对政府应承担的责任的界定在过去50年里相对保持不变：那就是通过遵守严格制定的规章制度来限制官员自主裁量权。公共管理学家弗朗西斯·鲁尔克（Francis Rourke）在20世纪70年代后期曾写道：

> 20世纪六七十年代的改革家们似乎更致力于减少而不是扩大官僚机构的独立性。他们认为官僚制反映出当代社会难以克服的权力过于集中的问题，行政机构应回归于整个政治体系之下并且应承担更多责任。如果美国过去传统的改革措施可以被形容为尝试使行政管理过程"去政治化"（depoliticize）的话，那么我们当今的改革运动则是以使行政管理"再政治化"（repoliticize）为目标——至少从恢复公众对以前独立机构的控制的角度来看是这样的。[4]

这一解释至今仍得到公共管理学学术界的大力支持。甚至粗略地浏览下当代公共管理学教科书就会发现主流的界定仍是一种命令和管控学说（command-and-control）。相应地，问责就被视为限制官员自主裁量权的结果——限制来自清晰的规则（命令）和规范的程序，监督过程和督促官员遵守的执法

（管控）。例如，公共管理学家丹尼斯·帕伦博（Dennis Palumbo）和史蒂文·梅纳德-穆迪（Steven Maynard-Moody）归纳官员问责的两种方法如下：

> 第一种是异体问责，包括立法机关通过诸如立法监管等机制进行管控，法院通过决策复议和行政法进行管控，以及公民参与的管控。第二种方法是同体问责，包括培养官员的职业专业水平和职业道德水平，通过制定规章制度，保护举报人，成立代议制机构等手段进行监督，并且可启动行政诉讼进行追责。[5]

然而，管控的问题在于它需要在责任和其他创造力、革新等价值观之间进行人为权衡。例如，弗雷德里克·莫舍（Frederick Mosher）在论及问责所付出的潜在代价时写道：

> 我始于这样一个前提，即与其他任何一种价值理念相比，责任都不再是绝对的。假如每个人要为他所做过的，所尝试的，所思考的，所想象的每件事都要负责任的话，这个世界将变成一个极其贫瘠、枯燥的静态世界。责任通常不会与发明创造、新奇事物或意外所获相联系，反而是和忠实地、高效地、有成效地、以最低成本完成或多或少已规定好的任务相联系。这样，在最初，与责任相关的价值理念和原创力、试验精神、创造力、冒险精神等价值理念之间是冲突的。[6]

用命令—管控学说来界定问责的话就会产生这样的矛盾。不过，在这一领域还存在着其他定义。譬如，公共管理学家詹姆斯·费斯勒（James Fesler）和唐纳德·凯特尔（Donald Kettl）把责任划分为两个维度："第一个维度是应负责任。官员必须忠实服从法律，高官行动指南，以及高效与经济的行事标准。第二个维度是道德行为。官员必须遵奉道德准则，极力避免不道德行为的出现"。[7]他们在彻底整理了各种使官员做到忠实服从和保持行为道德的常用方法后，摒弃了传统的合规问责路径。"最终，我们还是选择招聘和保留那些优秀公务员的方法，他们愿意投身于公共服务，尊重公务员职责和行为道德准则的要求，精通民主宪政体系并决心为之服务"。[8]

这种能力本位的责任观点恰好有助于理解1978年三大改革法案的出台。当时民主党人卡特主政白宫，水门丑闻事件已逐渐淡出记忆，距离扣押美国人质的伊朗门事件发生还有两年时间，公认的问责的界定在很短的时间内得以拓宽。例如，《公务员改革法案》中明确承诺实行绩效工资制和业绩奖金制（虽然资金从未到位），以及更优化政府人力资本的管理工作。《政府道德法》创立了财产申报制度，它有繁多需遵从的措施，但仍设想总统任命的官员们就职时能更积极地代表公众的利益履行职责。1978年的《监察长法案》融合了这三种问责界定。

选择其中一种问责策略并不一定排斥其他两种策略。比如，合规问责与绩效激励制或能力构建并不互相抵触，有时反而对在绩效管理体制中确保做到公平公正至关重要，不然会削弱雇员信心。不过，把每种界定单独考量也是有益的。国会和总统有时出于预算压力，有时出于政治利益，可能会在三种问责策略中进行人为权衡，用合规问责代替绩效管理体制和能力构建。另外，这三种问责策略有各自不同的目标、机制和时间表（见表1-1）。

表1-1　　　　　　　　　　　问责方面

特征	问责的定义		
	合规问责	绩效问责	能力构建问责
干预时间点	行为后	行为前、后兼有	行为前
主要对象	个人和账户	个人和项目	机构和政府
基本机制	法规	奖励机制	技术
奖惩措施	消极	积极	积极
管理的作用	监督与惩罚	目标设定并强化	倡导并管理
监督的作用	查处与执法	评估并设定标杆	分析与设计
策略的复杂性	简单	较复杂	最复杂
效果持久性	短期	中期	长期

比较这三种方法，首先从干预的时间点看起。在合规问责模式下，干预的时间必须要等到行为发生之后。虽然合规检查在行为发生前也发挥一定震慑作用，但它主要还是用于纠查官员已发生的违规行为。与此不同的是，绩效问责和能力本位问责都是依靠在违规行为发生前发挥影响力。

这三种方法分别针对不同的主要对象。这些对象是一个连续统一体，一端是对个人和账户的核查，中端是对个人和项目的核查，另一端是把政府和各机构作为整体来核查。这一系列对象并不能精确地划分开来，但一般来说，合规问责用于检查个人和账户，绩效问责用于中端，能力构建用于另一端的政府机构。例如，调查大都着重于个人违法违规行为，不论违规者是受政府资助的人员，还是承包商或是联邦雇员。

这三种问责方法的基本机制很明确。合规问责通常是依据法律法规办事，不论处理的是采购、旅游、人事、文书等工作，还是具体政策。烦琐的签名审批制度使法规的实施得以强化。相反地，绩效问责以设立奖励制度为基础，最常见的一条就是履行《公务员改革法案》各项规定后就能得到工资。能力构建专注于技术，从广义范畴来说包括人员和管理手段。此外，能力构建还包括项目和组织的重新设计，也就是指制定切实可行的项目和建立反应灵活的机构模式。

接下来考量奖惩措施的作用。合规问责重点放在消极惩罚上，无论是正式还是非正式。医疗保险供应商如果违反法规就会被禁止或远离这一项目；承包商如果有欺骗行为将被罚款；雇员如果有偷窃行为将被起诉。而绩效问责的重点则放在积极奖励上，主要以奖金和荣誉的形式，当然在《公务员改革法案》下设立起来的高级行政服务机构（Senior Executive Service，SES）的成员还可享受到休假福利。积极奖励措施带来的问题是没有足够资金支持，这在20世纪80年代时非常凸显。没有资金，绩效决定薪资就是句空话。能力本位问责并没有正式的奖惩措施，但可视作有与绩效激励类似的积极的方法。比如提高培训预算，购买先进技术等等都可强有力地推动组织效能。

管理者和监督者在这三种问责中发挥的作用截然不同。在能力建构中，管理受到提倡并被视作一种职责。管理者有责任保护和维护工具和资源以获得组织效能。相比之下，绩效问责需设定目标并使之强化，合规问责需严密监督以及必要的法纪，监督在两者中的重要作用是不言而喻的。合规问责需要侦查违规行为并施以惩戒；绩效问责需要评定效果性并设定绩效标杆，组织学专家珍妮特·韦斯（Janet Weiss）将绩效标杆定义为"做相同工作的组织中的最佳组织所完成的结果"；能力构建需要做分析和设计。[9]

革新策略付诸实施的复杂性也各不相同。合规问责和绩效问责是较易实施，而能力构建就复杂许多。使每个人遵守业已确立的规章制度是一回事，发现并培养新一代公共管理人才完全是另外一回事。

每种方法的持久性由其他特征决定。当问责存在于法律法规中，而不是个人或组织，它必将不断得到强化。当问责存在于激励机制或组织中，它将更易被铭记。每个人做正确的事情并不是因为害怕被查处，而是因为激励机制和组织在相当长的一段时间里正确的引领。不过合规问责的有效性至少不逊于能力建构。反而每种方法都有不同的持久影响力。

这些差异掩盖了三大路径间内在的平衡。国会或许像某些学者一样发现了这一平衡，但在法规中体现得并不明显。监察长在这三方面都将发挥一定作用。他们的工作职责包括确保按照内部规章制度办事（合规），在一系列广泛的项目和活动中确保经济和高效原则（绩效），促进他所在的部门和机构在管理和运行中更有成效（能力）。[10]

国会希望这三大目标尽可能共存——合规强化绩效、能力强化合规——但监察长却不得不从中做出选择。监察长制度成为追溯性或回顾性合规检查的工具，而不是促进绩效激励机制和能力构建的催化剂。

监督问责

不论是哪种类型的问责，是要追查舞弊者或是评估效率预期，监察长手中只有一件杀手锏可用，那就是监督。他们的职责是审查，而不是行动；是提出建议，而不是贯彻执行。监察长并不是他所在部门和机构的首长或执行长官，也并没有被赋予可以中止或以其他方式干涉项目活动的权力。监督职能可以通过传统的财务合规审计，针对个人展开犯罪调查，进行项目评估，或进行政策分析等方式来实施，但执行权是在其他部门。

但是，监察长被赋予全面获取信息的权利——也是国会希望获取的信息。监察长可以对项目和项目机构日常管理过程中出现的所有问题、滥用、不足和缺点进行自由地审计、调查、复审、估值、分析、评议、监督和鉴定，但是他们被明令禁止接受任何项目日常管理责任。具有讽刺意味的是，当国会就减少政府强制私营企业执行的文书工作量问题展开听证时，它却同时释放出意欲让行政机构及其工作人员承担日益增多的管理和报告任务。卡特总统和里根总统以及他们的管理和预算办公室也同样如此。

国会和总统加强了对联邦政府工作人员的管理，与此同时，私营企业开始信奉 W. 爱德华兹·戴明（W. Edwards Deming）的管理哲学，更加重视从一开始就将质量融入产品之中，而不是依靠最后的检验。虽然戴明质量管理十四条原则都与联邦政府管理改善相关，但其中第三条"停止依靠大批量的检验来达到质量标准"与监察长制度最为相关。正如传记作家玛丽·沃尔顿（Mary Walton）所解释的，"美国企业通常都是等到产品下线或在主要阶段进行检验。残次品要么被扔弃要么返工，两者都是不必要的成本花费。事实上就是一家公司花钱请工人生产出次品然后进行补救。质量不能依赖于检验而是要来自生产过程的改良"。[11]

然而，质量是无法避开检验的。戴明管理哲学的实施高度依赖统计过程控制和周密的绩效监督，它使经理，而非检验者，来跟踪和调控整个生产过程。戴明管理哲学中监督的不同之处在于它在管理过程中的角色。在美国公共部门，监督有时就是终点，几乎一直是个人业绩评价的一部分，戴明管理哲学与此不同，它认为监督只有在检查整体管理计划进度时才有效。监督永远都不是用来评价员工过失的。根据个人业绩评估，进行绩效评级或年终审查被戴明视作妨碍生产质量的现代管理七大致命痼疾之一。[12]

无论戴明管理哲学有何优点，联邦政府毕竟不是私营企业。无论政府管理者多么想做好管理工作，公众只要求他们尽到公务员的职责。所以问题不是是否要建立个人和整个机构的合规性监督体系，而是要如何使这些体系与绩效和能力构建连接起来。合规性监督并不能代替对人力资源的必要投入和工作场所的先进的技术应用，比如周密地制定众多可行性政策或是为更好地运用行政资源进行的机构重组。假如合规性监督纳入能力构建中，那么它也将起不到作用。遗憾的是，甚至监察长在第一次审计或调查展开之前，他们的动机就更偏向合规性监督（见表1-2）。

表1-2　　　　　　　　　　　　　　监督方面

特征	监督		
	合规性	绩效	能力构建
成果			
数量	高	中	低
关注程度	高	低	低
易衡量度	高	中	低
产生美誉度	高	低	低

续表

特征	监督		
	合规性	绩效	能力构建
建议			
所需资金和资源	低	中	高
目标一致性	高	中	低
司法纯净度	高	低	低
落实时间	低	中	高

比较这三种类型的监督，首先从任何监督体系必不可少的产物开始，即调查结果，指的是来自于审计、调查、检查、项目评估等的书面鉴定结论。

首先，合规性监督会产生出大量的调查结果，可以转化为呈交给国会和部门主管的长篇幅的半年度报告，而能力监督的成果就少得多。毕竟，监察长有多少机会能够发现某个机构的金融体系过于老化或者政府缺乏应有的培训呢？此外，针对个人的调查比针对某个机构或整个政府的审查预计产生的成果会更多。影响的持续性也是存在的，换句话说，短期效应就是为不久的将来发现类似情况创造了机会。

其次，合规性监督更易产生出关注度高的事件。虽然被调查事件的情境可能差不多，但主角变了。比起绩效和能力监督，国会、总统和大众媒体似乎对合规性监督所取得的成果更感兴趣。不论出于何种原因，对政府能力下降的调查结果似乎很少出现，或许是因为这类调查结果都很类似或许是因为要解决调查结果里的问题代价很高。

再次，合规性监督的成功更易衡量。只要那些监督者有充分的材料进行彻底地审计或调查，掌握一位雇员或承包商违法的情形还是很简单的。但要想掌握每位雇员是如何达到绩效客观标准的就困难多了；要想掌握行政部门和机构表现是进步了还是退步了也同样很困难。这一衡量问题在于立法过程的模糊性，管理者和领导者都不愿给他们的代理人设定清晰的目标，正如经济学家安东尼·唐斯（Anthony Downs）所指出的，衡量产出的不精确性和成本有关。[13]

最后，监察长办公室的成果在使国会议员和总统获得美誉的潜在能力方面也存在差异。那些在反对舞弊、浪费和滥用职权的斗争中想登上报纸头条的人通常会在合规性监督发现的各种渎职和腐败等有限故事内容里找到大量为之增光的素材。大众媒体似乎也一直乐于就此主题报道更多不同的事件。

然而，调查结果并不是监察长办公室唯一的成果。大多数调查结果都附带着建议，或大或小，以提供解决方案和改进措施——针对从审计、调查和评估中浮现的变化提出广泛的建议。在这方面，又是合规性监督更易产生出在政治上更具吸引力的成果。

大多数基于合规的建议不仅落实起来成本更低（制定新的法律法规），而且也更易生成（有时仅是建议添加更多资源补充到现存监控单元）。与之相反的是，基于绩效和能力的建议成本要高昂得多。比如，修订联邦政府绩效薪金体系就意味着花钱，大量的钱。重建联邦政府过时的财务管理系统、编写新软件、招聘新雇员、现有雇员接受再培训等都需花费大量资金。

大多数合规建议的目标很简单：惩处舞弊者和滥用者，对此已达成高度的政治共识。共和党人和民主党人几乎没有分歧，自由党人和保守党人也有众多共同立场。但是当议题是为表现出色的雇员发奖金或为政府招聘最优秀最能干的员工时，意见一致的情况就立即被打破了。为什么要付钱给政府员工本应就该完成的工作？为什么要雇用那些最能干的员工当能力稍弱的员工（工资更低）也能完成工作时？

落实基于绩效和能力的建议时会使政府管理和预算办公室和国会产生许多棘手的司法管辖权问题。比如，在处理联邦航空管理局（Federal Aviation Administration）绩效工资问题时如果不同退伍军人管理局（Veterans Administration, VA）协商的话将是极其困难的。为在国家公园管理局（Federal Park Service）工作的警官建立一个专门工资类别必将引发如何处理国家航空航天局（National Aeronautics and Space Administration, NASA）的安保人员问题。对绩效和能力提出的建议会给委员会的权责范围和预算账目带来棘手的问题。

为改善政府能力而提的建议落实起来所需的时间也更长。一部新的合规性法规只需一两个月就可起草完毕，一场新的审计可以说开始就立即开始。对于想带些成果回家的国会议员，能力建设者们最妙的说法是"这需要时间"。在一个预算紧缩，政治紧张的年代，时间正是政府所缺少的。

经常进行合规性监督是不错的政治手段，也是历史上政府管理主流范式的一部分。根据公共管理学家迈克尔·巴泽雷（Michael Barzelay）和巴巴克·阿马伽尼（Babak Armajani）所主张的官僚制典范具有的三大基本特征，政府可以被视为一种权威体系：

——政府的每个岗位都是权力的特定授权。在某个指定岗位上工作的官员做事必须得到明确的许可，或许是由法律明文规定或许是由行政管理体系中上级发出的指令。

——在行使权力时，官员应该写有正式的法规和办事程序并统一运用。未照章办事应该受到适度的惩罚。

——实际问题专家——比如工程师、律师、执法人员和社会服务提供者——应该归为行业代理，而在预算、会计、采购、人事以及工作方法方面的专家则应该归为集权的职能机构。[14]

问责成为法规制定者的责任。吸收了马克斯·韦伯（Max Weber）的官僚制模式理论和弗雷德里克·泰勒（Frederick Taylor）科学管理理论的观点，这一范式规定员工一直处于监督者监管下，他们除了完成要求做的工作外在问责中就不存在任何过错了。[15]

巴泽雷和阿马伽尼设想了第二种方法。他们的后官僚制范式的基本假设反映出一种"政府机构应该以顾客为导向，以服务为宗旨的观念"。根据这种观点：

公共部门管理者和监督者一直有一个强烈的愿望，他们希望运用这些观念来解决日常管理问题，即把他们的组织转变为一个对顾客来说反应灵敏、方便使用、充满活力、具有竞争力的有价值的服务提供者。考虑顾客的利益和服务的质量有助于公共部门管理者和监督者清楚地表达他们对他们所负责的政府运转绩效的关切。[16]

在这一范式里，问责源自政府和它的顾客之间的相互作用。监察长制度对监督的界定更倾向于一种非传统的定义，更强调公民满意度，流程设计和协商过程。传统审计和调查是成功还是失败较易衡量因为有长期公认的标准和正式的法律界限，但后官僚制范式与此不同，它认为监督应集中在"产品"设计和持续改进上。

国会和总统是否乐于接受后官僚制范式令人怀疑。尽管总统对全面质量管理表现得越来越有兴趣，但是官僚制模式似乎仍旧占据主导地位，假如选民继续表达对官僚主义的愤怒，它还很可能威力倍增。虽然一些学者也提出了其他的问责路径，但是联邦政府依然把详细审查作为首要的管理方法，对于培训、系统现代化，和其他可能带来更大回报的能力建构因素几乎不予考虑。[17]

然而，即使在仍然很强势的官僚制范式里，国会和总统也可以重新安排优先事项，进而改变改进管理方式的进程。合规性监督本身将会成为一个终点还是一个浩大的项目重新设计过程中的一部分呢？监察长会因为长期分析组织改进情况还是因为短期内完成数据统计而得到回报呢？

总结：限制的时代

自从20世纪70年代初期开始，国会和总统就更加青睐短期方法，比如增添法律法规以及限制官员自主裁量权。虽然在预算压力巨大的时代，试图消除可察觉的造成舞弊、浪费和滥用职权的根源的努力很值得赞赏，但也许美国公共管理学会在1984年呼吁放松对联邦政府的限制是正确的。美国公共管理学会专家组认为：

> 相互监督与制衡在我们的政府里至关重要，大量滥用职权的事例早已清楚地说明了这一点。因此，问题不在于是否需要，而在于到底需要多少这样的预防措施，以及怎样在应用它们的同时又不损害实际效果。专家组认为这样的预防措施总体上说已累积过多，反而常常成为管理低下的原因。在实际情况中，重点应该放在更务实地提高管理上。[18]

许多这类行政审查设想有一个或者说要求给监察长以明确的角色定位，包括根据《首席财务官法》（The Chief Financial Offices Act）执行审计新的财务报表，根据《虚假索赔法修正案》（The False Claims Amendment）对公民提起的诉讼进行应诉，根据《项目欺诈与民事补救法》（The Program Fraud and Civil Remedies Act）对投诉展开调查等。监察长甚至可以不同寻常地以不知情的理由让国会和总统设立更多的法规。监察长不仅可以对在项目交付、采购、财务报表中大多数的政府行为进行合规性监督，而且他们还是对越来越多的妄图欺骗政府的人采取处罚措施的执行者——他们已成为政府白领犯罪的主要调查者。伴随政治压力而来的大量合规问责，立法议程也几乎没留给监察长做其他事情的机会。

  但是，监察长制度越来越侧重合规性监督不仅仅是立法授权的问题。这反映出原始法规获批时的政治状况，它吸取了摆脱始于卡特时期的困境的教训，它是里根执政时期开展反对浪费的斗争中使用激励措施的结果，它也反映出很多由调查人员转为监察长后制定的工作优先排序，以及监察长制度组织机构在自然演变发展过程中形成的独立性，所有的力量都持续支持合规性监督成为政府管理中的主导模式。

第二章
监察长制度的兴起

与1978年曾被审议和批准通过的大多数议案相比,《监察长法案》极不起眼。把审计和调查单位重组成一个以一人为首的监察长办公室构不成议会辩论的主要议题。《监察长法案》的语言只能用平凡单调来形容,立法辩论时——如果一致支持也能称为辩论的话——不断反复提及改善管理的需求,这不是新闻报道头版头条的主题。

然而,在这不存在任何争议的历史背景之下,国会赋予监察长广泛的权力。[1]监察长不仅可以对项目及其下属机构的运营组织实施审计和调查,而且他们还将对现存的和新提出的立法和规章就其对经济和效率的影响进行评估;他们将协调本部门或机构同联邦政府其他机构、州和地方政府以及非政府实体之间的关系;而且最重要的是,他们要改进所在部门和机构的总体经济性、效率性和效果性。[2]监察长还被授权可以执行所有三种问责路径——合规问责、绩效问责和能力问责。问题不是监察长是否拥有权力,而是在于他们是否行使权力。[3]

《监察长法案》简介

从根本上来说,《监察长法案》是一种组织策略,它把两种单独功能——审计与调查,统一在一个单位里。然而,有项决策使《监察长法案》更具有非凡的意义,就是这些新单位可以通过至少三种方法免受行政管理的影响。

第一，纵然监察长由总统任命和罢免，但每一位监察长的选择"不应考虑其政治派别，只应根据他的廉政诚实和他在会计、审计、财务分析、法律、管理分析、公共行政管理或者调查工作等方面表现出来的能力。"而且，监察长本人，不是总统或机构首长，有权任命一位负责审计的监察助理和一位负责调查的监察助理。监察长得到了完全的授权，为查处舞弊、浪费和滥用职权可以进行任何被认为有必要进行的审计和调查。

第二，每一位监察长有权获取审计和调查所需的全部"资料、文件、报告、答复、记录、账目、底稿和其他数据和文件证据"；有权要求机构内部提供协助，有权从政府各部门获取资料；监察长得到授权可以发出要求提供文件（不是证人或证言）的传票；有权委任和解聘员工；有权在任何有必要的情况下"直接、立即地"与部长或行政主管接触。此外，监察长所在行政机关负责人和副手都不得妨碍或禁止监察长"发起、开展或完成审计和调查活动，不得妨碍和禁止监察长在审计和调查活动中签发任何传票"。

第三，每位监察长有义务负责提供两种报告，一种是常规状态下的，另一种是紧急状态下的。第一种是常规的半年度报告，在每年四月和十月底提交，首先提交给部门或机构负责人过目。这份报告将描述监察长在刚过去的六个月里发现的每个重大问题、滥用职权的行为以及不足之处。不得修改，这份报告将在 30 天内自动递交给国会，并另附一份报告，其中包含部长或行政主管所做出的认为有必要做出回应的任何评论。第二种报告是当监察长意识到有"特别严重或恶劣的问题、滥用职权或不足之处"时，应立即向部门或机构负责人报告。这类报告，简短许多，将会在 7 天内自动递交给国会，并且也另附上一份包含该机构负责人认为有必要做出适当评论的报告。因为此类报告简洁明了，因此常被称为"七日报"（seven-day letters）。

这两种报告共同构成了一种独特的双渠道权威，它们受到保护，所在部门或机构，甚至总统都无权改动。正如法律专家玛格丽特·盖茨（Margaret Gates）和玛乔丽·法恩·诺尔斯（Marjorie Fine Knowles）所说，"监察长是唯一一个由总统任命，却可以直接向国会汇报而不需得到管理和预算办公室许可的行政部门官员。……可直接向国会汇报的能力是活跃的监察长获得巨大影响力的潜在来源[4]"。

其他行政部门都反对这样高度独立、有可能导致其定罪的单位；尽管如此，监察长制这一理念的时代已经到来。自从1976年在卫生教育和福利部设立第一个监察长，如表2-1所示，国会已经在13年里13次扩大政府里的监察长部门。监察长制度实际上已影响到政府的每个角落。

到1989年为止，总统任命的监察长总数——指那些由总统委任由参议院批准的监察长们——达到27位，而小机构监察长的数量——指那些由机构首长委任并无须得到参议院批准的监察长们——是34位。社区服务管理局（Community Service Administration）和美国合成燃料公司（U. S. Synfuels Corporation）在里根执政早期已被取缔。

监察长制理念的扩张或许是不可避免的。监察长职位在卫生教育和福利部一设立，这一制度不久就被新的能源部和分拆后的教育部所效仿。紧接着在1978年涉及全政府层面的《监察长法案》重点关注了12个关系紧密的部门和机构，在此之后，它扩展到内阁的司法部（Department of Justice）、财政部（Treasury Department）、国务院（State Department）和国防部（Department of Defense）。

表2-1　　　　　　　　监察长制度的扩张过程（1976~1989年）

年份	法规（公法编号）[a]	建立部门
		总统任命的监察长
1976	94-505	卫生教育和福利部[b]
1977	95-91	能源部
1978	95-452	农业部、商务部、住房与城市发展部、内政部、劳工部、交通部、社区服务管理局、环境保护局、总务署、国家航空航天局、小企业管理局、退伍军人管理局
1979	96-88	教育部
1980	96-294	美国合成燃料公司
1980	96-464	国务院
1981	97-113	国际开发署
1982	97-252	国防部
1983	98-76	铁路职工退休委员会
1986	99-399	美国新闻署

续表

年份	法规 （公法编号）[a]	建立部门
1987	100－213	军备控制和裁军署
1988	100－504	司法部、财政部、联邦应急管理局、核监管委员会、人事管理办公室
1989	101－73	重组信托公司
1989	101－193	中央情报局
	非总统任命的监察长	
1988	100－504	美国改善邻里委员会、美国铁路公司、阿巴拉契亚地区委员会、美国联邦储备系统管理委员会、国际广播委员会、商品期货交易委员会、消费品安全委员会、美国公共广播公司、平等就业机会委员会、农业信贷管理局、联邦通讯委员会、联邦储蓄保险公司、联邦选举委员会、美国联邦住房贷款银行理事、联邦劳资关系局、联邦海事委员会、联邦贸易委员会、政府印刷局、州际商务委员会、法律服务公司、国家档案和文件管理局、美国信用合作社管理局、国家艺术基金会、国家人文基金会、国家劳工关系委员会、国家科学基金会、巴拿马运河委员会、和平工作队、退休金津贴担保公司、证券交易委员会、史密森学会、田纳西州流域管理局、美国国际贸易委员会、美国邮政总局

注：a. 每个公法编号指的是单独法规或包含《1978年监察长法案》的各自修正案法案。

b. 原著为卫生教育和福利部（Health, Education, and Welfare），以后随着美国政府机构的变迁，分别设立教育部（Education）和卫生及公共服务部（Department of Health and Human Services）。——编者注

c. 当年美国该机构名称为：退伍军人管理局（Veterans Administration），现在该机构名称改为：退伍军人事务部（Department of Reterans Affairs），本书忠于原文，根据不同的年代使用两个不同的机构名称。——编者注

资料来源：弗雷德里克·M. 凯撒（Frederick M. Kaiser），"监察长：建立相关法规和统计"，备忘录（国会研究服务处，国会图书馆，1990年7月10日）。

发展简史

要了解监察长制度的兴起以及在1976年和1978年起草法案时国会面临的多样化选择，就需要了解相关历史背景。[5]

监察的理念源远流长。但是从美国历史来看，始于乔治·华盛顿（George Washington）领导殖民地军队爆出丑闻之时。大陆会议在通过的首批决议案中有一项要求建立监察长，并总结说"它对加强美国军队的纪律和改善各部门盛行的各种滥用职权情况至关重要"。[6]

在接下来的100年左右的时间里，联邦政府几乎根本不需要监察长或从

事此方面工作的审计人员，所以一直只雇用极少量审计人员。"他们当时基本上是在检查政府所有的单据和分类账户，这是非常繁重的工作"，美国审计总署专家约翰·阿代尔（John Adair）和雷克斯·西蒙斯（Rex Simmons）曾写道，"他们能否保留职位完全仰赖总统的喜好——他们往往在新一届政府上台时辞职。"[7]

所有这一切在1921年随着《预算与会计法案》（The Budget and Accounting Act）的通过而改观。该法案诞生了第一个总统预算体系。弗雷德里克·莫舍解释它得以通过时说：

> 对政治人物和普通大众来说，理由单一且简单——政府的节约问题。提升效率和法制水平有助于政府节约。据称，预算体系有望降低政府成本，至少可以使之避免快速上升；如此它也可以降低赋税，防止赤字和减少国债。节约是预算运动推进者们手中的一面大旗，它如此有效以至于在1920年之前若反对预算体系几乎等同于亵渎神灵。[8]

国会在是完全交出财政管理的行政控制权（效率）还是给自己保留一些功能（责任）之间犹豫不决，最终决定把经费的支出和账户的审计分离开来。因此，国会为总统配备了预算局（Bureau of the Budget）（现称为管理和预算办公室），但同时它为自己建立了一个会计和审计部门，称为审计总署。国会这样做实际上迈出了通向《1978年监察长法案》的第一步。

到1947年时，审计总署是一个庞大的会计实务部门，负责为40多万个独立账户记账，为60000张国库支付命令书进行会签，要审计93000个账户中涉及的3500万张凭单，要审查150万份合同，2.6亿张汇票和5700万张汇款单，要核对4.9亿张支票，而且还要发布1300份报告，发送6200份给国会议员和各委员会的回复。同时，审计总署还承担合规审计的任务以确保各机构践行的是公认的会计实务准则。工作负荷令人震惊。例如，在第二次世界大战激战正酣之时，审计总署雇佣着14904位会计师、律师、文员和其他相关职员。[9]随着罗斯福新政的实施（1932~1939年），大量新增的工作又不断涌来，在此期间政府开具的支票数量从3300万张急速蹿升至1.52亿张。

审计总署会计职能中的问题是显而易见的。首先，行政部门的批评者们质疑审计总署如何同时发挥会计和审计两项职能，尤其是审计通常被视作是对会计的独立审查。审计总署不仅和财政部的账户管理一模一样（财政部从未放弃它的行政账户），而且还削弱了总统对财务系统进行改革并使之现代化的权限。

第二，国会的批评者们也质疑，审计总署在维持堆积如山的日常会计任务的同时，如何能对项目作出什么可行和什么不可行的综合性效益审计。承担会计责任耗费巨大的人力资源。到1950年时，甚至审计总署也曾意欲放弃会计职能以换取抽样审计功能，这样最终能涵盖项目评估和绩效结果审计。

第三，越来越多的年轻自由派参议员和众议员也提出质疑，会计工作是否已使审计总署精力分散，有碍完成国会更宏大的目标。在工作人员和委员会成员的数量激增，国会预算办公室以及技术评估办公室还未诞生的背景之下，国会中欲建功立业的议员们逐渐认为审计总署高负荷死板的工作是他们实施立法工作的一大严重障碍。

不管出于何种原因做出改变，当国会在1950年通过《预算与会计法案》的第一次重要修正案，把会计和内部审计功能回放到行政部门手中时，是效率最终取得了胜利。几乎就在一夜之间，审计总署的就业人员下降至9000人。但是审计总署的岗位并没有消失，它们最终在众议院和参议院的个人或委员会办公室重建起来，这些部门的就业人员从1949年的3500人暴涨至1990年的12000人，这为《监察长法案》注入强大推动力，也为监察信息带来很多潜在客户。

法律原型

国会想从日常会计业务脱身，但它仍然需要各行政部门运行的具体信息。不再核验支票就缺乏完成这一任务的详尽信息，国会等待将近十年之后方才建立第一个现代监察长作为重掌行政部门的桥头堡。根据《1959年共同安全法修正案》（The 1959 amendments to the Mutual Security Act）建立的监察长按法规规定由美国国务卿任命并拥有"监察与审计长"（inspector general and comptroller）的头衔。关于国会获取信息方面的条款对了解监察长制度的历史演变极其重要：

(d) 监察与审计长办公室在本法规定范围内的项目费用由为执行这些项目的预算拨款来支付；但鉴于监察与审计长办公室运作和行动而产生的相关的所有文件、底稿、通信、审计报告、复审报告、调查结果、建议、报告和其他材料应当提供给审计总署和国会委员会及其经正式授权的小组委员会，所以，费用应根据审计总署或委员会及其小组委员会的要求视具体情况通过考虑立法或为其下发拨款或支出经费等形式来承担。[10]

似乎是要强调对信息的需求，该法规还正式授权给已设立监察长的国际合作总署（International Cooperation Administration），在类似的行动中可以强制要求政府其他机构提供文件。

众议院外交事务委员会（the House Foreign Affairs Committee）提交的立法报告并未对如何获取信息的问题进行详细阐释。这份报告仅简单解释了监察长和国务卿之间关系的重要性，"它提供了一种通道，使在对外援助项目操作中日益突显的不足之处的信息得以从实地运作阶层传递到组织的最高层使他们及时采取补救措施"。[11]有人合理猜测，第一个监察长的设立至少反映出两大意图——其一是关于审计内容及其协调作用；其二是满足了解运作过程内部真实情况信息的渴望，曾经此过程是易于监督的。

假如说第一位监察长的起源并不明了，那么它最终不断发展的情况就十分清楚了。根据《1961年对外援助法案修正案》，监察长由总统任命但必须得到参议院的批准，并且监察长被授权在更多范围内成立，包括新成立的和平队（Peace Corps）和农业贸易发展部（agricultural trade development）。同时监察长也进行了更名，称为"监察和对外援助总长"（inspector general, foreign assistance，IGA），不再称"审计长"。

和众多立法一样，监察和对外援助总长修正案比最初的法案增加了相当多的内容。1961年的修正案主要是建立在监察长的义务和责任以及不断争取获得信息的努力基础之上的。新的授权使监察长办公室拥有了意义重大的监督权，要求他们衡量援助项目是否有助于目标的实现。此外，"经济"和"效率"这两个词首次与监察长联系起来。立法要求监察长要确定对外援助正"高效又经济地"发放。

该法案还授权监察长可以暂停所有或部分"他已调查或正在调查当中的"项目和日常工作,这项权力从未被使用过,也再没有给予过未来的监察长。另外,监察长得到一项每年可获得多达 200 万美元经费的永久性授权,这意味着监察长的预算多多少少能免受干扰。

至于信息需求,国会建立了更严格的报告要求,把"记录"(records)这个词加入来源需求的一长串清单中;确保监察长"可以获取美国政府机构内部所有记录、报告、审计报告、复审报告、文件、底稿、建议和其他材料";管理对外援助;以及保障国会按照以下获取信息时间节点得到监察长搜集的信息:

> "经费……应予拨付……但是在以下情形下,此类拨款不得用于支付此类费用:本法规定之负责承担审议法案,拨款或支出的审计总署、委员会或国会,及其正式授权的小组委员会向国务卿办公室提出请其提供与监察和对外援助总长的日常工作和活动相关的文件,底稿,通信,审计报告,复审报告,调查结果,建议,报告或其他材料的书面申请后35日期限内未按要求提供的,除非或直到满足以下任一条件方予拨付:已向审计总署,或此类委员会或小组委员会提供(A)所要求的文件,底稿,通信,审计报告,复审报告,调查结果,建议,报告,或其他材料,或(B)总统亲自开具的他禁止其按要求提供及解释他如此做的原因的证明书"。[12]

简而言之,要么国务院提供信息要么总统不得不行使行政特权。关于监察长有能力获得政府内部文件这一点,公共管理学家托马斯·W. 诺沃特尼(Thomas W. Novotny)提到,"法定获取记录的权利是意义非凡的第一步。国务卿对美国国防部(Department of Defenes, DOD)的援助项目有确保国家安全的实际责任(比如军事援助项目、对外军火交易和安全支持援助——例如主要用于以色列和埃及),监察和对外援助总长有比现在的监察长权力更大的跨机构获取信息的权力。当时,甚至审计总署都不可以如监察和对外援助总长一般可以获取国防部的记录。"[13]

最终,不论起源是 1959 年的措施还是 1961 年的措施,监察和对外援助总长制普遍认为归于失败,最后在国际开发署(Agency for International Development，AID）于 20 世纪 70 年代中期成立了自己的非法定监察长后被废除。[14]所以，尽管它与未来之总统任命的监察长制之间有明显的联系，但在谈及监察长制历史时，监察和对外援助总长制却鲜少提及。[15]

非法定的选择

然而，国会并非 20 世纪 50 年代末和 60 年代初期唯一一个创立监察长制的部门。事实上，大多数行政管理史认可农业部（Agriculture Department）是第一个创建现代监察长制度的部门。农业部长奥维尔·弗里曼（Orville Freeman）在 1962 年比利·索尔·埃斯蒂斯（Billie Sol Estes）丑闻案后提出设立监察长。众议院政府间关系小组委员会（the House Intergovernmental Relations Subcommittee）对该案进行彻底详尽地调查后，农业部监察长方才建立，它为 1976 年在卫生教育和福利部设立监察长和《1978 年监察长法案》开启了先河。[16]

小组委员会主席 L. H. 方丹（L. H. Fountain，民主党人，北卡罗来纳州）负责这次调查。此次调查历经 21 天的听证，产生 10000 多页的证言和证词。埃斯蒂斯通过粮食贮藏项目蒙骗农业部，早已建立了自己的金融帝国。他一遍又一遍的谎言使他躲避了一次又一次的调查。由于小组委员会并未发现政府官员有任何受贿的直接证据，埃斯蒂斯要么非常擅于欺骗政府，要么在躲避侦查方面的运气是无与伦比的。

他这两方面都具备。小组委员会最终调查报告写道，"虽然比利·索尔·埃斯蒂斯的记录充分显示出他是一个骗人的天才，但是他关于自己财务状况的虚假谎报能行骗成功主要还是因为农业部日常管理中的缺陷造成的[17]"。而且，小组委员会认为，农业部的工作人员"表现得明显缺乏警惕性"，当他们的众多部门针对越来越多的指控进行调查后都没有进行相互之间沟通："假如对埃斯蒂斯经营状况展开调查的所有的联邦部门——甚至只是其中一些部门——之间稍微沟通一下，他的欺骗行径持续这么长时间的事情就根本不可能发生[18]"。

为何本次调查会导致监察长的创立，具体情况仍不清楚。监察长制度是司法部长罗伯特·F. 肯尼迪（Robert F. Kennedy）强迫农业部接受的吗？还是方丹推荐的呢？弗里曼的证词表明设立监察长仅在12项改革计划中位列末尾。[19]弗里曼称设监察长"是我们用以加强管理和提高效率的此类行政管理行为"的示范，而不仅仅是应对丑闻的解决办法。他的观点在方丹和他的辩护律师詹姆斯·诺顿（James Naughton）的质询中成为较为重要的焦点：

> 方丹先生：我想我们现在正谈论的真实情况是这样的，在农业部这个办公室或那个办公室里有关于埃斯蒂斯先生这样或那样的信息，但是没有哪个单独的办公室拥有这些和粮食贮藏项目相关联并有助于做出决策的所有全部的信息。但是假如有个中心办公室的话，即使他们知道的关于埃斯蒂斯先生的消息和粮食贮藏项目并没有直接联系，也会作为背景资料予以重视的。
>
> 弗里曼先生：我同意。所有的信息并没有在特定的时间和地点汇集在一起，如果这样做了的话将会是很有助益的。
>
> 诺顿先生：你将赋予监察长多少权力？
>
> 弗里曼先生：我想这里委员会的记录将会显示设立监察长岗位的农业部部长命令，他将作为农业部长的直接代表，负责协调、监督、审核农业部内部所有正在进行的审计与调查活动。正因如此，我们暂称之为"大人物先生"，他的存在将使农业部内部各处都接受审计调查。
>
> 诺顿先生：他直接向您报告还是副部长？
>
> 弗里曼先生：直接向我报告。[20]

农业部长设立监察长的命令与设立监察和对外援助总长的立法比起来显得过于简单。农业部的行政手册中解释监察长是"工作人员负责提供和农业部有关的审计与调查服务，包括所有农业部下属所有构成组织，以及所有和本部有合同关系、得到本部批准，或其他与本部有协议的有关各方"。虽只是简短几句话，但却清晰地阐明了审计与调查监察助理的工作职责。[21]

农业部监察长与监察和对外援助总长不同之处在于：（1）就任者完全为部长服务效力；（2）就任者只负责向部长报告。第一位农业部监察长莱斯特·康登（Lester Condon）说，"我们把审计人员和调查人员集结在一处，他们的确成为农业部长的下属。他们只需对本机构负责，无须到议会东奔西走和政治人物结盟，通常情况下不会和本部门作为一个整体来工作。我们拥有的权力是强大而有力的"。[22]

康登的办公室配备了 700 多职员,他很谨慎地行使他的权力。正如康登在他到农业部就职不久后所写的一份内部文件中解释道,他试图"让本部门的每一个人都深刻地认识到监察长办公室并不是一个搞间谍活动或侦探活动的机构,我们并无意迫害群众或进行审讯。正相反,我们正试图证明我们所做的事有助于人事管理——可以保护各级工作人员在履行他们工作职责时免于遭受到虚假的或错误的指控或陷害"。[23]

康登也是部长的得力助手。沃尔特·盖尔霍恩(Walter Gellhorn)在他 1966 年出版的书《当美国人抱怨之时》中曾描述道:

> 如果做一个不太严谨的类比的话,人们可以说农业部监察长的功能在某种程度上类似于是一个部门监察专员。他的目标不是去惩罚。他的调查结果可能会宣告某人无罪也可能宣告某人有罪。他深入的调查可寻找到更好的做法,即使当现存的做法也是可接受的。他只是一位建议者,但是他的地位加重了他所提建议的砝码。他的工作要求在描述事物本质时要实事求是,在提出应该提的建议时要大胆勇敢,因此他必须不能受其他官员所左右。虽然与其他人分离开来,但他一直是部长工作团队中重要的一员。他得出的结论因此不太可能使本部门陷入尴尬的境地。况且,他的结论也并不是部长所听所看到的唯一结论。他有影响力,但他的影响力是众多影响力来源之一,而且也并不一定是最强有力的。[24]

让监察长拥有广泛的权力,可从事所有三种监督形式的决定意义重大。农业部监察长既要确保该部门按照新的法律法规行事以防止未来再出现类似比利·索尔·埃斯蒂斯的丑闻,同时又要提供大量机构绩效和能力方面的信息。监察长并没有被组织强迫也没有得到正式授权可把短期的合规性监督作为工作的重中之重。在康登任职期间,合规性监督就与部门工作效果性等更广泛的问题相联系。

然而,大约 10 年后在尼克松总统执政期间,康登的继任者将很清楚地了解一点,只有一位领导而没有立法支持存在很大问题:部长可以给予权力,部长也可以撤销它。虽然监察长的工作记录非常出色而且得到审计总署的强烈认可,但是尼克松时期的农业部长厄尔·巴茨(Earl Butz)在 1974 年很突然地——有人形容为很随意地——取消了这一职位，他把它分拆成了它原来的两个办公室，审计办公室和调查办公室。

作出这一决定必须要向众议员杰米·L. 惠滕（Jamie L. Whitten，民主党人，密西西比州）进行解释，他是众议院农业拨款小组委员会（the House Agriculture Appropriations Subcommittee）主席。这一任务落到了约瑟夫·怀特（Joseph Wright）的头上，他在20世纪80年代担任管理和预算办公室的副主任。他当时毫不掩饰地支持监察长。但是作为一位1974年才从纽约州管理顾问转变为管理层的农业部部长助理，他还是从纯效率的角度为分拆做出了辩解。怀特向惠滕解释说，"当我们研究这个机构时发现，监察长办公室里负责调查的一方和负责审计的一方交流并不多。我们发现把审计和调查统一在一起并没有提高效率。我们能很容易地把他们的办公室和职责分拆开来[25]"。

取消非法定的监察长职位是属于部长正常权力范围内的事，怀特用他那一贯的直言不讳的态度提出这一观点：

> 惠滕先生：……你们所提出的建议废除监察长办公室，让你们部长办公室的人来接管，在我看来这样做你们并没有过硬的理由。
> 你们的目的到底是什么？
> 怀特先生：主席先生，但愿我能回答好这个问题。首先，通过改组监察长办公室——……
> 惠滕先生：你们已经改组完成了，是吗？
> 怀特先生：改组成一个调查办公室和一个审计办公室。
> 惠滕先生：换句话说，使它成为直接由部长控制？
> 怀特先生：**假如部长愿意的话，它随时都可以成为由部长直接控制**。[26]

惠滕在整个听证过程中都保持攻势，曾经一度问怀特，"在来这儿之前你作为管理顾问的经历中是什么使你觉得你是这个部门的专家？"尽管辩论过程很激烈，但是惠滕和他的国会同事们都没有继续给予农业部监察长法律上的支持，这也就是纵容了这一决定。

怀特后来也曾解释，"分拆监察长办公室的决定并不是要把它搞垮，而是要把审计功能恢复为我作为部长行政助理的部分职责。我觉得我要做我的工作就需要直接向我进行审计报告——这是优秀管理的原则。十年后，我也看到了事情的另一面"[27]。卡特时期的农业部长鲍勃·伯格兰（Bob Bergland）也清楚地看到了这一面，所以他在1977年刚就职就立即用一篇简短的只有四段落的命令恢复重建了监察长办公室。

尽管发展历程一波三折，农业部的经验对整个监察长制度的发展来说甚为关键，要是能赋予监察长办公室某种程度的独立性就更好了。此外，康登在1969年从农业部调往住房与城市发展部，他在该部发生住房丑闻后成功说服部长乔治·罗姆尼（George Romney）也建立了一个类似的单位。这个岗位存续时间相当长，直至1978年法案出台。[28]

甚至在监察长制在农业部终止后，它仍旧发展势头良好。甚至于总统调查中情局美国境内活动委员会（the President's Commission on CIA Activities within the United States）（洛克菲勒委员会）（Rockefeller Commission）提议在反间谍的秘密领域里也设立监察长。在一份由包括前加利福尼亚州州长罗纳德·里根（Ronald Reagan）在内的所有八大委员会成员签署的报告中指出，加强机构非法定监察长可作为处理国内监视丑闻的方法之一。[29] 为了显示委员会报告的局限性或者情报界的抵制，或者这两方面的原因都有，中情局是最后一个设立监察长的机构，那几乎是20年后的事情了。

总结：带刺的铁丝网

国务院的监察长和农业部的监察长给国会在考虑未来设立监察长岗位时提供了两种显著不同的工作形式。从理论上说，监察和对外援助总长被设计成一个孤狼式人物，是位强硬的审计人员兼调查人员，受法律法规保护，承担大量的监督责任，被赋予广泛的信息获取权，并被授予可以终止项目这一"杀手锏"处罚措施。

农业部监察长是农业部长的得力助手，是农业部大家庭的一员，是给予内部建议和意见的重要来源，他强硬的程度得视部长允许的程度，他要挖出内部丑闻但却不进行传播。

国会最终采用了后者的方法，尽管进行了立法并具有双重报告关系，但使得监察长处于一种平衡状态，至今仍是如此。美国国务院监察长谢尔曼·芬克（Sherman Funk）曾形容这一职位就像跨在带刺的铁丝网上。[30]但是那个铁丝网却使监察长拥有比孤狼模式下没有的选择自由：他们可以把自己的工作安排扩展到绩效监督和能力监督。但是许多监察长却一直只局限在合规监督这条狭窄小道上。

第二部分　设计理念

第三章
国会因何立法

监察长制度既可视作国会早期改革的延伸，也可视作早期改革的一项成果。视作是延伸，因为监察长制度是限制行政部门自主裁量权的又一项措施。[1] 视作是成果，因为监察长们是早期改革持续发展所需信息的重要提供者，特别是新的预算程序和快速激增的国会工作人员。

《监察长法案》最初并没在国会掀起任何波澜。立法的最主要起草者，众议院 L. H. 方丹根本不擅长煽动，浪费成为议会辩论的主题，而未充分利用水门事件。探究成立《监察长法案》的根源就好似进行一场地质挖掘过程，剥掉一层又一层的解释层后才最终显露出隐藏的下卧层。[2]

传统上认为《监察长法案》是问责的需要或仅仅被认为是应对舞弊泛滥的政治手段，但实际上深层次的原因是出于国会迅速增长的对情报的需求。虽然这种需求部分是与记者兼学者苏珊娜·加门特（Suzanne Garment）所称的"丑闻政治"有关，但大部分是和越来越多欲建功立业的国会议员构成的市场有一定联系。[3]国会 535 名议员，270 个委员会和下属委员会，将近 3000 名工作人员都是监察长们的顾客，这使他们有充分动机更偏向进行合规性监督。

监察长制遏制的三大问题

《监察长法案》是国会的主意。虽然卡特总统最终称赞 1978 年的法案为

"具有里程碑意义的立法",但是实际上开始时他并不太热衷,直到根据该法案在 12 个部门建立起监察长办公室后,他的态度才彻底转变。

要了解为什么要制定这个律法,焦点必然落在国会以及马克·摩尔(Mark Moore)和玛格丽特·盖茨(Margaret Gates)描述为"不可遏制地对可以跨越政治派别的问责的渴求"上。[4]然而,《监察长法案》几乎和如何确保官员尽责的深奥辩论无关。正好相反,如果没有监察长制要遏制的三大问题:舞弊、浪费和滥用职权,那么 1976 年卫生教育和福利部监察长的立法通过和随后 1978 年的扩展都将是不可能的。

1976 年的立法

就像农业部监察长是因丑闻而产生一样,卫生教育和福利部监察长也同样如此。1976 年的法案可以追溯到两项调查。第一项由参议员弗兰克·莫斯(Frank Moss,民主党人,犹他州)和参议院财务委员会(Senate Finance Committee)领导,结果发现价值 18 亿美元的回扣、虚假账单、过度医疗和每年医疗补助中高得离谱的支出。第二项由方丹领导,结果发现卫生教育和福利部处处都有明显的审计和调查缺陷。[5] "没人知道在卫生教育和福利部的项目中因舞弊和滥用职权浪费掉多少纳税人的钱",方丹说"但是我认为毫无疑问每年这类损失至少达到数十亿美元。"[6]

就像 1962 年比利·索尔·埃斯蒂斯案调查一样,国会并没把责任归咎于松散的设计项目或个别负责的高管身上。而事实上,正如方丹在召开卫生教育和福利部设立监察长的听证会上所指出的,问题出在组织结构上:

> 卫生教育和福利部的调查资源少得可怜。它的中心调查单位仅有十名调查人员,有积压了十年的未经调查的案子等待处理。
>
> 卫生教育和福利部以及国会对舞弊和滥用职权采取有效行动所需的情报完全都没有。
>
> 负责反舞弊和反滥用职权的单位杂乱无章地、分散地、混乱地散布在卫生教育和福利部里,没有一个单位能担负起全面责任和拥有提供有效领导所必要的权力。[7]

由于发现与农业部的问题基本一样,于是方丹和他的工作人员也采取了类似的解决办法。但是厄尔·巴茨和他废除农业部非法定监察长职位的决定使得1976年的立法稍有不同。非法定的监察长办公室被分解使方丹懂得了一点：需要给它提供一些保护，即使那意味着削弱了监察长对部长的协助功能。

1978年的立法

虽然只一次调查就为卫生教育和福利部设立监察长奠定了基础，但是若要监察长制度在全政府范围内展开需要不同的策略。国会没有资源对每个部门和机构都进行一次调查，所以它必须论证政府从根本上是存在缺陷的，只有进行广泛的改革才行。最终议案所附的参议院政府事务报告中写道：

> 近来的证据清楚地表明，在联邦政府各部门和机构的日常管理中和在联邦政府提供资金支持的项目中的舞弊、滥用职权和浪费现象已经达到泛滥成灾的地步。毫无疑问，这个问题并不是个新问题。但是，媒体和政府官员日益加大的关注使得越来越多讲述问题严重程度的危言耸听的言论得到公开披露。[8]

监察长制度并不是"丑闻兜售"的另一种形式。在委员会这一级别，议员和工作人员们起草了详细的立法草案，监察长制体现出政府的一种观念，即在政府中相互沟通和充足的审计人员可以产生一个更有效的合法机构。就这一点而言，审计总署发挥了至关重要的作用，它编写了三份独立报告来支持这个理由。

第一份于1976年11月完成，从两个指标比较了每个行政部门的审计人员的数量——雇员的总人数和需要进行审计的总金额——结果发现这个比率是很不足的。[9]第二份十天之后才发布，对联邦政府内部审计缺陷进行了概述，非常发人深省。[10]第三份发布于1978年法案最终获批前的夏天，指出许多联邦政府项目单位没有接受对它们的账户进行年度财务审计。[11]

然而这三份报告都未直接地公开认可监察长制度。虽然审计总署因要加强行政审计功能而逐渐支持监察长制，但实际上总审计长埃尔默·斯塔茨（Elmer Staats）对最初的法案并不热衷。一位审计总署官员回忆道："我们甚至都没受邀为1977年众议院议案作证，因为方丹的工作人员知道我们并不赞成。我们顾虑的是设立监察长成为反舞弊和反低效的焦点将会给其他部门发出错误的信号。斯塔茨只是觉得把反舞弊和反浪费的重担压在一个独立办公室或其下属身上是不对的，因为那是每个人的责任"。

一年之后，《监察长法案》进入快速通道，审计总署开始有所妥协。它决定在参议院《监察长法案》听证会上发布第三份报告以显示出它试图影响政府事务委员会及其主席托马斯·伊格尔顿（Thomas Eagleton，民主党人，密苏里州）。审计总署调查了联邦政府的每个单位，从整个大的机构到小的项目办公室，发现几乎 1/3 的单位从 1974 年开始就未接受过财务审计。此份报告在首页不同寻常地引人注目的论证中宣布："133 个单位，每年的经费超过 200 亿美元，却告诉审计总署他们在 1974 年至 1976 年的财政年度里未接受过任何财务审计"。[12]尽管调查存在局限性，但调查结果还是有力地支持了审计总署的审计是监察长制度的基石这一观念。在参议院听证会上作证时，审计总署还试图说服给监察长的头衔中再加入"审计长"（auditor general）的字眼：

> 现有头衔表明监察长有调查职能，但不能显示出他审计的全部责任，包括根据相关法律法规来确定财务是否真实和合规的审计，辨别出低效或浪费行为的审计和衡量在实现项目目标的效果性方面的审计。[13]

审计总署的证人解释道，"我们认为如何命名将会给办公室定下基调。我认为把审计字眼加入头衔的做法将会强化审计职能"。伊格尔顿对此想法表示赞同，但他还是禁不住取笑加长头衔后的整体影响，"我反对它的唯一理由就是它的缩写。你必须要有一个简短的政府名称。监察长（IG）比监察与审计长（IAAG）听上去更舒服。我想我们可以把'和'字（and）去掉，成为'IAG'"。[14]虽然参议院接受了把头衔改为"审计与监察长"（auditor and inspector general），但这个新头衔并没有获得众参两院协商委员会的通过。

即使没有给予加长头衔，监察长制度还是结合了政治科学家马修·麦卡宾斯（Mathew McCubbins）和托马斯·施瓦茨（Thomas Schwartz）所确定的两大不同的监督类型——偏常规类型，"巡警式"监督可能源自审计职能，更非同寻常类型，"火警式"监督可能来自调查职能。[15]一方面，监察长办公室使那些长期被忽视的审计办公室重新获得重视并得到新的资源，这代表着国会在巡警式监督方面做出的实实在在的投入,虽然它们被授权给行政部门官员负责并承担双重报告责任。另一方面,监察长办公室还可以偶尔行使"拉响火警警报"的权力。根据麦卡宾斯和施瓦茨的理论,"火警式监督政策使国会议员们节省花在监督方面的时间,从而有时间从事其他更有效益的活动,或使议员们把同样的时间花在更多针对个人的有效益的监督活动上——即处理潜在支持者们的投诉。这样说不知恰不恰当,花时间扑灭可见的火苗比花同样的时间来嗅出烟味更能赢得赞誉"[16]。

打击舞弊的政策

这种在监察长立法记录中设想的火警式打击舞弊的方法在政治上一直是可行的。就如蓝带委员会谴责那些反对华盛顿的人一样,贬责官僚非常契合传统的公众关于政府浪费的信念。总统大选时,不去抨击薪水过高工作却很松懈的公务员和那些用纳税人的钱发财的有钱人几乎是不可能的。

随着方丹针对行政部门不良的会计与管理体系行使合法权益,国会也因监察长制度做出四重政治承诺而欣然接受了它。《监察长法案》将保证高回报率——预算上和政治上;将在财政紧缩时代建立新的立法领域;将提升公众对政府越来越缺乏的信任感,尽管作用微小;将使国会有机会在联邦政府管理方面发挥更积极主动的作用。

高回报率

国会可能从《监察长法案》看到两方面的高回报率。第一个方面,是重新收回一些在舞弊、浪费和滥用职权过程中失去的金钱。根据当时公认地粗略估计的说法,在监察人员身上投入1美元可以挽回2至20美元的损失,这将视具体部门和不同提倡者而定。众议院议员艾略特·莱维塔斯(Elliott Levitas,民主党人,乔治亚州)在表示支持卫生教育和福利部监察长议案时做出评论:

> 假如我记数据记得没错的话,去年美国政府10位调查人员……大约处理了100件案子就查出在舞弊和项目滥用职权中多达2000万美元左右

的涉案金额。仅仅十位！单就这个事实就让我认识到实际上还有成千上万这样的案子，只要有充足的人员配备以及部长想要大干一场的决心。[17]

虽然没人指望监察长法案能结束财政赤字状况，但即使只能挽回少量损失也能为开展新项目提供有限的宽松预算，同时也能使国会议员们不再受到20世纪80年代里根总统喊出的国会只知道"支出支出，税收税收"之类的指责。

第二个方面，国会似乎也看到在公共宣传方面的高回报率。就如加门特发表的社论所写：

> 太多国会的委员会已成为丑闻产生体，他们大吵大闹，采用胁迫手段，几乎没做什么有目共睹的好事，反而有时使政府形象明显大跌……有些委员会现在有资源也有意愿去进行必须称之为"持续丑闻追捕"的行动。他们以一种和行政部门竞争的精神寻求他们的目标——这竞赛没以前温和了，早前大家都遵循礼貌原则而且受到机构领导的限制。[18]

国会中众多欲建功立业的议员可能也需要监察长在没有新项目机会时引起公众的关注。政治科学家伯德特·卢米斯（Burdett Loomis）声称，20世纪70年代让新一代政治家入主议院，他们在事业上更重视个人的成就而不是所在机构的表现。[19]假如监察长的信息有所帮助的话，那就顺其自然吧。

众议员亨利·韦克斯曼（Henry Waxman，民主党人，加利福尼亚州）就是个很好的例子，他首次当选于1974年水门事件后。韦克斯曼升迁至卫生与环境小组委员会（Health and Environment Subcommittee）主席一职，在此之前卫生及公共服务部的监察长理查德·库斯罗（Richard Kusserow）仅在1990年一年里就四次进行作证，[20]韦克斯曼利用他的职位解决了卢米斯形容为"一系列各种各样的富有争议性的问题"：

> 韦克斯曼的例子表明人员素质良好的小组委员会还是存在让激进分子钻空子的潜在危险。他不仅大力宣传他所钟爱的项目，如他提出用海洛因给绝症晚期病人作为同情性用药来缓解他们的疼痛，而且他还通过获取公众关注的手段推动立法的实现（如罕见病用药），在预算协商议案上附加项目（如产妇分娩津贴），以及寻求一些棘手的政

策问题的长期政治解决方法（如净化空气，酸雨）。假如韦克斯曼没有一直以胜利者的姿态出现——他也不可能一直是胜利者——他总是会进行活动，一个重要小组委员会给予他很多回旋余地使他找到获胜的方法。[21]

这并不是在描绘丑闻政治，而是在刻画一位严肃的国会议员利用监察长提供的支持来制订解决问题的方案。但是一些国会议员并不太关心政策革新，反而利用监察长来为其近期的政治成就加分。

新的立法机会

《监察长法案》也成为国会赢得声誉的新领域。预算赤字不仅导致对回报率的关注，还限制了新项目的创建。由于缺钱，国会转向其他立法活动求助，在一些情况下是试图让现有项目更好地运作，在其他情况下是想为他们自己挣个好名声。乔尔·阿伯巴奇（Joel Aberbach）曾为写本关于国会监督的书采访过一位调查对象，这位被调查者说：

> 我想美国人民现在都在疾呼："我们不想要开始新的项目了。我们只要现有项目运行得更好。"……那对这儿有什么影响呢？它将影响这儿的政治……在 20 世纪 60 年代当你卸任回到家乡时如果说，……"我使这个项目运行得更好"，我想你将得不到任何赞誉。相反地，你回到你的选区必须说些"我通过了新的关于残疾大象的乔·齐尔希立法"，或之类的东西，不是吗？你确立了一部新法案，那就是你想要的。可是，那不是现在获取政绩的方式。现在政绩主要来自监督。[22]

不是所有的监督都是由丑闻政治所驱动的。阿伯巴奇用许多种指标显示出在国会采用巡警式监督的推动力在增长，而且他提到工作人员尽管相对年轻但都可以胜任工作，并且"当没有什么机会做新的事情，那么对旧事物进行微调或修正就变得更有吸引力了"。对阿伯巴奇来说，"在其内部和其自身，这使得更积极地信息搜寻方式更加吸引人"。此外，在 20 世纪 70 年代和 80 年代寻找信息变得更为廉价，部分原因就是立法工作人员都是热情高涨的信息搜寻者：

对于那些具有他所在委员会审查领域所需的专业知识和技能的人来说，无论他是经过培训或凭借已有的经验，积极搜寻信息更像是想带来个人自豪感和专业成就感。对于那些想在华盛顿政界扬名立万的人来说，随着公务员规模的不断扩大这样的人会越来越多，积极搜寻信息是突出表现自己的途径。这话一点不假，特别是像现在这样的时候，大环境使公务员想通过制定立法开创新项目来使自己出名已变得很困难了。[23]

《监察长法案》甚至可以允许国会制定远远超出其监督能力的立法。一旦对新的财务管理法，采购改革等之类产生怀疑的话，国会就会分派任务给监察长。举例来说，参议员约翰·格伦（John Glenn，民主党人，俄亥俄州）于1991年5月9日首次提出《1991年政府能源效率法案》（Government Energy Efficiency Act of 1991），在该提案中，节约能源的目标由政府来制定，监察长就被指定为合规监督者。在该法案下，每一位监察长都"受到鼓励对机构进行定期检查，看他们是否遵守了该法案各条款以及其他减少能源消耗相关的法律。"如果没有监察长，该议案也可向前推进，但是有监察长作为强制执行者参与进来大大增加了该提案的可信度。

信任鸿沟

除去这些内部原因解释外，《监察长法案》建立了一个可以使公众日益增长的不信任感得以缓冲的机构。在一次又一次的听证会过程中暴露出的政府在舞弊、浪费和滥用职权等方面严重程度已广为知晓，国会不可避免地要受到部分指责。水门事件之后，对总统的信任感荡然无存，其他所有的对政府的信任指数都在下降。

举个信任鸿沟的例子，来看看密歇根大学所做的美国大选民意测验的趋势变化吧：

- 评论说"执掌政府的大多数人都有点不诚实"的人数从1958年，也就是提出此问题的第一年的24%上升至1976年的42%，当年国会同意设立卫生教育和福利部监察长职位。
- 评论说"他们不相信政府在绝大多数时间里可以做到正确行事"的人数增长了三倍多，从1958年的23%蹿升至1976年的63%。

- 认为"政府是由只为他们自己打算的几大利益集团所控制"的人数从1964年，也就是提出此问题的第一年的29%上涨至1976年的66%。
- 评论说"政府人员浪费了大量我们缴纳的税钱"的人数从1958年的43%增至1976年的74%。[24]

设立监察长的作用并不仅仅是政治掩护，虽然有些学者发表过这样的言论。比如公共管理学家罗伯特·贝恩（Robert Behn）就曾说过："监察长是对机构不信任危机的最新产物。让立法者、候选者、记者和审计人员来监督政府机构是不够的。毕竟，他们都是外围人员。他们如何能抓到证据？所以，我们还是决定把我们的不信任从制度上进一步体现出来"。[25]

贝恩有些夸大了实际情况，但强有力的监察长制度确实可以收到明显的政治收益。国会不仅创立了一个可以处理投诉的机构，而且还多了一个当项目走入歧途时可以进行谴责的次要来源。而且，公众的不信任使国会渐渐远离常规的应对舞弊、浪费和滥用的解决办法——即增加审计人员数量，制定更严格的法规和更明晰的标准。国会开始转而求助于使用更明显的组织反应机制。在此过程中，国会还收获了一个盟友，而且当未来有丑闻曝出时还偶尔可以拿他充当替罪羊的角色。

管理真空

最后，《监察长法案》使国会填补了历届总统和他们的管理和预算办公室人员留下的领导真空。从理论上讲，比如把老的预算局改组为管理和预算办公室，目的就是要扭转几十年被忽视的状态，公共法律学者马维尔·伯恩斯坦（Marver Bernstein）曾对此定性为"夸张的花言巧语而已，只是把重点从一种流行的管理技巧换成了另外一种，相对较低水平的职业成绩"。[26]

假如说开启管理的新时代是新的管理和预算办公室的使命的话，结果还没有取得决定性的成功。回顾下20世纪70~80年代的众多管理和预算办公室重要的法案和举措——《目标管理法》《生产力测量和改进法》《采购改革法》《管理和预算办公室A-44号通告》（1972年修订本）（即《管理审查和改进计划》）、《管理和预算办公室A-117号通告》（即《管理改进和行政部门评估应用》)、《总统管理改进委员会纪要》《文书削减法案》——审计总署得出了以下结论：

> 自管理和预算办公室成立以来，行政部门管理改进方面所做的尝试历程呈现出片段式改革尝试的特点，通常改革的持续期较短。那些重要法案和举措展现了一次次的尝试，想要在总统控制权和部门自主权之间实现切实可行的平衡状态。然而随着这些法案和举措外部环境的改变，他们通常都呈现出以下特点：仅代表总统或管理和预算办公室主任的小范围的直接利益；极少关注实施策略；和管理和预算办公室的预算编制人员的工作关系没有达到理想状态。[27]

这种状态在里根总统执政期间基本保持不变。[28]

处于这样失望的氛围之中，国会对它自己的工作日程安排有所权衡是无可指摘的。在《1978年监察长法案》听证会上，在反对者陈述理由的中途，方丹阐明了这样一个观点。"我发现在所有作证的机构所做出的所有应答中普遍存在一个相同的主题"，方丹说"那个主题就是国会一旦建立了某个机构，该机构就觉得它如何运作就再也不关国会的事了。我发现连总统也持有几分类似的态度"。[29]

被任命的官员任期很短的情况不断增加，以及不同的管理风潮使得局势出现动荡，国会打算让监察长制度成为制衡力量。管理真空的存在是因为长期以来白宫和管理和预算办公室漠不关心；国会认为"功绩存在于更加稳定的改革方式之中"的想法是很自然的。

获取信息的必要性

审计总署的正式认可和打击舞弊的政策都不足以解释《1978年监察长法案》的出台。在没有审计总署认可的情况下，国会早已多次采取过行动。即使没有监察长，它仍然可以继续执行它的打击舞弊政策。所以更重要的原因是水门事件后加重的掌握行政部门内部信息的迫切需求。

此处的目的并不是要回顾行政特权或国会调查权的历史。[30] 只想简单说说尽力获取信息的斗争一直都存在的情况。最初在1789年建立财政部时就有所体现。时至今日，财政部部长仍有义务承担双重报告责任，"（财政部部长）应亲自或应要求用书面形式对国会两院中任何一个提出的涉及他本人的问题做出回答"。[31]

不容改变的事实是行政特权亦是得来不易。法院既设立了国会的信息获取权以辅助立法和监督职能——这点在麦格伦诉多尔蒂（McGrain v. Daugherty）一案[32]判决书中已阐明——同时又设立了总统的保留行政部门信息的权力——这点在美国诉尼克松案（United States v. Nixon）一案[33]中获得支持。正如公共法律学者彼得·谢恩（Peter Shane）在为美国行政会议所做研究中说，获取信息是个可以谈判的事情："从'规则'的意义上说，假如法律都无法以强制方式直接控制部门间关于信息纠纷的结果，那么什么能做到呢？本研究的受访者往往会说'政治'"。[34]

要解释监察长制度的兴起，需要特别注意使《监察长法案》成型的两个方面获取信息的必要性：（1）常规获取行政部门信息的矛盾；（2）在国会快速增长的信息潜在使用者——委员会、小组委员会和工作人员——构成的信息市场。

常规信息获取

尼克松时期的《国会议事录》（the Congressional Record）轻易就可证实行政特权与总统保密权之间的冲突矛盾。那段时间提出的大多数立法，无论是关于越南战争的还是关于农业价格扶持的，基本目的都是确保及时获取信息。

在监察长制度发展的过程中特别值得注意的是 H. R. 12462，该议案于1974年尼克松辞职数天后提出，涉及政府工作委员会。该议案修订《信息自由法》试图强制实施及时公开所请求的信息或行政特权的调用权，因此遭到了方丹和未来委员会主席杰克·布鲁克斯（Jack Brooks，民主党人，得克萨斯州）的反对。

对方丹和布鲁克斯来说问题在于立法把总统的保留信息权编入了法典，该权力由法院建立但从未在成文法中出现。方丹与立法报告的分歧对于理解他随后在监察长法案的立场非常有益：

根据 H. R. 12462 的条文，想如此做的总统可以轻易地阻止国会及时获取它履行职责所需的信息。而且，在该议案下，任一联邦雇员——从参议院议员到最底层的工作职员——在国会委员会面前都可拒绝提供信息或拒绝回答问题，只要他声称他"相信"总统可能下令此信息保密。

我认为 H. R. 12462 的倡议者提出了一个诚实无欺的请求，试图限制利用"行政特权"名义隐瞒信息。然而，即使它并没有违反宪法，但在我看来，H. R. 12462 的作用是弊远超过利。它将削弱而不是加强国会获取履行职责必需的信息的能力。[35]

方丹并不是委员会当中唯一一个唱反调的人。接下来委员会主席切特·霍利菲尔德（Chet Holifield），未来众议院议长吉姆·怀特（Jim Wright，民主党人，得克萨斯州），以及其他 12 名委员加入了方丹和布鲁克斯阵营在投票时投了反对票。虽然该议案在很大程度上更具象征意义的投票中以 24 票对 16 票获胜，但方丹—布鲁克斯—怀特—霍利菲尔德的联合反对阵线已排除了进一步考虑的可能。[36]

实际上国会所需要的是一种切实可行的搜集信息的方法，既可以避免不停地向法院提出异议，同时又可使常规信息取得合法化。方丹逐渐意识到《监察长法案》可以作为提供常规信息的渠道，这一点不仅在上述条文中得到体现而且在随后的条文中也得到确认。1976 年卫生教育和福利部监察长法案中就制定了部分条款，不到一年后方丹自己提出的设立 12 个新监察长的议案中也提议了这点：

第 4 款（d）．监察长（A）在监察长认为必要或适当时，可以对适用机关的项目和日常工作管理进行额外的调查和提出报告；（B）监察长应按要求负责向国会两院或者与事件相关的具有司法管辖权的委员会及其小组委员会提供此类额外信息和文件。

第 4 款（e）．尽管有其他法律条文规定，但本款所规定的或根据本款应呈送给相关机关负责人和国会、委员会及其小组委员会的报告、信息和文件应由监察长直接呈送**无须得到上级许可或批准**。

第 5 款（a）．除本法另有规定的职权之外，各个监察长在执行本法规定时，有权——

查阅被适用机关可以取得的与监察长依照本法规定对之负有责任的项目和日常工作有关的所有记录、报告、审计、审查、文件、票据、建议或其他材料。[37]

按照计划，监察长应成为满足国会需求的一个渠道，可以不受部长或总统的干涉直接传送任一或所有信息。这些条款能成功存在于1976年法案中似乎更多的是因为当时卫生教育和福利部提案并未引起繁忙的参议院和杰拉尔德·R. 福特（Gerald R. Ford）总统领导的羸弱的白宫多少关注。而在1978年，这些条款因遭到强烈反对而被取消了。但是，早期法案的意图以及它和获取信息的斗争之间的联系是清楚无误的。

不断发展的市场

国会不断增长的对信息的渴求也是毋庸置疑的。阿伯巴奇曾记录下始于20世纪70年代中期，大约是颁布监察长制度的时间，令人震惊的监督的增长速度。阿伯巴奇的数据是基于1961～1983年间在奇数非大选年份里国会召开的所有听证会，他按照主题对它们进行了细致的编码。根据他的数据，国会在1977年进行了537日次监督主题听证会，比1961年增长了268%。1961年监督主题听证会只有146日次，国会此后越来越致力于此项任务，1973年举行290日次，1975年459日次，1981年达到顶峰587日次。从在所有听证会中所花的时间比例来看，监督主题所占时间从1961年的8%上升至1977年的18%。[38]

监察长制度的兴起巧妙地融入国会工作人员和监督活动急剧扩张的情况之中。"随着监督潜能的增加"，唐纳德·凯特尔说，"实际执行能力也自然随之加强"。[39]从1960～1980年，众议院委员会和小组委员会工作人员数量从440人上升至1917人，参议院工作人员数量从470人上升至1074人。[40]从逐年的增长情况来看，两院的最大增幅都发生在1974～1975年，当时众议院增加了353个席位，参议院增加了329个席位。那次急剧飙升几乎占众议院扩容的1/4以及占参议院增长的将近1/2。与此同时，被一些国会学者视作是新类型议员，也就是主要动机是事业雄心和扬名立万的那些议员，即将出现。变化也影响到对监察长的支持。

表 3-1 中的数据总结了与监察长机关单位相关的核心工作人员变化趋势——常务委员会和小组委员会数量增加，工作人员增加，以及在卫生教育和福利部设立监察长和监察长制度扩展到政府其余部门之前监督活动的暴增趋势。

表 3-1   委员会和小组委员会活动变化趋势（1955~1983 年）

年份	常务委员会和小组委员会数	众议院委员会和小组委员会工作人员数	参议院委员会和小组委员会工作人员数	召开的监督听证会日次数
1955	225	329	386	…
1960	227	440	470	146[a]
1970	247	702	635	…
1971	263	729	711	187
1972	263[b]	817	844	…
1973	287	878	873	290
1974	287	1,107	948	…
1975	302	1,460	1,277	459
1976	302	1,680	1,201	…
1977	270	1,776	1,028	537
1978	270	1,844	1,151	…
1979	263	1,909	1,269	n.a.
1980	263	1,917	1,191	…
1981	271	1,843	1,022	434
1982	271	1,839	1,047	…
1983	264	1,970	1,075	587

注：a. 数字来源于 1961 年。
b. 常务委员会和小组委员会的数量在每届为期两年的国会最初就予以设定，因此在第二年保持不变。
资料来源：史蒂文·S. 史密斯（Steven S. Smith）和克里斯托弗·J. 迪林（Christopher J. Deering），《国会委员会》（华盛顿：CQ 出版社，1984），第 275 页；诺曼·J. 奥恩斯坦（Norman J. Ornstein），托马斯·E·曼恩（Thomas E. Mann），和迈克尔·J·麦尔滨（Michael J. Malbin），《国会人员统计，1989–1990》（华盛顿：CQ 出版社，1990），第 136 页；以及乔尔·D·阿伯巴奇，《保持警惕：国会监督的政治》（布鲁金斯，1990），第 35 页。
n.a. Not available 未提供。

在解释监察长制度兴起时还有非常重要的一点就是对那些新职员的部署安排。虽然小组委员会的数量在增长，但是工作人员却没有成长，因此仍需依靠外部信息来推动工作。他们完全没有发起深度调查的能力。

参议院小组委员会从 1969 年占总员工数的 42% 下降到 10 年之后的

33%。甚至在众议院，小组委员会在 20 世纪 70 年代工作人员的数量几乎翻番，全体委员会人员数仍以 57 人对 43 人的差距多于小组委员会人员数。[41]结果到 70 年代末期，小组委员会的人员与全体委员会人员相比可能更精简，更专业，但缺乏经验，更年轻，在他们制定议程时，太过于依赖外部信息输入；简而言之，很多人都可能成为监察长们的客户。

为了工作，这些如雨后春笋般激增的工作人员，无论处于全体委员会还是小组委员会，都需要推动力——通常是行政部门的消息，有时只不过是丑闻。就如加门特所指出的那样，工作人员数量的增加和猎寻丑闻之间有着明显的联系：

> 不止一位观察者注意到，处在预算赤字的时代，暴增的工作人员不可能全部都专注于从事伟大的，备受推崇的，涉及金额较大的立法创制工作。换句话形容，这一大批新增人员就好似精心装扮后却无处可去。也无迹象表明他们利用新增的资源使自己成为政府管理的更富有经验的监督者。那么他们到底做了些什么呢？答案似乎是大多数国会委员会也会有像以前一样零星的优异表现——只不过频率更高些。[42]

人员扩充并不仅仅为猎寻丑闻，尽管当问及议员和职员如何制定监督议程时，他们把渎职列为第一因素。虽然丑闻是制定一般议程时的首要因素，但是却不是阿伯巴奇编制的个案听证会因由的最常见解释。更为重要的因素有普通大众对某机构或项目的关注，认为某项目当下并没有有效运营的意见，对委员会项目进行持续监管的承诺，以及客户和利益集团提出的投诉。[43]

和小组委员会的关联

如果说工作人员和委员会数量的增加与监察长制度的扩张有联系，那么在《监察长法案》颁布后的几年里国会和监察长之间很明显地呈现出三种主要活动模式：

1. 众议院比参议院更多地利用监察长，这也许仅仅是因为众议院委员会的数量比参议院委员会多大约 50 个；
2. 小组委员会比全体委员会更多地利用监察长；

3. 众议院小组委员会比众议院全体委员会更多地利用监察长，这也许仅仅是因为小组委员会的数量几乎是全体委员会数量的六倍。

假定监察长在国会露面次数是利用监察长的一个有效指标，那么监察长们的确可称为众议院小组委员会的工具了。监察长在1977—1988年在国会作证339次（见表3-2）。在这些出场中，52%是为众议院，48%是为参议院，这印证了第一条假说；250次出场，占总出场数的74%，是为两院的小组委员会，这印证了第二条假说；监察长在176次众议院出场中有143次，占81%，是为小组委员会级别，这印证了第三条假说。一位立法人员解释这些现象时解释道，"在小组委员会级别，监察长通常是数一数二的证人，而且总是准备很充分。在这里每日举行的听证会数量就算没有数百次，也有数十次，有一个可靠的一线证人具有很大优势，特别是在小组委员会级别，要么是监察长，要么根本就没有证人"。

表3-2　　监察长在国会作证情况（1977~1988年）

场所	任命[a]	拨款	项目	其他	总计
1977~1980年					
众议院	0	6	12	5	23
参议院	24	8	9	4	45
全体委员会	24	0	4	5	33
小组委员会	0	14	17	4	35
总计	24	14	21	9	68
1981~1982年					
众议院	0	11	16	5	32
参议院	10	8	13	6	37
全体委员会	10	0	8	3	21
小组委员会	0	19	21	8	48
总计	10	19	29	11	69
1983~1984年					
众议院	0	14	7	9	30
参议院	5	7	9	6	27
全体委员会	5	0	8	3	16
小组委员会	0	21	8	12	41
总计	5	21	16	15	57

续表

场所	作证类型				总计
	任命[a]	拨款	项目	其他	
1985~1986年					
众议院	0	14	12	7	33
参议院	5	8	5	3	21
全体委员会	5	0	2	2	9
小组委员会	0	22	15	8	45
总计	5	22	17	10	54
1987~1988年					
众议院	0	18	27	13	58
参议院	2	15	8	8	33
全体委员会	2	0	3	5	10
小组委员会	0	33	32	16	81
总计	2	33	35	21	91
1977~1988年汇总（百分比）					
众议院	0（0）	63（58）	74（63）	39（59）	176（52）
参议院	46（100）	46（42）	44（37）	27（41）	163（48）
全体委员会	46（100）	0（0）	25（21）	18（27）	89（26）
小组委员会	0（0）	109（100）	93（79）	48（73）	250（74）

注：a. 早期一些监察长的任命需经过两次听证——一次由授权委员会召开，另一次由政府事务委员会召开。这一做法到20世纪80年代废止。另外，许多里根时期的提名人未经正式听证就直接递交参议院讨论了。

资料来源：国会情报处；听证会数据清单是根据提及监察长名字的搜索而得。

表3-2中给出的数据还呈现出其他四种模式。第一，扣除掉国会不限制的提名听证会，参议院对监察长的兴趣经历了过山车般的过程。监察长在参议院出场的次数在第95届和第96届国会期间（1977~1980年）是21次，在第97届时（1981~1982年）上升到27次，在第98届时（1983~1984年）下降到22次，在第99届时（1985~1986年）进一步下跌至16次，然后在第100届时（1987~1988年）攀升到31次。对于最后反弹有种解释可能是因为国会恢复到民主党占多数席位的状态，并且他们也许看到在里根执政时期加大对舞弊、浪费和滥用职权的关注更有价值。

第二，小组委员会对监察长的兴趣稳步增长，甚至当全体委员会的兴趣大幅下降时还是如此。监察长在小组委员会出场的次数从第95届到第96届国会的低点 35 次上升至第 100 届的 81 次，部分原因是因为监察长也许很适合关注度不太高的小组委员会环境。随着监督听证会的日次增加，监察长们把某些开放的证人席都坐满了。

第三，小组委员会是监察长给出政策意见证词的主要客户，比如对调查作证和对机构改进提出建议。除掉参议院的提名听证会（这类听证会一直在全体委员会级别举行）和"其他"类型听证会（这类听证会一般包含对监察长制度的监督或对《监察长法案》修订草案的论证）不需作证，但同时又需要在一些项目出台和拨款听证会上作证（此类听证会通常会讨论整个机构的问题并提出建议等），所以需要监察长给出政策意见的听证会里 89% 都发生在小组委员会级别。

第四，有监察长出席的项目听证会的数量在第 96 届和第 97 届国会有所增加，在第 98 届大幅下降，在第 99 届又有略微增长，然后在第 100 届翻了一番还多。数据下降也许反映出里根总统在 1981 年做出解雇大多数卡特时期的监察长的决定后众议院产生的疑虑，以及共和党占多数的参议院并不愿意置他们的新总统于一片批判声中。而在第 100 届时的强烈反弹可能再次反映出两院的民主党人士为即将到来的 1988 年总统大选做准备。

这四大趋势好似一直延续至布什总统执政的头几年。举例来说，1990 年卫生及公共服务部监察长理查德·库斯罗在国会作证 23 次。其中 13 次出场是在众议院小组委员会作证，2 次是在众议院全体委员会作证，6 次是在参议院小组委员会作证，还有 2 次是在参议院全体委员会作证。

在库斯罗讨论的话题中包括在众议院老龄事务委员会下属消费者权益小组委员会（the House Aging Subcommittee on Consumer Interests）作证时的仿制药品工业发展问题；在众议院能源与商务委员会下属健康和环境小组委员会（the House Energy and Commerce Subcommittee on Health and the Environment）作证时的乔治亚州关于医疗保险 B 部分索赔处理及烟草控制问题；在众议院筹款委员会下属人力资源小组委员会（the House Ways and Means Subcommittee on Human Resources）作证时的寄养中心的行政管理费用问题；在筹款委员会下属监督小组委员会（the Ways and Means Subcommittee on Oversight）作证时的佛罗里达州医保诈骗问题。[44]

但是国会议员们都可视作是追求权力最大化者、创业家、规避风险者或

者说是追求稳定性的人——信息过去是，现在仍是决定一切的要素。一位重要的从事立法工作多年的人说过，

> 《监察长法案》基本上把国会从零售转型为批发。有这种想法的一个基本理由是我们费尽九牛二虎之力才在一小部分机构中设立监察长。我们并不是不能得到信息，但是获取信息总是像拔牙一样困难。监察长在体系中承担起中间人的角色，他可以通过半年度报告定期向我们提供信息或者我们可以通过发展良好的工作关系不定期地从他那儿获取信息。无论如何监察长并不是我们唯一的信息来源，但是它减少了我们以前不得不做的一些艰巨的准备工作，可以让我们直接进入更具体的调查。

然而，问题是监察长到底从事什么业务？答案是国会可能对合规性监督最有兴趣。合规性监督对由很多运作起来没有多少资源，却欲建功立业的议员构成的国会来说具有明显的优势。监察长合规性监督的成果更多，在对丑闻很敏感的华盛顿政界更受瞩目，而且有更多机会赢得声誉。在提建议方面，合规性监督提供的建议往往花费不高而且获批的概率很高，更易适应现有的国会管辖权。再者，这些优点也同样为宾夕法尼亚大道（白宫所在地）的另一方所知，那里的总统和工作人员也同样担心会因丑闻上头条，同样希望赢得美誉，同样需要制定立法。

结论：合规之选

在1976年和1978年的《监察长法案》最终得以通过的过程中，国会做出了许多抉择，其中最重要的一个抉择是将监察长的工作定位为"得力助手"。但是在所有的决策中，或许没有什么比最终确定问责的基本定义更为重要的了。

国会在处理舞弊，浪费和滥用职权时有很多选择方案。它本可以把重要资金再次投入诸如建立新的分配和会计系统，实现计算机现代化，重组等等行政管理基础设施建设上。它也本可以投入政府人力资本上，比如提高薪资（取代薪资水平冻结）和实施新的招聘策略（取代雇佣上限），而且还可以根据《1978年公务员改革法案》中所承诺的提供资金来给员工提供培训和事业

发展机会。总而言之，国会本可以把资金投入政府基本能力建设上，如果这样做了的话就有可能避免发生类似于 20 世纪 80 年代末期的储贷危机。因为国会和总统都没有及时采取行动，所以监察长们在他们的合规性监督的"磨坊"里保证会有大量的"谷粒"待处理。[45]

从不利方面讲，监察长制度的兴起可能使国会和总统忽视了项目成功的基本要素。监察长的建立和扩张使国会和总统能够给政府承担大量更为重要的责任，一想到新一批审计人员和调查人员将确保一切都将解决，他们总是感觉很欣慰。国会和总统对合规问责抱有信心，于是采用了花费较低的解决办法。改善项目基础建设耗资巨大——单单缩小公共部门员工和私企员工之间的收入差距就将花费联邦政府数十亿美元——还无法保证有效果。

第四章
创建得力助手

起草第一部《监察长法案》的任务落在了两位截然不同的众议院议员身上——纽约州的本杰明·罗森塔尔（Benjamin Rosenthal）和北卡罗来纳州的L. H. 方丹。两人都是民主党人，都是政府工作委员会成员，两人都在该委员会下属的小组委员会中担任主要职位。但是他俩的相同点仅此而已。

例如，两人在立法同情倾向上就大相径庭。罗森塔尔是委员会中自由派议员积极分子中的一员。1975年，他在"美国民主行动"组织中赢得96%的支持率，在美国劳工联合会—产业工会联合会（简称"劳联—产联"）中赢得91%的支持率，而在"美国保守行动"组织中的支持率为零。方丹是保守派议员积极分子之一。他在"美国民主行动"组织中收获5%的支持率，在劳联—产联中得到22%的支持率，在"美国保守行动"组织中的支持率为79%。在1975年，方丹还曾投票支持保守派联盟——一个由共和党人和南方民主党人组成的联盟——当时支持率为80%。

两人在风格上也是迥然不同。罗森塔尔利用他自己的商业、消费者和货币事务小组委员会主席的职位作为宣传一系列立法问题的讲台，他强调"一个具有相当胆识的议员应该能够唤醒公众的良知"。而方丹利用他自己的政府间关系和人力资源小组委员会主席的职位作为一个默默安静的平台从事更多传统的委员会工作。[1]

虽然方丹后来提出了自己的建议，但是罗森塔尔是第一个起草在卫生教育和福利部设监察长法案的国会议员，他于1975年3月20日正式提出众议院 5302 号法案。罗森塔尔的特立独行的"参展表演马"风格或许有助于解释他设定的监察长形象为何是个孤狼式调查人员，而方丹更为传统的"辛苦劳作马"风格或许使人更加理解他为何认为监察长是部门负责人管理团队中的合作成员。国会选择了方丹提供的方案，给予监察长更多机会，而不仅仅是从事有限的合规监督方面的工作，同时也提供给总统一定的施加影响和控制的能力。

另一种可能的结果

罗森塔尔把监察长设定成孤狼式人物可以从他法案的四大方面清楚地看出。第一，罗森塔尔的监察长的任期为 10 年，只有遭到弹劾才能撤换。[2] 第二，监察长只有一项任务——调查，"审计"这个词并没有出现在他提议的法规中，"经济"和"效率"这两个词也没有出现。第三，罗森塔尔的监察长将需同时向国会和卫生教育和福利部部长提交年度报告，不需事先得到任何行政部门人员的批准。第四，监察长有权发出要求提供证据的传票。也就是说，有权要求证人到场作证和有权"在美国境内任意指定听证会地点上使用从美国任意地点获取的证据进行举证"。简言之，罗森塔尔的监察长具有不容置疑的独立性，完全没有免职之忧，他远离野心的侵蚀，拥有无比有力、且为如今的许多监察长所渴望的调查工具——传唤权。

尽管有这些保护措施和授权，但罗森塔尔的提案与方丹的提案相比有更多的局限性。由于只专注于调查，罗森塔尔的监察长将在狭窄的合规性调查授权范围内开展工作，只能调查涉及联邦资金的项目。那些涉及第三方提供者的案件，比如涉及社会保险金造假者，仿制药生产商，类固醇销售代表，或向青少年兜售香烟者的案件，都不在权限范围内，而所有这些都是卫生及公共服务部理查德·库斯罗选出的需进行深入调查的领域。除此之外，由于没有授予审计的职能，监察长就丧失了获取非常重要的深入了解部门管理和办事效率的日常资料来源。

不过，卫生教育和福利部反对该议案。正如部长玛乔丽·林奇（Marjorie Lynch）作证时所说：

我们承认有必要加强和协调我们的调查和审计能力，有必要在规章制度和其他方面进一步明确从而确保在项目资金使用上更为廉正，但是我们认为这一提案会严重妨碍部长对部门的管理能力。实际情况是……监察长并不是卫生教育和福利部部长的下属，不直接对部长负责，或者可以说，事实上他不对政府行政部门的任何人直接负责。[3]

罗森塔尔并没有退却。当他的立法提案被提交到方丹的小组委员会而召开听证时，他为他的议案做了解释，隔绝政治压力是监察长发挥强大作用的必要条件：

假如你愿意的话，请把卫生教育和福利部看作一个庞大的主要负责提供服务的公司。该部每年预算为1884亿美元，这笔收入比埃克森石油公司、通用汽车公司、福特汽车公司、德士古石油公司、美孚石油公司和加州标准石油公司加起来的收入都要多。

现在，想象一下这六家美国最大的工业企业中的一家由会计公司来进行审计，而该会计公司的负责人是由这家企业的行政主管聘用的，这家会计公司的财务报告在提交给董事会（假定有）前必须先由行政主管审核和批准，这样做显然是很荒唐可笑的。这不仅毫无意义，而且还会违反诸多联邦证券法法规。[4]

到1976年5月时，罗森塔尔的提案已经有四十位联合发起人，必须要严肃认真对待。因罗森塔尔的议案被提交到了政府间关系和人力资源小组委员会，于是这成了方丹的职责。但是方丹对监察长将要承担的任务有非常不同的见解。

一方面，方丹认为审计应该包括在监察长的权限范围内。另一方面，他表达了对免职条款的忧虑。他直截了当地问罗森塔尔："如果最终证明某位监察长不能胜任或没有资格担任此职务，有没有一种方法可以撤换掉他呢？"罗森塔尔承认他的提案"是一个非常强大的，限制很多，约束力很强的法规"，但是他辩称道：

掌控监察长办公室的人必须彻底摆脱党派分歧之争或政治影响，不论这些影响源自哪个政府部门。因此，在起草本立法时我们选择保护此人不受多变的政治影响……我们也不想看到监察长惧于卫生教育和福利部部长或副部长或部长助理的威势……我想赋予监察长办公室最大限度的独立并且不受任何来自机构外或机构内的影响。[5]

引用了农业部监察长办公室被解散的这一典型例子后，罗森塔尔给出了保持独立的基本原理："我希望监察长制度能够像钢筋水泥一般牢固，这样就没有哪个部长可以控制或者废除监察办公室了[6]"。

但是，由于他提议的消费者保护机构方案在全体委员会还悬而未决，需要集合能争取到的每一票来使之通过，所以罗森塔尔暗示出他愿意遵从小组委员会的建议："小组委员会是否想坚持有关弹劾的限制性措辞得靠小组委员会自己做出判断，但是我认为我们所有人的共同任务就是要让监察长办公室保持廉正和独立"。

小组委员会不久就提出了一份更为广泛的措施方案，使监察长更多地成为卫生教育和福利部管理团队的一部分。他可以由总统免职，他没有任期的限制，他被剥夺了发出要求作证的传票的授权，但是需同时负责向国会和部长报告。概括来说，监察长被授权的权力有所下降，但是扩大了监督范围——他将有机会超出传统的问责即检查合规性的定义，而开始从事绩效和能力建设问责方面的工作，但是没有办法做到完全免受行政压力。

但是，方丹的议案也并没有使监察长毫无防御能力。监察长有权以七日报的方式报告那些"特别重大的问题，滥用职权或不足之处"，而且还有其他一些更为清晰的报告职责。方丹的议案同样把监察长视作国会一种更为重要的信息来源：（1）提供两院要求的其他附加信息和文件；（2）提交信息时无须得到上级许可或批准；（3）拥有法定的获取任意或所有所需信息的权力。

1976年这部法规的附属细则并不如确定总体方向来得重要。国会来到一个建立监察长制度的十字路口并最终选择了一条更为宽广、更为平静的道路。监察长既要成为部长的得力助手又要成为国会的一条独立渠道，这一决策使对监察长的职责描述成为一项有风险兼有多种可能的任务。

监察长究竟做些什么

截至1977年，美国卫生教育和福利部监察长工作进行得十分顺利。在为建设卡特总统所提出的能源部门所起草的提案中第二次提及了监察长工作。方丹与他的幕僚有理由对监察长在全政府层面的扩展活动保持乐观。但是，想要从一个部门扩展到12个部门，这个过程中不可能没有反对和妥协。

讨论通过的过程中也有反对声

《监察长法案》立法问题上最重要的问题就是独立性问题。司法部与白宫方面就双重报告安排与免职条款提出质询。在1977年11月7日的内阁会议上，国家政策顾问斯图亚特·艾森斯塔特（Stuart Eizenstat）记录下了管理和预算办公室负责人詹姆斯·麦金太尔（James McIntyre）的一段话。（"贝尔"指首席检察官格里芬·贝尔（Griffin Bell），"J.C."指卡特。）

1. 政府工作委员会通过了重组计划二。
2. 《监察长法案》。删去对国会的再汇报以及其他有异议的条目。

卡特：比起卫生教育和福利部和能源部的那项可少了点约束力。不觉得有多麻烦，统一挺好的。

贝尔：关于不违宪，只要不在没向国会报告的情况下免职就行了。

卡特：在我掌控下挺好的。[7]

这段对话只揭露出行政部门的反对意见中的一小部分。当时拥有非法定的监察长的农业部与住房和城市发展部同样存在不少关于这些提案的问题。[8] 当时的商务部部长行政助理埃尔莎·波特（Elsa Potter）也写道，反对主要集中在双重报告问题和其可能带来的敌对关系方面：

这让人头脑混乱！立法部门就把监察长弄成审计总署的样子，做成部门里相对独立的进行审计和调查的武器，向部门领导报告，在我看来，这样的模型或许能行得通。但在推动监察长对行政部门和国会的双重拥护（还有由此带来的双重依赖）问题上，这法规可给监察长留下了不少需要克服的信任问题。换句话说，它埋下了不信任的种子。[9]

司法部也对双重报告问题抱有担忧，他们称其为"对于行政部门权利和责任的严重违逆"[10]。同时，他们也因该法案可能稀释宪法中规定的总统权力而提出反对。司法部尤其反对以下三项条款：

（a）无须进一步授权与许可，直接向国会传递信息。提案中的4（e）条款提出，必须的信息无须进一步授权与许可，就可传递给国会。这明显与总统对于行政部门和国会所提出的所有回复和评论都具有的控制权和监督权相冲突。

（b）罢免权。2（c）项条款提出，尽管总统拥有免去监察长职位的权力，但他必须向国会的两院说明免职原因。尽管这项条款约束力有限，但是这给予了总统与宪法相违背的、罢免行政官员的权力。

（c）提交预算。5（a）(5)项条款提出，如果监察长认为办公室预算的减少对于办公室工作情况产生了不利影响，他需立刻向国会报告。这项条款明显与实现行政部门内部有效运作所必需的纪律命令相冲突。这难道不是詹姆斯·麦迪逊（James Madison）所说的，典型的鼓励高级行政官员与国会"结党营私"吗？

司法部认为国会涉嫌篡夺行政工作，并就此问题提出了反对意见。司法部律师写道："在我们看来，提案所提出的持续监督行政部门并不是立法职能的恰当表现，而是对于宪法系统的严重歪曲。"[11]除此之外，司法部还表示，半年报告违反了宪法赋予总统的信息保留权：

> 国会已拥有其他合法且行之有效的获取信息的途径，却仍通过这份提案谋求更多。国会委员会在寻找需要的信息方面十分警惕，行政部门的一贯策略是对于国会获取信息的要求保持充分合作的态度。我们认为，过去的这些信息获取手段已经完全足够，因此这种侵入式的调查是没有必要的。[12]

具有讽刺意味的是，正是由卡特总统自己任命的卫生教育和福利部部长约瑟夫·卡利法诺（Joseph Califano）消除了这样的反对意见。两年中，他的部门与监察长和睦共处，卡利法诺认为没有什么需要担心的。在长达八天的控告会中，卡利法诺的证言只有一个作用——反对他们的控诉。就和小组委员会律师詹姆斯·诺顿之后所说明的一样，卡利法诺和他极受尊重的监察长托马斯·莫里斯（Thomas Morris）一直待机，直到可以让他们的赞同之辞发挥最大作用的、听证会的最后一天——第九天，他们才出场。于是有了这样一段对话：

方丹：部长先生，您依法建立的监察长办公室，是否以任何方式削弱了您为完成卫生教育和福利部工作所做出的努力呢？

卡利法诺：不，主席先生，并没有。事实上，它帮了大忙。

方丹：依法建立起的监察长办公室的存在是否以任何方式抑制了您在部门项目与运营过程中的调查能力呢？

卡利法诺：不。又一次的，它帮了不少忙。

方丹：莫里斯先生是否有过在任何时候拒绝或未能完成您就特定项目的调查或审计而提出的要求呢？

卡利法诺：没有——事实上，我一直找他来，让他去做更多的事情。一切都在进行之中。

方丹：在您的判断中，您是否有过任何由于依法建立的监察长办公室而产生的重要问题呢？

卡利法诺：没有，主席先生。[13]

尽管卡利法诺尽责地指出，白宫方面对于现有的提案在个别方面，尤其是报告和任命条款上仍持反对态度，但一切已成定局。

妥协的益处

围绕着《1978年监察长法案》进行的争论最好可以看作是一场关于分离的机构间共享权力的政治争论。它们没法通过关于法律先例的讨论来解决，只有通过平衡总统和国会利益来处理。

国会愿意在监察长法案及其他事务中检验权力分立法则。《1978年公务员改革法案》就是个例子：该法案中有一条款要求建立特别法律顾问办公室，对违反考绩制的行为展开调查，同时配设明确的权威组织，"**无须其他行政部门审复或批准**，以报告、证词的形式，向国会传递任何相关委员会或小组委员会的需要的或其他关于运行、职责及任何与办公厅相关的事务"。[14]

国会也通过了《1978年政府道德法》第六条内容，它创设独立律师机制以进行调查，及在适当的情况下，提起高级犯罪诉讼。这些独立律师由可以决定其相关管辖权的特定法院（即"特别法庭"）指定，只有在被弹劾、定罪的情况下，或是"只可由首席检察官个人进行，只可是在正当理由下，或是由于生理缺陷、精神上无行为能力、或其他实际违背独立顾问职责的情况下"[15]将他们免职。如果有这样的情况，首席检察官需向特定法院（即"特别法庭"）和两院司法委员会报告"详细说明事实情况和解职的根本原因。"[16]

最高法院在判决"莫里森诉奥尔森"案（Morrison v. Olson）时维持了独立律师条例，该案中，独立律师亚历克西娅·莫里森（Alexia Morrison）对上了前首席检察官助理兼调查目标人物西奥多·奥尔森（Theodore Olson）。[17] 1988年，为获得七成员多数，首席大法官威廉·H. 伦奎斯特（William H. Rehnquist）写道，他并不认同独立律师是行政大权入侵司法的表现。第一，除了已有的通过弹劾和定罪以免职的权利，国会并没有直接参与到行政官员免职问题中。第二，也是更重要的一点是，国会建立独立律师机制，并没有违反三权分立的原则。

这里我们要说明的是，《1978年监察长法案》所做出的妥协并不是出于对挑战宪法的恐惧，而是实际的政治要求。无论是在《监察长法案》、公务员体制改革还是《政府道德法》中，国会两院都没有在报告安排和免职条款问题上表现出任何勉强之态。民主党国会有充足的理由对民主党总统做出妥协，尤其是当总统正处在自己任期的第一年时。在将方丹的原始法案——2819号法案——和由委员会主席布鲁克斯撰写、并经议会通过的8588号法案进行比较时，妥协的痕迹尤为明显。尽管它们之间存在大量不同之处，下述四个方面的变化尤其值得关注：

工资：最令人不解的变化之一就是，在议院通过的法案中，监察长被分为两级，一级的工资标准遵照较高的、由总统指派的行政四级官员的标准，另一级的工资标准则比照行政五级官员。前者由美国卫生教育和福利部、农业部、住房与城市发展部、人力部、交通部和退伍军人管理局构成，后者则由商务部、内政部、总务署、环境保护局、国家航空航天局和小企业管理局构成。尽管很难证明前者的发展工作比后者来得容易，但工资不同的部分原因，在于其中3/4的机构在1978法案出台前已经存在，而这样的分割的确在较低收入的监察长之间营造出一种较难确立机构正统性的感觉。（在1988年，国会取消了这种分级。）

免职：第二个主要的变化就是免职条款的变化。完全剔除了总统需向国会两院报告免职原由的要求后，议院只补充提出以下一些关于监察长任命的资质要求："表现出具有会计学、审计、财务分析、法律、管理分析、公共管理或调查方面的才能"。但事实上，只要是本科毕业、有些工作经验的人就能符合这样的条件，这样的举动基本上只具有象征意义。

报告：议院通过的法案也弱化了方丹原始文件中的一些关于报告的核心要求。第一，在监察长工作职责方面做出了小小的象征性变化，在保证国会和部门领导知晓舞弊及其他重要问题的条目中删去了"全面且及时"这一要求。[18]第二，也更为重要的是，修改后的法案中不再要求立刻向国会报告尤其严重的问题或滥用权利的行为。尽管监察长仍要立刻向部门或机构负责人汇报滥用权力的问题，但"七日报"被删去。

但是，并不是所有的变化都减弱了国会对于信息的掌控力。议院通过的法案中用半年报取代了方丹提案中的年报，同时还要求每份报告中完整记录引起部门负责人关注的严重滥用权利行为。同时，议院还要求每份报告完整列出所有监察长办公室进行的审计和调查活动，以便国会更清楚了解机构内部情况。

预算：8588号法案中删去了要求监察长向国会报告任何可能影响监察长办公室工作的预算削减情况的条款。尽管在这一要求下无法实现向国会与部门负责人同时提交预算，但是这也可以看作是监察长受到保护的重要信号。而在议会的方案中，并不过问人员和预算问题，让监察长与各机构及管理和预算办公室的审查人员就每年的基数进行谈判。

这四项变更使得新的监察长与部门领导层靠得更近。举例来说，由于缺乏预算保护，四个部门——卫生及公共服务部、劳工部、国际开发署、国家航空航天局为监察长办公室的工作人员和预算情况设限，而第五个部门——总务署——则是通过由监察长负责监管的项目管理人组成的复核委员会来设定年度监察长办公室预算。截至1983年，17位监察长都表示难以将预算要求交至部门负责人手中，导致审计总署提议至少让监察长将他们"未经修改"的预算直接交到负责人手中。[19]

但是，最为关键的是，在第一轮的相互妥协之中，总统表现良好。艾森斯塔特在1978年4月10日召开的内阁会议中表示，司法部的三大担忧都由总统圆满解决了。

向着罗森塔尔式监察长退回一步？

最终版本的《监察长法案》更接近于方丹早期、更为强劲的提案。这主要是由于来自两位参议员的压力：政府效率和哥伦比亚地区参议院小组委员会主席托马斯·伊格尔顿，和参议院政府事务委员会主席亚伯拉罕·里比科夫（Abraham Ribicoff）。

参议院对于《监察长法案》一直都不太热心，一直到1978年7月才就此提案召开了第一场听证会。尽管如此，议院最终以388票同意，6票反对的比数通过了提案，参议院自此将重心转移向"完善"立法，从各个方面强化监察长制度。在提案通过后，参议院恢复了半年报的要求、方丹最初的清晰条款。还有"七日报"原则，加入了举报人保护计划，并把国防部加入监察系统，建立起全新的监察长权威以复审现存及提出的各项立法及规章制度，并要求所有监察长报告在60天内全数公开。

但是，所有的这些参议院修正案都没有保护监察长免受机关的干预来得重要："无论是项目的负责人还是类似级别的官员都不可以阻止监察长审计调查工作的启动、进行，不可中止任何审计调查或在审计调查过程中签发传票。"所有这些变化，都是参议院对于方丹式监察长所做的改变，而它们都更接近于罗森塔尔"孤狼式"的监察长模式。监察长拥有了更广阔的信息资源，手握更大的权利，也避免了行政的干预。

参议院政府事务委员会在立法报告中写明，最终的提案均衡了独立与管理的需要，并考虑到一直以来关于"监察与审计长可能与部门领导形成对抗关系，并破坏部长对部门的控管"的担忧。尽管委员会意识到存在保护监察长免受过度压力影响的需要，它同时也表明了"如果监察与审计长不能与部门领导培养良好的关系，他们的工作成果将会大打折扣"的观点。纵观《监察长法案》立法过程，委员会在关于未来展望的声明中有这样一段话：

> 如果部门领导想要高效地经营管理好自己的部门，从根源上清除舞弊、权利滥用和各个层面的浪费，监察与审计长可以成为他的强大助力，同时监察长也保留其向国会报告的独立性。委员会承认，这样的关系中可能存在紧张和不安，但我们也相信，潜在的利益远远超过了风险。[20]

参议院的《监察长法案》却几乎一字未动。参议院只是删去了"监察与审计长"的名号，对于审计和调查的联合定义及国防部监察长的部分，保留了其他内容。由于这项法案自1978年10月1日生效，代理监察长在总统做出提名前就已经开始工作了。

制度化的矛盾

监察长既不是罗森塔尔所设想的"孤狼"形象，也不是方丹所追求的"得力助手"模式。最终的监察长结合了两者，随时准备好向国会发出"七日报"以对极其严重的权力滥用做出警示，却仍处在部门部长及行政人员的全面监管之下，拥有不受干涉进行审计和调查的权利，却也是总统的非正式顾问团忠实的成员。

不幸的是，双重报告与其由此产生的国会保护带来了一项难以避免的挑战："任何行政机关人员都得疑神疑鬼的，担心同事会直接向国会报告些什么，而且还有些诚信方面的顾虑"。1988年，国务院监察长谢尔曼·芬克表示：

> 如今，让我们把我们的担忧放在一起看看。假如监察长向国会传递了坏消息，高层人员不小心把这事儿泄露给了报纸。接下来，报纸头版上都会是那坏消息。毋庸置疑，人们总会对我们心存质疑。国会担心管理层收买了监察长，而经营部门则担心我们会成为国会的信息渠道，给国会打小报告。我们被夹在中间。如果有人看见我们和国会方面的人聊天，就会说"啊哈，监察长在泄露信息或者是说他的什么发现"。如果我们和管理层处得太好，国会又会觉得我们被收买了。这就是我所说的跨在铁丝网上——里外都不是人。[21]

这样就会产生一种权力分立的经典冲突。监察长怎样才能同时为国会和总统服务？此外，在政府内部存在分歧的时期，监察长怎样才能同时服务拥有多数党的国会和隶属少数党的总统，而不在为一方工作时拒绝另一方的要求？

住房与城市发展部丑闻就是个最好的例子。该部门的监察长既被看作部长的左膀右臂,又被当成国会的眼睛,他似乎怎么做都不对。贸然地举报,发出信号,里根政府就拥有充分的理由说他"不忠";但延迟举报,国会就会把他拿来做替罪羔羊。

问题在于,正如众议员克里斯托夫·谢斯(Christopher Shays)之后所说的那样,住房与城市发展部监察长从来都没有"保证这事情不发生"的权力。该部部长塞缪尔·皮尔斯(Samuel Pierce)也坦承,他拒绝依照监察长在1988年3月提出的建议行事,没有暂停第八条例适度修缮计划。[22]当被问到他是怎样"傲慢地无视"监察长的,皮尔斯说:"我想要给其他人一个机会。毕竟这事情也牵扯到其他人,也有其他人在处理这事,比如我的法律顾问,还有部门副部长、议院的部长助理。这些人也都知道些东西。**监察长可不是上帝**"。[23]

监察长确实是想要获得部长关注的请求者,但他也不过是众多请求者之中的一个。以1986年为例,住房与城市发展部是政府各部门中政治指派最为密集的一个:8位行政人员,31位非专业高级主管人员,及100位C类人员和机密助理,覆盖11483位职工。与之形成对比的是卫生及公共服务部:13位行政人员,57位非专业高级主管人员,以及85位C类人员和机密助理,覆盖了133842位职工。

住房与城市发展部监察长办公室在20世纪80年代裁员2%,国会没法指望它来记录此时已由部门部长掌控更大评定权力的项目的情况。单凭监察长的力量也没法阻止一场个人设计、蓄意欺骗政府、且预先考虑到监察长调查并作出计划的丑闻。关于住房与城市发展部技术援助项目的误用与滥用,该部门负责项目政策发展与评估的副部长助理承认,在看见监察长人员配置情况后,他故意将责任由总部转移到地方:

> 我就开始转移资金……来这地方,因为总部有很严密的人员配置,他们有能力、也能留出足够的人来复审事前审计技术援助合同。所以我就会,我就看了下他的组织情况,看看哪里他们的人最少,我就开始把钱转移过去,因为我知道,他们没时间做事前审计……我就可以灵活地把资金从总部转移到地方来,转移到人力和资源不足,需要分门别类、选择优先处理项目的地方办公室来,这样他们就不会把技术援助项目作

为优先审计项目，也不会做事前审计了。[24]

对这项丑闻进行调查的众议院政府工作委员会雇佣及住房小组委员会甚至使用了正式审计术语"重大缺陷"来描述这件事："住房与城市发展部监察长未能敦促该部门部长皮尔斯实际解决问题。正是由于该部门管理层常常不对监察长所找到的问题和提出的建议作出反应，有时甚至持有对抗的态度，问题才会恶化至此境地"。[25]

模糊不清的严词警告

如今回看，监察长报告中对里根政府做出了十分明确的警告。即使是在第一次半年报告（1981 年 4～10 月）中，住房与城市发展部监察长查尔斯·邓普西（Charles Dempsey）也毫不留情地列出了各项问题，甚至采用了如"严重账目问题""对于项目参与者监控不足""承诺整改却未付诸实践"等标题。在里根的第一任期内，问题层出不穷（见表 4–1）。然而，正如邓普西在之后所说：

> 一个电话都没有。如果要我说……那时候，1981～1984 年间，我们调查了住房与城市发展部副部长、部长助理、副部长助理以及三位地区管理人员。我们采取行动与他们进行对抗。我们在《华盛顿邮报》和国内各地的报纸上出现，引起了大众的广泛关注，可是还是一个电话都没有。我在半年报告中向国会报告此事，也收获了广泛的关注。可是，一个来自国会委员会的电话都没有。[26]

但是，正如表 4–1 中所显示的那样，事实上，每份报告都让人感觉还怀有希望。正如在里根执政前六年时间里一直担任参议院政府事务委员会主席的参议员威廉·罗思（William Roth）所说的那样，"坦白来说，当你刚读完所有报告的时候，你会感觉好像并不存在什么问题，它们都被处理好了"。[27]

第一，依照其他监察长的报告来看，每一份住房与城市发展部的报告的开篇都是一串统计数据，一年又一年，越来越惊人。从 1981 年 4～9 月报告中的 2400 万美元周转资金与存款，1168 项新案，111 起诉讼，并定罪 68 项，到皮尔斯任期结束的 1988 年，整个过程清晰明了。在住房与城市发展部运作的最初 10 年中，该部门监察长办公室的报告中显示，该部门累计产量逾

5.42亿美元，成本效益超过3.07亿美元，同时，定罪达2840项。

第二，也是更为重要的是，监察长执行报告概要中几乎一直保有进展情况的记录。除了全篇警告的1984年10月~1985年3月的报告，早期的报告都让国会和总统有理由，甚至是有借口，松一口气。1981年10月的报告似乎预示着未来会好起来，它写道："正如在这份半年报告中所描述的那样，部长及部门工作人员都全力完善住房与城市发展部项目与管理，提升效率，扩大效力，加强问责。他们充分支持监察长办公室工作，并积极合作。我们期待未来能有更深入的合作"。

表4-1　　住房与城市发展部半年执行报告概要（1981~1985年）

警告	保证
1982年4月 该部门在项目管理（包括规划、行政和监督）、资源和资产管理方面存在问题。本报告处理项目管理和会计职能方面的主要弱点，我们的前半年报告包含这两大问题其他方面的具体情况，该部门的这些问题由来已久	在我们看来，我们与现有管理团队开展了前所未有的合作，我们认为他们投入解决部门问题的态度和行为值得赞赏
1982年10月 正如我们在之前的报告中所说的，该部门在项目管理……资源和资产管理方面存在问题。本报告关注该部门及其项目合作者在资金管理方面存在的问题和该部门工作人员在项目管理中存在的问题，本报告还将说明该部门部分项目合作者严重的权利滥用问题	该部门管理者和工作人员都充分支持监察长办公室工作，并积极合作。管理者越来越重视工作人员及合作者的责任问题……看着他们越来越注意提升管理情况并积极完善项目，我们备受鼓舞
1983年4月 总体而言，本报告集中讨论现金管理与该部门项目合作者的合规问题	我们正与项目经理一同修正解决这些问题
1983年10月 本报告总结了已发现的严重问题和在此过程中提出的建议，我们在审计中尤其关注受金融问题困扰的公共住房部在操作中的弱点	他们正在持续努力着。该部门管理者乐于接受我们就提升公共住房部门运作而提出的建议
1984年4月 监察长办公室专注复审公共住房项目。在部门内部，我们细查了操作政策与程序问题。外部，我们关注财务问题严重的公共住房部门的总体情况。尽管该部门主体部门仍能有效运作，但其与生俱来的弱点值得关注。该部门必须提升侦测问题的能力，并协助公共住房部实现目标。目前，我们迫切需要与联邦、州及当地政府通力合作，以提升公共住房项目	该部门为估定项目弱点，提升雇员意识，对于高危部门的监控所付出的努力正是其加强工作，避免舞弊和权力滥用的有力证明。我们赞扬管理层的努力与奉献，也强烈要求他们坚持到底

续表

警告	保证
1984年10月 本报告描述了住房与城市发展部在项目参与者监控方面存在的长期问题。尽管该部门重复尝试改进提升，管理力度不足仍是我们重点关注的顽固问题	部长与副部长均积极考虑纠正目前的状况，改善对于政策和程序的监督行为。部门努力获得立法权，推行电脑匹配，并开始应用租房经济援助品质管理系统

资料来源：住房与城市发展部，监察长办公室，向国会提交的半年报，1981~1985年。

在国会方面也有确切的积极信号。在向众议院住房与社区发展小组委员会就1985年3~9月的半年度报告接受质询过程中，住房与城市发展部监察长保罗·亚当斯有充足的机会来表明自己在调查该部门问题时屡屡受挫的情况。但他却在总结出大串重要问题后，用令人放心的语气，平衡了他作为部门有力支持者的角色和向国会报告的职责：

> 在住房项目的行政管理方面的确存在不少问题。但是住房与城市发展部积极地采取各项手段，发现并消除这些弱点。正是基于住房与城市发展部的持续行动，为发现和消除舞弊活动与项目缺陷做出不断努力，最终有力地强化了住房项目。监察长办公室将会继续全力支持这些行动，并报告严重问题，以方便他们得到及时解决。[28]

亚当斯甚至声称"我们认为，媒体倾向于夸大问题的普遍性"，众议院银行委员会主席亨利·冈萨雷斯（Henry Gonzalez）对此作出这样的评论："其实，你很难指望媒体不对某些事兴奋起来。看见（这种对于媒体的批评）我也感觉很遗憾。在我看来，这个更多应该是公共关系部的事"。[29] 但亚当斯也在1986年表明，那几个接受政治任命、加入住房与城市发展部管理层的人把该部门弄成了众议院政府工作委员会所说的"完全混乱的机构"。最终的委员会报告中写道："20世纪80年代的大多数时期，住房与城市发展部都一片混乱，有人利用权势获得不当利益，有人滥用职权、贪婪、舞弊、挪用公款、偷窃，什么都有。在许多住房项目中，政治倾向和对亲友的偏爱取代了客观的标准，裙带关系取代了公平竞争。'酌情行事'成为'随意赠送'的另一种说法"。[30]

第三，许多报告枯燥乏味，充满了只有最专业的人员和报告者才能看懂的审计用词。正如布鲁金斯学会政府研究部部长托马斯·曼恩（Thomas Mann）在面对参议院住房与城市发展部调查委员会时所说的那样：

> 我聆听了邓普西先生和亚当斯先生的讲话，我确信，他们认为他们已经向国会给出了无比清晰的讯号，但对于并不非常了解这些报告的人而言，它们就显得十分冗长、含糊不清且无聊透顶，并不会引起国会官员的注意。[31]

除此之外，大多数报告都仅仅是极度个人化的发现的集合，通常这些大大小小的内容还会以看似随机的方式排列。尽管亚当斯在1989年回顾丑闻时表示十年中的审计和调查报告"明确说明内部操控及财务管理系统的不当性……营造出一种可以滋生舞弊和权力滥用问题的环境"，事实上，这些报告就像是一丛真正的混乱树木，很难从中看出一座森林。

以1989年为例，仅是那一年中，就完整地体现了"内部控制"问题，并可以找到关于折磨了各个部门许久的系统问题的分析。直至那时，合规问题一个接一个出现，却与可能引发长久变革的宏观表现和能力问题并没有太大关联。

是疏忽大意，还是另有授意？

最终，最大的疏忽并不是在半年度报告中，而是在1978年的立法决策中出现。众议员谢斯关于监察长的职责有所误解："在我印象中，监察部门是关注并找出不当行为，并确保对此有所作为的部门"。不同于最初的监察和对外援助总长，住房与城市发展部监察长只有一项权力：说服的权力。该部门监察长不可强制推介或中止项目。[32]

国会与美国政府管理和预算办公室对于该份报告是否可取仍然存疑，邓普西和亚当斯只能转向塞缪尔·皮尔斯寻求这项长期问题的解决方案。但是，监察长们只能发挥出部长和行政主管们准许他们发挥的影响力。[33]他们可以确保获取信息，得到充足的人员配备以及建立复杂的组织结构，但是他们无权强迫其领导作出回应。

住房与城市发展部丑闻的核心，并不是监察长是否做出了清晰的报告，而是监察长是否应为未能及早发现并指出问题负责。我们可以在什么程度上指望监察长阻止不当行为的发生？答案是，监察长只是拉出了一条防线，只有在国会和总统听取了意见，这条防线才会有效。[34]

因此，总统和国会更应为住房与城市发展部丑闻负责。正如众议院政府工作委员会所说的那样，这个丑闻所反映出的，正是住房与城市发展部长达十年之久的政治化活动：几十位新来的指派人物加入统管整个部门，高层人物中频繁出现推翻再来的情况，显然，他们并未投入基础项目之中，对于"旋转门"中那些把职务委托给曾有恩于己的政治密友的前任指定者们而言，敬畏不过是表面功夫。参议院住房与城市发展部调查委员会表示：

> 超过1/3的高层管理者都并非专业人士，显然，政治性指派正在"入侵"住房与城市发展部。作为行政机关，住房与城市发展部中明显比其他政府机关中出现了更多的由社会及经济统计管理局进行政治指派的情况。以政治指派人员数在社会及经济统计管理部门总成员中所占百分比作为标准，与过去十年中其他内阁机关的情况相比，住房与城市发展部排名第三。[35]

不幸的是，证据显示，随着住房与城市发展部指派任命的数目上升，其质量却在下降。皮尔斯的一名副官在之后也坦言道："塞缪尔·皮尔斯那儿积压了一大群具有政治背景的年轻人，我们必须得雇佣他们。我们其实也不懂什么建房住房的东西"。[36]

总统有权依照自我意愿在部门中安插工作人员，但问题在于，这样运用总统权力的行为是否真正利于公众的利益。在适度修缮计划项目的报告概要中写道：

> 政治上密切来往的顾问和前住房与城市发展部核心官员所促进推行的项目获得了大量愈发珍贵的适度修缮计划资金。有些在建房方面并无经验的人却从少量的工作中获取了大额的财富。如内政部长詹姆斯·瓦特这样的有"关系"的政治顾问通过与如皮尔斯部长这样的，住房与城市发展部中"正确的人"对话赚得了近百万美金，获得了适度修缮计划资金。在住房与城市发展部内部，关于适度修缮计划资金的竞争就和职业摔角一样激烈。[37]

国会也承认其幕后操纵的罪行。议员表示，许多参与适度修缮计划的成员都在"必须雇佣者名单"上。国会废除所谓的公平分配原则甚至为不义谋财大开方便之门。国会明知住房与城市发展部内部的琐碎丑闻，却仍顺着其要求做事。这成为20世纪80年代早期，《华盛顿邮报》和《纽约时报》头条新闻中反复出现的主题。在拒绝了这些要求之后，住房与城市发展部迅速转向了另一条非竞争性途径。这种途径基于影响力而存在，国会显然也不会对此多加过问。

关于住房与城市发展部门的丑闻，我们有太多可指责的对象——国会、总统、媒体、监察长，还有该部门的员工。除此之外，我们还有一个问题：监督，无论是合规性监督、绩效监督还是能力本位监督，在多大程度上能取代实际的投入呢？

答案似乎很明显。再多的监督都比不上把对政府能力建设进行前期投入的建议付诸实践。在私营部门中有这样的说法，出了问题之后再作弥补，需要付出的总是更为昂贵的代价；最初商品设计没做对，之后再保证质量也没什么用。私营部门的质量专家教会我们，事后检查并无益于保证质量。在住房与城市发展部，它同样没起到作用。

第三部分　法案的实施

第五章
1979 级的监察长

1978 年，正值吉米·卡特总统任职中期，实施《监察长法案》并不算当务之急。当卡特根据该法案授权提名第一批监察长时，即 1979 级的监察长，他的主要关注点是挽救他摇摇欲坠的政权。

华盛顿之外，民众对卡特心存幻想的蜜月期已告结束。民众支持率两年内几乎下滑 40%，仅剩 37%。[1] 而在华盛顿内部，卡特的主要立法提案，如医院成本控制、福利改革和 50 美元退税计划，[2] 大多遭到国会的否决。曾于 1977 年代表监察长作证而为卡特政权提供重要支持的约瑟夫·卡利法诺（Joseph Califano）也面临解雇。随着国会支持率下降，国会中期选举席位流失，卡特政府进入"恶性循环"阶段。这一时期，卡特政府对于经验教训的积累尚浅，还难以步入"良性循环"的轨道。[3]

这样的形势下，聘用监察长并组建监察机构并不算顺势而为，但卡特依然签署了《监察长法案》。他认为"这样能以最切实有效的方式保护纳税人的利益，根除贪污腐败、造假舞弊、挥霍浪费以及管理不善"。卡特依据 1978 年法案建立 12 个监察长办公室并分别安排人员任职，同时依法设立一个教育职位并安排任职。[4]

法案生效后最初几年的实施状况反映了监察长制度为社会认可、回馈并发展壮大的历程，为日后提供了宝贵经验。卡特任期的监察长经历了艰难的考验。究其原因，一方面在于卡特政权的衰落，另一方面则在于各行政部门与独立行政机构的持续性抵制。监察长们很快意识到，必须与议会、总统结为同盟才能生存。同盟关系的基础很大程度上取决于监察长能否出具国会与管理和预算办公室所需的鉴定和数据。合规监督,则是获取此类鉴定和数据的主要途径。

卡特的选择

选拔第一批监察长经过了深思熟虑。据一位白宫工作人员回忆,"我们从律师协会、会计师事务所、内部人员、资深职业人员和国家团体等各类人群中招聘女性和少数民族候选人。我们为选拔过程感到骄傲。我们希望对政府其他部门发送这样的信号:边缘群体可以在政府顶层或次顶层发挥作用"。

最初约 15 个候选人脱颖而出,各机构每个职位分配两三人。尽管白宫希望通过确定第一轮候选人来控制人员选拔,但各部门机构仍然有权做出最终决定。另一位白宫工作人员补充说,"把部门强烈反对的人员硬塞进去显然没有意义,但我们也绝不会让部门全权自行选拔"。对人员安排有异议可以告知,但部门不享有否决权。我们赋予部门选择权时就已经心知肚明,通常来讲,他们不可能选择大刀阔斧的重量级人物。

从群体特征、职业重心、提名经验及工作满意度等方面比对,可以发现卡特政府和里根政府继任监察长有所区别。[5] 里根政府的选拔过程更加保守,体现在以下三个新方向:(1)倾向于更传统的任职群体,看重私立大学和常春藤盟校的教育背景;(2)倾向于本行业内部背景,偏好有监察长办公室经验的候选人;(3)看重对行政职能部门的忠诚度,体现在监察长报告汇报对象的转变。

群体特征概述

假如 1981 年没有重新任命弗兰克·萨托(Frank Sato)和琼·吉布斯·布朗(June Gibbs Brown),里根政府女性和非白人任职者数目几乎为零。由于布朗曾在里根政府担任过两个不同职位,统计时一人就占了里根政府监察长女性数量的 2/3。相比之下,卡特政府的任职者更年轻,经验较少,受教育程度略低,人文和法律专业出身偏多,女性和少数民族的任职者也较多(见表 5-1)。仅五名卡特政府的任职人员在里根政府得以继任,分别是 3 名白人男性、1 名亚裔男性（萨托）与 1 名白人女性（布朗）。

表 5-1　人口统计（卡特政府对比里根政府）　　　　单位：%

变量	卡特[a]	里根[a]	总数
任职年龄[b]			
50 岁以下	50	19	28
50~60 岁	40	31	33
61~70 岁	10	50	39
性别[c]			
女性	33	7	15
男性	67	91	85
种族[c]			
非白人	17	4	7
白人	83	96	93
最高学位[d]			
学士	46	39	41
法律	36	19	24
硕士	9	39	30
博士	9	4	5
本科毕业院校[d]			
常春藤盟校	9	12	10
私立大学	46	54	51
公立大学	46	35	38
本科专业[d]			
金融、会计和商务	36	39	38
人文学	27	19	22
执法学	27	15	19
政治学	9	27	22

注：a. 数据来源于 12 名卡特政府任职人员和 28 名里根政府（两届任期）任职人员的反馈。部分调查对象未回答全部问题。由于四舍五入，百分比相加总和可能不等于 100。
b. N = 36。
c. N = 40。
d. N = 37。

从人口统计可以看出，卡特追求群体内部构成的多样性。商务部监察长候选人玛丽·巴斯（Mary Bass）对于获得这一职位这样评价："我是女性，担任过大型机构的法律总顾问和监察长，而且干得还不错……假使他们罗列一份女性候选人名单表——他们的确列了——我必然名列其中"。[6] 此外，里根政府的监察长任职时都年逾 50 岁，而半数以上的卡特政府监察长不到 50 岁。其中最年轻的是保罗·鲍彻（Paul Boucher），提名为小企业管理局监察长时年仅 37 岁，其次是 40 岁提名为劳工部监察长的玛乔丽·法恩·诺尔斯（Marjorie Fine Knowles）。

教育背景方面有两点特征值得一提。首先，本科专业为政治学的监察长在卡特政府中所占比例远远少于里根政府。长期工作中，与金融和人文专业出身的监察长相比，政治学出身的监察长更擅长处理复杂的行政程序，能够较稳定地应对联邦政府多变的政治风向，更容易适应本部门滞缓的决策进度，也相对能接受业绩量化。

其次，卡特和里根的监察长的教育履历，无论是分别来看还是从整体而论，都与其他总统任命官员大相径庭。美国公共管理学会的研究显示，从约翰逊到里根政府（1964~1984 年），75% 的供职官员都拥有高学历，而监察长中该比例只有 59%。此外，25% 的官员毕业于常春藤盟校，而监察长仅有 10%。[7]

职业概述

虽然两届政府的监察长选拔范畴有所不同，但两组人员的相似性也的确存在（见表 5-2）。

表 5-2　　监察长背景与观点（卡特政府对比里根政府）　　单位：%

变量	卡特[a]	里根[a]	总数
行政部门供职年限[b]			
小于 10 年	17	0	5
10~20 年	33	29	30
21~30 年	25	36	33
30 年以上	25	36	33
曾任职部门[c,d]			
行政部门			
管理办公室			
相同部门	7	3	4
不同部门	40	15	17
监察长办公室			
相同部门	20	27	25

续表

变量	卡特[a]	里根[a]	总数
不同部门	0	33	25
项目办公室			
相同部门	0	3	4
不同部门	13	12	15
非行政部门			
管理办公室	13	3	8
审计办公室	0	0	0
调查办公室	0	0	0
其他监察长办公室	0	0	0
项目办公室	7	3	2
自视职业性质[e]			
审计、财务或管理	46	31	35
调查或法律	55	46	49
项目管理或评估	0	23	16
认为本部门内部非监察人员晋升监察长是否属于利益冲突[f]			
1（属于利益冲突）	10	25	21
2	20	32	29
3	30	14	18
4	0	18	13
5（不属于利益冲突）	40	11	18
政府浪费[b]			
1（政府非常浪费）	0	0	0
2	8	21	18
3	25	14	18
4	42	39	40
5（政府比较高效）	25	25	25

注：a. 数据来源于 12 名卡特政府任职人员和 28 名里根政府（两届任期）任职人员的反馈。部分调查对象未回答全部问题。由于四舍五入，百分比相加总和可能不等于 100。

b. N = 40。

c. 数据来源于监察长内部史料分析。

d. N = 48。

e. N = 37。

f. N = 38。

卡特政府和里根政府的大部分监察长此前就职于行政部门。仅 3 位卡特政府的监察长来自联邦政府以外——一人来自华盛顿的一个智囊团，一人供职于私人律师事务所，还有一人曾是公立大学的首席法律顾问。而且这三人中的托马斯·莫里斯（Thomas Morris），更确切地说是一名长期供职于联邦政府的审计人员，正利用公假兼职。这样的招聘模式与其他总统任命官员的模式大相径庭。美国公共管理学会的调查显示，所有总统任命的官员中，仅41%拥有行政部门工作经验或无相关职业经验，其他官员来自国会、州政府和地方政府，以及非国家部门——其中15%曾就职于企业和银行，11%就职于私人律师事务所，11%来自诸如智囊团和咨询公司的教育研究机构。[8]

尽管卡特和里根政府监察长的工作年限相近，曾就职机构相似，但他们的工作性质却相去甚远。几乎半数的卡特政府监察长将自己定位为审计人员、财务经理人或管理人员，而里根政府监察长中仅占30%。此外，虽然两组任职者中的调查人员和律师数量相当，1/4 的里根政府监察长将自己定位为项目经理或评估员，而卡特政府监察长中无人从事此类职业。

不少卡特政府监察长曾任管理职位，对此较为合理的解释是，1978 年以前监察长办公室还不是监察长接班人的培训基地。卡特政府监察长中从其他监察长办公室选拔的人数仅有20%，而里根政府监察长占到63%。虽说如此，该数据本身未免有些夸大其词。卡特政府监察长中，住房与城市发展部的查尔斯·邓普西（Charles Dempsey）（非法定），农业部的托马斯·麦克布莱德（Thomas McBridge）（非法定）及卫生教育和福利部的托马斯·莫里斯（法定），这三位监察长在当时已经在任。此外还有三位监察长的情况也值得一提：萨托已经接受了非法定的退伍军人事务部监察长职位，该职位是依据即将出台的《1978 年法案》设立的；教育部的詹姆斯·托马斯（James Thomas）在调任州际商务委员会计局局长之前，即 1975～1977 年间，曾任住房与城市发展部非法定监察长；玛乔丽·法恩·诺尔斯曾任美国卫生及公共服务部监察处的助理法务长，该职位理论上属于法务长办公室，但实际上直接服务于监察长办公室。

在《监察长法案》实施的前 10 年，监察系统成为新任命监察长的重要来源。若干监察长担任过助理监察长的导师角色，培养监察长接班人。例如，琼·吉布斯·布朗在国家航空航天局至少培养了四位监察长接班人——罗伯特·伯利（Robert Beuley）后来调任农业部任监察长，约翰·莱顿（John Layton）任能源部监察长，J. 布莱恩·海兰德（J. Brian Hyland）任劳工部监察长，比尔·科尔文（Bill Colvin）任国家航空航天局监察长。邓普西在住房与城市发展部培养了三位监察长接班人——约翰·马丁（John Martin）日后调任环境保护局监察长，保罗·亚当斯接任住房与城市发展部监察长，查尔斯·吉勒姆（Charles Gillium）调任小企业管理局。谢尔曼·芬克培养了弗兰克·德乔治（Frank DeGeorge），后任商务部监察长。

或许由于不少监察长出身于本部门副监察长或助理监察长的缘故，监察长们对于这样的选拔途径几乎不存在顾虑。然而，大部分监察长们反对从本部门内部的非监察职位选拔监察长。对此，由外部门调任卫生及公共服务部监察长的理查德·库斯罗看法如下：

> 从外部门选调人员组成本部门监察长办公室比较合理，这似乎已经成为共识。监察长要发挥监督质疑某部门行为的作用，就不应该是该部门条条框框官僚制度的产物。我认为，虽说任何原则都有例外，总的来说，将一位合适的监察长人选调去联邦政府的其他本部门，比让他们留任本部门更可取。[9]

1989年，面对这些顾虑，退伍军人事务部的新部长依然提名本部门的雷蒙德·沃格尔（Raymond Vogel）担任长期空缺的监察长职位。当时，雷蒙德·沃格尔正负责高达150亿美元的退伍军人福利项目。[10]监察长们认为这一提名涉及明显的利益冲突。虽然提名最终并未递交至参议院，沃格尔遭到监察长们的强烈反对，但至少两次勉强通过选票。监察长们认为沃格尔不可能对项目管理和人事任命保持客观。

沃格尔事件及其他里根时期著名的利益冲突事件解释了诸多里根政府监察长反对本部门非监察职位晋升监察长职位的原因。如果以1～5分来评价这种晋升方式涉及利益冲突的程度（1分代表强烈冲突，5分代表毫无冲突），五成以上的里根政府监察长会选择1或2，而40%的卡特政府监察长会选择5。

一方面，两届政府出身管理部门的监察长都认为对于新上任的监察长来说，曾在同一行政部门或独立机构任非监察岗位的经历大有裨益。接受采访的监察长对于这一观点颇有争议。另一方面，很多监察长认为非监察岗位的经历即便不会产生实际上的利益冲突，也会造成类似的表象，这种表象为反对内部晋升的声音提供了坚实的依据。（对很多监察长来说，冲突的表象并没有影响部门负责人按法律给予他们高级主管奖金的资格)。

虽然在非监察职位晋升的问题上意见分歧很大,对于晋升本部门副监察长是否会造成冲突这一问题,监察长们的看法却近乎一致。只有14%的里根政府监察长和9%的卡特政府监察长认为会造成冲突。但后来一位监察长接受当面采访时表示,晋升副监察长为监察长可能不会造成利益冲突,不过也不算明智之举。他表示:"长期在同一部门的监察长办公室有可能有如下问题:(1)太熟悉行业高层官员;(2)产生倦怠感。期望一个人不想保护朋友,也不想攻击长期甚至几十年以来积怨的敌人是不通情达理的,而期望一个人年复一年地做同样的项目而毫不倦怠也同样不现实"。

提名程序

白宫人事办公室为监察长职位挑选候选人仅仅是提名程序的开始。监察长候选人必须接到备选通知并被正式提名。通知人很有可能是今后的上司。卡特和里根政府监察长就提名通知人这一问题,回答也略有区别(见表5-3)。

表5-3　　　　提名程序(卡特政府对比里根政府)　　　单位:%

变量	卡特[a]	里根[a]	总数
提名信息来源[b]			
部门或机构官员	60	48	51
管理和预算办公室	0	18	14
白宫人事办公室	20	30	7
其他或以上混合	20	4	9
提名负责人[c]			
部门或机构官员	46	61	56
部门或机构、白宫	18	0	5
监察长	9	4	5
管理和预算办公室	9	18	15
白宫人事办公室	9	4	5
其他或以上混合	9	11	10
监察长候选人与现任监察长是否有联系[d]			
有	92	64	73
否	8	36	28

续表

变量	卡特[a]	里根[a]	总数
提名和通知时间差[d]			
小于11周	33	7	15
11~20周	33	46	43
21~30周	0	21	15
31~40周	0	7	5
40周以上	33	18	23
提名和通知延期原因[e]			
FBI现场调查	17	29	24
财务状况公开	33	29	30
参议院确认程序	33	52	45
以上全部	8	0	3
其他	17	5	9
无延期	25	33	30

注：a. 数据来源于12名卡特政府任职人员和28名里根政府（两届任期）任职人员的反馈。部分调查对象未回答全部问题。由于四舍五入，百分比相加总和可能不等于100。

b. N = 37。

c. N = 39。

d. N = 40。

e. 部分监察长仅就第一次任命情况回答问题，其余监察长就多次任命情况回答问题。因此，该统计仅基于第一次任命情况，样本数从40名监察长缩减至34名。调查对象可能给出一个以上答案，N = 33。

卡特政府中，主要由行政部门和独立行政机构的官员负责通知监察长候选人，这一权限在里根政府中受到一定制约。卡特政府监察长中接到管理和预算办公室通知的人数为零，而里根政府监察长中这一比例占1/5。管理和预算办公室权限扩大的直接原因则是里根政府1981年对卡特政府监察长的大幅解雇事件。

无论通知人是谁，就提名负责人这一问题，大多数监察长认为行政部门和独立行政机构在选拔程序中起到显著作用。白宫对选拔过程把控得十分严格，现任监察长对候选人提名也具有明显的暗示性作用，然而选拔程序却显然证实了参议院的观点——监察长的主要职能即为部长和机构主管的得力助手。

正式提名并不意味着选拔程序的结束。所有总统任命官员必须进行财务状况申报并解决潜在的利益冲突；其中大部分人必须接受联邦调查局现场调查；候选人以参议院确认为准，必须填写预审听证会调查问卷，并通过委员会复核和院会投票。对于无争议的候选人来说，包括监察长在内的助理部长及以下级别的官员都需要经历等待，这已成为正常流程。该程序在表5-3中有所体现。

总的来说，里根政府监察长经历更多的延期，参议院的确认程序尤其容易拖延。当时处于1979年法案的生效期，几乎超过半数的里根政府监察长经历了20周以上的等待才获得确认。两组候选人皆遵循1978年《政府道德法案》规定的新道德审核程序，都增加了新一轮的延期，所以必须从其他方面分析里根政府监察长延期更久的缘由。

第一种可能，监察长提名听证会的新奇感已经消散，参议院授权委员会先解决比较关键的任命职位，将监察长划归提名队列最后。第二种可能，共和党在间隔25年后，终于在1981年由在野党再次成为参议院多数党，自然需要一个逐步上手的过程。第三种可能，里根对在任监察长的大幅解雇事件引发不少问题，参议院顾虑颇多，自然对每位候选人慎重调查。

延期并没有带来过多的影响，大部分监察长认为参议院的确认程序比较友好，虽说稍许陌生。与监察长打交道的多数是赞同监察长机制的国会议员。鉴于监察长们长期在行政部门工作，很少有人在提名前与国会联系，更无人利用国会关系确保自己的任命资格，这很大程度上是因为多数人根本没有关系可以利用。因为候选人期望得到参议院的建议并获准职位，所有候选人都在听证会前联系了提名委员会，其中3/4的人甚至联系了参议院政府事务委员会。此外，近半数人主要应本部门或机构立法联络处的要求，联系了众议院。

正式听证会同样进行得比较顺利。自我介绍友好热情，开场陈述支持监察长机制，提问也很简单。在参议院政府事务委员会上，监察长们面对的是参议院最有风度的参议员劳顿·奇利斯（Lawton Chiles，民主党人，佛罗里达州），他问了三个标准型问题：个人背景问题，白宫规定的问题——对于上任是否有前提条件，以及利益冲突问题。接下来，提名递交至参议院接受考虑并投票表决。回顾该过程，参议院的确认程序已经在许可范围内尽可能宽松了。

人员裁减

获得参议院的确认之后,监察长发现各部门机构对他们的到来并不热情。1978 年听证会上监察长机制遭到强烈反对,负责管理的助理部长尤其言辞激烈地举证对抗。抵制势头持续不减。该局面与 20 年前奥维尔·弗里曼(Orville Freeman)设立农业部非法定监察长职位时的遭遇相似:

> 今天早上我终于打电话给各位部长,告诉他们我的思路和决定,希望他们谈谈意见。他们对此表示出爆炸式的争议。锡德·史密斯(Sid Smith)既是一位优秀的部长也是一位好军人。他直接说,我毁了他的圣诞节,完全就是等于提议砍掉他的右臂。其他意见也很强烈。部长们认为调查与审计处是管理功能的一部分,也是他们至关重要的工具,他们强烈反对并抵制这种剥夺行为……我有点担心拨款委员会可能会有些抗拒,但既然已经走上了这条路,我就必须推进。我对此事稍加反思以后,思路变得更加清晰,监察长机制不但是一个工具,也是一种真正至关重要的力量。我们将拭目以待。[11]

盟友和对手

卡特政府负责管理的部长助理普遍对于审计和调查功能的归属位置有所顾虑。一旦引入监察长机制,他们将失去先行了解部门问题的能力。新监察长们所处氛围从以下评论可见一斑:

> 我的观点是《监察长法案》是史上最具毁灭性的法案。(1)法案破坏了部长控制丑闻的职责。我首先承认,过去的确有一些无所作为者掌握领导权,对此的解决方案是更换有力的部长,而不是把最后一点关注业绩的激励因素都破坏掉。(2)法案将我们最重要的管理手段之一转交给对手部门,这实际上瓦解了部长助理的职责。造假舞弊和挥霍浪费的问题的确真实存在,但补救方法是错误的。把不切实际的社会改良者放在部长助理的位置上,这种做法就是错误的。

1979 年，联邦政府的人事部署已经转变为得失相抵的局面，一个部门得益即意味着其他部门相应的损失。部长助理们意识到他们绝无可能夺回过去的权利，也明白自己必须寻求协助。在建立监察长办公室的过程中，部长助理对新进人员要求苛刻，迫使各部门机构不得不有所取舍。

此外，新监察长上任之时，正值职业专属管理岗变更为政治任命职位的阶段。从卡特时期开始，贯穿里根时期，几乎每个负责管理的职业部长助理都被罢免了。对职业管理者来说，《监察长法案》的出台事实上是对他们职权的进一步削弱。至 1989 年，交通部的部长助理职位是所有部门中唯一一个仍由职业文官担任的职位。

与此不同的是，不少监察长在当年甚至目前依然由职业文官担任，任职者从相应级别的职业审计人员和调查人员中选拔。管理部门的监察长和部长助理有很多共同之处，即便双方都不愿意承认。随着管理和预算办公室对里根政府监察长的资助逐渐增加，双方也丧失了成为同盟的可能。

卡特政府监察长们走马上任之时面临尤为艰难的局面。卡特政府准备立法进行文官制度改革，受该决定影响，人事晋升的玻璃天花板实际上笼罩整个政府。新人事管理办公室（OPM）面临大量复杂的人事变动，涉及部门归属变更及空位补缺。与此同时，卡特正着手准备解雇部分内阁成员。

此外，新创建的高级行政官制度与监察长制度的"选拔、任命、雇佣可以发挥办公室功能、力量和职责的官员和雇员"的主旨相冲突。按照人事管理办公室政策，所有高级行政官职位都由各行政部门和独立机构控制，而且《公务员改革法案》确切来说是在《监察长法案》之后通过的——虽然仅迟了几天。所以公认的解读是监察长遵循本部门规范，其职位晋升及调整也相应受到制约。[12]

1979 年政府范围的非正式招聘刚刚进入初中期，很快就被正式的聘任冻结取代了。政府禁止任命监察长和其所在部门的其他人员担任从 1980 年 2 月 29 日起空缺的职位。众议院政府工作委员会后来认为："聘任冻结对监察长办公室的影响尤其恶劣。1980 年 2 月 28 日，大批监察长退休或辞职，大量职位处于空缺状态。交通部的监察长办公室遭受的打击尤其严重。冻结导致该办公室在 20 世纪 80 年代中期存在 94 个空缺职位，并在可能补缺前即将出现另外 65 个空缺"。[13]

新高级行政官制度、一片紊乱的人事管理办公室、聘任冻结及卡特一落千丈的民意支持率,各种各样的障碍摆在眼前。新增成员或重组机构的希望显得遥遥无期。即便如此,卡特政府监察长必需寻找机会(见表5-4)。在人事部署方面,他们面临人事规定和预算权的诸多阻碍。

表5-4 监察长汇报对象和操作状况(卡特政府对比里根政府) 单位:%

变量	卡特[a]	里根[a]	总数
就职当日办公室状况[b]			
1(工作进展顺利)	0	7	6
2	25	4	8
3	0	11	8
4	13	32	28
5(需要彻底整顿)	63	46	50
人员需求[c]			
1(人员充足)	17	7	10
2	25	29	28
3	8	18	15
4	8	21	18
5(严重缺编)	42	25	30
招聘及保留高层员工的困难[c,d]			
薪水缺少竞争力	33	54	48
缺乏重组能力	8	7	8
规章制度不灵活	50	54	53
缺乏适当的培训	33	18	23
缺乏员工的反馈	25	11	15
对员工缺少奖励	42	36	38
主要人员的人事调整	16	57	45
审计报告的主要汇报对象[c]			
国会	42	29	33
媒体	8	4	5
管理和预算办公室	0	4	3
项目负责人	8	21	18
部长或局长	33	39	38
联邦检察官	8	4	5
调查报告的主要汇报对象[c]			
国会	25	25	25
媒体	8	11	10

续表

变量	卡特[a]	里根[a]	总数
管理和预算办公室	0	0	0
项目负责人	0	21	15
部长或局长	17	11	13
联邦检察官	50	32	38

注：a. 数据来源于12名卡特政府任职人员和28名里根政府（两届任期）任职人员的反馈。部分调查对象未回答全部问题。由于四舍五入，百分比相加总和可能不等于100。

b. N = 36。

c. N = 40。

d. 调查对象可能给出一个以上答案。

鉴于时间和资源有限，卡特政府监察长重整的期望难以一蹴而就，所以大部分工作计划留待两年后进行，即便如此，目前仍有许多问题需要处理。或许1979年法案能够带来的最好结果即为，将需要更多的全职人员这一诉求公之于众，并在卡特第二届任期中寻求改进方案。请参照卡特任期的最后一次监察长半年报，该报告在里根就职和随后的大幅解雇事件之前就已经撰写，发表于1981年3月：

农业部：按照1981年预算，运输和人事都缺少充足的资源，这将导致运营效率及水平所面临的困难持续。

社区服务部：聘任冻结延续了很长一段时期，导致监察长办公室陷入僵局，很难有效地依据《1978年监察长法》展开工作。监察长办公室被迫对优先处理事项作出更严格的限制。

教育部：我们的工作量本来就繁重，国会、管理和预算办公室以及美国审计总署的要求又有增无减，目前304名员工的人事限制远远低于我们的实际需求，这一点显而易见。

环境保护局：环境保护局面临的最关键的问题仍然是缺少足够的人手妥善负责项目并发挥本部门职能……六个月以来，人员短缺的局面不但没有改善，反而愈来愈棘手。

劳工部：监察长办公室的主要问题就是人力资源问题。目前人员数目有了相当大的增加，但由于整个政府范围去年大部分时间被聘任冻结笼罩，其积累效应妨碍了原本预期的人员引进……所以，虽然今后监察长办公室的工作量将比之前增加，但相对于过去的任务量而言，人员配比其实缩减了。

交通部：我们占有的资源无法满足工作量要求，导致审计和调查工作得不到应有的关注。[14]

最终，各部门机构终于迎来了人员扩容的春天。但已为期太晚，难以挽救卡特政府监察长所处的僵局，更何况人事冻结和预算危机还未完全解除。监察长们依旧不满工作量太多，人员配置太少。评估处、预算处、政策分析处、法律咨询处、平等机会局、采购处、人事办公室以及公共和立法事务处等诸多处室为了增补监察长而放弃聘用员工；简而言之，政府大部分部门的几乎所有处室都进行了调整。这些处室的工作能力开始受到质疑。尤其在规划有效计划、执行政策，以及为此进行的防范舞弊、浪费和滥用职权等问题上，引发了严重的不满。从本质上说，国会和总统将原本为政府办公政策程序前端配置的名额，放到政策过程后端，以协助防范舞弊、浪费和滥用职权。[15]

政策的执行

卡特政府监察长们面临机构内部的抵制以及人事增减相抵的局面，开展工作举步维艰。至少有四种潜在的抵触因素。

谁是老板？根据表 5-4 的数据，卡特政府的监察长相对于他们在里根政府的继任者来说，审计工作的主要汇报对象更有可能是国会而不是项目负责人。42%的卡特政府监察长首先向国会汇报，33%向其部长或局长汇报，仅8%向项目负责人汇报。也许分管的部长助理有理由担忧效忠对象存在分歧，但是审计和国会的紧密关系并未延伸至调查领域，卡特政府监察长的调查报告主要面呈联邦检察官。

统观审计和调查两方面，里根政府监察长向本部门机构以外汇报的可能性较小。他们更有可能将项目负责人作为调查报告的汇报对象，这一点或许有些不可思议，因为很多调查揭露的问题即便不转交联邦调查局或司法部，也应当上交给行政部门或独立机构的高层处理。

棘手的工作。卡特政府监察长面临巨大压力，必须刻不容缓地开展工作，这就注定了有些人必然无法胜任。一位监察长不到一年离职，至少五位已列入1980年选举后的人员变更计划。监察长们感到只有集各项技能于一身的全才才能胜任工作（见表5-5）。虽然认为必须了解白宫政策的卡特政府监察长和里根政府监察长为数不多，但大部分人在调查问卷的其他选项上都逐个标选为重要或非常重要。

表 5-5　　监察长工作的性质（卡特政府对比里根政府）　　单位：%

变量[a]	卡特[b]	里根[b]	总数
平均每周工作时间			
小于51（小时）	33	25	28
51~60（小时）	33	43	40
大于60（小时）	33	32	33
监察长所需的知识[c]			
审计方法	58	61	60
预算过程	33	75	63
行政部门或独立机构项目	67	57	60
国会运作模式	75	86	83
管理方式	92	86	88
调查方法	58	57	58
管理和预算办公室	67	75	73
组织策略	75	64	68
白宫政策	25	32	30
工作最困难的方面[d]			
与国会打交道	29	61	60
与媒体打交道	42	39	40
与白宫及管理和预算办公室打交道	23	36	33
掌握预算过程	17	29	25
掌握部门工作程序	25	32	30
掌握项目细节	25	39	35
监察长办公室的组织架构	50	32	38
短期定位	16	39	33
困扰的问题[d]			
机构抵制改变	50	46	48
国会干预	25	46	40
人员短缺	58	32	40

续表

变量[a]	卡特[b]	里根[b]	总数
缺乏规划时间	17	18	18
媒体关注度	17	18	18
管理和预算办公室干预	17	18	18
政府决策滞缓	42	50	48
业绩量化统计	8	29	23
政治官员人事变动	42	39	40
白宫干预	0	4	3
作为监察长的成就感[d]			
推进改革	50	57	55
处理挑战性问题	67	43	50
加强政府的公信力	50	29	35
查明舞弊、浪费和滥用职权问题	25	43	38
工作的关注度高	8	4	5
完善关注的项目	16	11	13
提高政府效率	50	75	68
服务于尊敬的总统	0	7	5
服务于部长或局长	17	25	23
与有趣的人共事	17	4	8

注：a. 所有类别 N = 40。
b. 数据来源于12名卡特政府任职人员和28名里根政府（两届任期）任职人员的反馈。部分调查对象未回答全部问题。由于四舍五入，百分比相加总和可能不等于100。
c. 该数据代表认为该项目重要或非常重要的调查对象百分比。调查对象可能给出一个以上答案。关于"管理方式"，58%的卡特政府监察长和32%的里根政府监察长认为非常重要；关于"国会运作方式"，25%的卡特政府监察长和57%的里根政府监察长认为非常重要。
d. 该数字代表提及该数据的调查对象百分比，调查对象可能给出一个以上答案。

卡特政府监察长和里根政府监察长主要对两种技能分歧最大：（1）卡特政府监察长中认为管理技能对胜任工作非常重要的人数几乎是里根政府监察长的两倍；（2）里根政府监察长中认为了解国会非常重要的人数是卡特政府监察长的两倍多。

重大分歧还存在于两组人员面临的问题上。卡特政府监察长在办公室部署上面临更多问题，而里根政府监察长在国会干预问题上矛盾不断。

矛盾形成的部分原因或许是卡特政府的不少监察长把国会当成审计报告的主要汇报对象。1979~1980年"国会山第一"的论调盛行，国会可能不希望里根政府监察长另辟蹊径。随着监察长机制逐渐成熟完善,国会对监察长的兴趣也日益增加。

不同的世界。监察长能否成为部长的得力助手,这一点我们先另当别论,但就目标来讲,从行业上层选拔的监察长和传统上的其他政治官员大相径庭。监察长在很多方面看起来更像职业文官而非政治任命官员。许多监察长出身的政府文官,并保留高级行政官制度规定的备用权,因此在任何情况下,只要他们提出意愿,即可返回原来的职位。

监察长和政治任命官员的工作安排也可能不同。监察长们工作也很努力,但和政治任命官员相比就算清闲了。美国公共管理学会的统计显示,1964～1984年间的所有官员中仅有27%每周工作时间少于60小时,35%每周工作61～70小时,38%工作70小时以上。[16]

此外,监察长在处理挑战性的问题、提高政府效率、增进民众对政府的尊重感以及铲除舞弊、浪费和滥用职权的过程中,获得极大的满足感。总统任命官员虽然也愿意处理复杂的工作(见表5-6),但他们通常在别处获得成就感。监察长的工作重心体现在提高政府效率上,而其他总统任命官员则明显更关注项目任务本身和各项目标,两者区别鲜明。

表5-6　　　　　总统任命官员的目标(1964～1984年)　　　　　单位:%

职位带来的满足感	提及数量[a]
处理挑战性问题	76
完成重要的公共目标	76
与正能量者共事	51
参与重要的历史性事件	35
服务于敬仰的总统	26
帮纳税人节省费用	10
学习新技能	9
其他	4
增加职业机遇	2

注:a　N=536。

资料来源:美国公共管理学会1985年总统任命官员调查报告;表格摘自:G. 卡尔文·麦肯兹.《联邦政府内外:总统任命官员与华盛顿的短命政府》. 约翰霍普金斯大学出版社,1987,p.187,表9-8。

两组人员同样代表了两类根本不同的职业、教育背景、培训方式、目标以及长短期动机。监察长不属于也不应该属于政治人物,因此他们缺少普通官员政治生涯中成就感和挫败感的体验。监察长和政治任命官员对决策滞缓这一点的确有同感(每组大约半数人认为缓慢的进度导致持续性的挫败感),但他们难以体会组织兴趣团体重新规划公共政策的烦琐和痛苦(47%的1964~1984年总统任命官员提及此事)。[17]

不幸的是,对于监察长来说,如果他们希望和行政管理层交流,那么对象只有负责管理的部长助理,因为两者培训经历和工作目标大体相似,但由于部长助理对构建监察长制度依然持反对态度,两者的交流从来就没有开始,监察长只能与自己的天然同盟保持距离。

提前通知。打开局面势必伴随紧张气氛,卫生教育和福利部监察长第一份报告开创的先例引发了一场轩然大波,连对他们最为信任的政治官员都不免担忧。按照1976年卫生教育和福利部法规,监察长提交一份年度报告,当时还没有1978年法规规定的30天等待期。新任监察长托马斯·莫里斯将文件直接递交国会,留给卫生教育和福利部部长反馈的时间十分短暂。

该报告包括一份争议强烈的清单,列举了卫生教育和福利部每年因舞弊、浪费和滥用职权造成了63亿~74亿美元的损失。尽管文件谨慎地表示这些数据"仅仅是一份初始清单",是对尚未完成的工作所作的"保守测算",但文件的第一部分只有一张表格,囊括卫生教育和福利部所有项目中存在的舞弊、浪费和滥用职权的情况。

报告中的清单、基本统计假设及相应的简短而强劲的新闻报道所引发的争议固然激烈,然而真正的风暴在于报告的发表。归根到底,莫里斯得到这份工作得归功于卡利法诺。当时参议员赫尔曼·塔尔梅奇(Herman Talmage,民主党人,佐治亚州)倾向于任命另一人选担任监察长,卡利法诺顶住压力力荐莫里斯。卡利法诺甚至对卡特说他宁愿让自己母亲来干也不愿任命塔尔梅奇的候选人。卡特回答:"你的母亲,但不是我的"。[18]

莫里斯独立完成了报告,部长没有参与。向国会和媒体发布的既定日期前几天,莫里斯才递交报告文稿。据莫里斯回忆:

> 部长需要提前多长时间审查报告，我们开始并没达成共识。我俩都没想到这一点最终会成为问题。通常来说也不应该出现这样的问题，但是写这份报告耗费了我每天所有的时间。第一份报告的目标是尽量完整流畅地陈述内容……这也是造成问题的部分原因，我们太追求表达效果了，结果把该有的提前量全用在写报告上，导致相关人员没有足够的提前审阅时间。我在29号完成并准备呈交报告，当天晚上亲自递交到部长办公室。[19]

按法律规定，莫里斯完全按要求完成了工作。可惜由于起草报告的时间有限，莫里斯只能在两个上司间做出选择：

> 部长实际上没有机会对报告给出意见，除非他能在几小时的时限内立马准备好。我在最后一刻必须作出选择——是对我的上司之一国会负责，还是给部长多些时间审阅报告——我选择了前者。因为觉得前者更重要。法律规定非常清楚，我不想第一份报告就错过截止日期并因此负法律责任。我们遵照全新的法律在新兴组建的部门工作，委员会日复一日牢牢地盯着我们所做的每一项工作。假如监察长工作拖拖拉拉，被他人左右，或者不能按法律规定迅速披露信息，后果可能会很严重……总之，我决定按截止日期提交报告；就算部长让我等，我也还是会提交的。[20]

幸好方丹的共事密友——法律顾问詹姆斯·诺顿审时度势，已经提前打电话确认过报告将按时递交。莫里斯的选择是正确的。然而他的选择还是得罪了卡利法诺派的政治委任官，负责联络新闻媒体和国会的官员对此尤其不满，因为他们只有不到48小时准备发布报告的时间。卡利法诺的行政助理本·海涅曼（Ben Heineman, Jr.）回忆道：

> 首先，我们要解释60亿~70亿美元这样的数字真正意味着什么……其次，我希望——这么说吧，报告顺利发布应该记我们一功。我并不是说要刊登一则报道，宣扬自己或部门所做的工作；我是觉得应该超越机械布置任务的阶段，以更技巧的方式对待造假舞弊和管理不善，这一点很重要，这才是我们真正的出发点。[21]

无论是过去还是现在，部长的得力助手都是极其艰难的角色。如果监察长还要代表纳税人和国会的利益承担独立监督人的职责就更加艰难。更何况政治群体中个体的目标与监察长及监察长办公室成员的目标并不一致。随着政府其他人员即将迎来他们的首批监察长，过往的经验必须保存。

结论：任务繁重，时间仓促

综上所述，卡特政府监察长们能获得编制报告的机会已经算很幸运了。他们的工作环境举步维艰，时间紧迫。后来卡特政权启动连任竞选运动，监察长职位不再属于总统人事议程的讨论项目。莫里斯于1979年9月28日离开卫生教育和福利部，11个月以后才提名接替人。玛乔丽·诺尔斯1980年5月离开劳工部，该职位到总统任期结束一直空缺。

卡特政府监察长部署办公室的过程进展缓慢。布朗和邓普西招聘了不少监察长接班人，他们及同僚合并重组了办公机构，成为20世纪80年代大幅扩容的核心和基础。然而在监察长离职期，卡特政府痛苦地发现，人员和资金需要继续配备周转，而从本部门机构的预算中获得资源几乎是不可能的。

监察长断定，冗长的个性化审计调查结果列表是他们工作成效的衡量标准，而传统的合规监督比较容易实现该成果。例如，1980年农业部监察长出具了1000多份过去一年的审计和调查报告，回收8000万美元的资金，列举235件犯罪行为；商务部宣称节约了370万美元开支，"成本规避或延期"高达60万美元，查出310万美元风险借贷；卫生及公共服务部宣布，通过审计节约两亿美元，提出137例起诉，查出145件犯罪行为，获得470万美元罚金、资金回收及赔偿；住房与城市发展部公布1089份调查结果，涉及277件诉讼案件，质询行政机构开支36360万美元，最终回收1420万美元资金。[22]

虽然监察长节约的资金实际回到了美国财政部，真正节约的总金额或许远远少于1亿美元，但1979年法案创造了巨大的能量，成功地在1980年选举中推广了监察长理念，推动新政府彻底投入到打击舞弊、浪费和滥用职权的斗争中。监察长们完全有足够的理由展望即将到来的光辉岁月。然而,监察长们不可能也没有预料到的是,在就职当天他们就被全部解散,该举措为进一步巩固合规监督模式奠定了基础。

第六章
光辉岁月

里根政府一上台，监察长们便陷入争议的漩涡，这在1980年竞选中没有显示任何征兆。[1]里根在竞选时决意支持监察长投身打击舞弊、浪费和滥用职权的斗争。他的演说充满相关言论，例如，他提到"仅因舞弊就损失了亿万美元"，他站在演讲台上承诺，将全面打击浪费并通过该行动节约1950亿美元。[2]

然而，里根即位的第二项举措就是写信给众议院议长和参议院临时议长，让他们通知国会他决定"调离目前在任的监察长"（第一项举措是实施联邦聘任冻结）。原因非常简单："作为总统，在参照参议院的建议并获得同意的情况下，我有权任命所有职位。我必须对监察长职位的每一位委任官员有最充分的信任，这一点极为重要"。随后，卡特政府选拔的所有监察长都被解雇了。[3]

詹姆斯·布雷迪（James Brady）后来解释，总统解雇的目的是表明将任用"强悍的看家狗"的决心，果真如此，那么该举措的效果适得其反。正如一位卡特政府监察长表示，"每个人都希望进行一项强有力的监察措施，却没想到这项措施变成了调查他们自己。政府的出发点可能是希望找到强悍的'看家狗'，但很可能最终找到的却是'法国贵宾犬'"。[4]

这次解雇事件提醒了监察长们，要想体制性存活，必须依附总统而不是国会。无论是办公室招聘员工还是自身职业保障，监察长们都受制于总统的价值取向。监察长们后来发现，现任总统及其在管理和预算办公室的代理人们非常重视与合规监督密切相关的统计成果。政府对泛泛的调查结果、绩效和能力表现都不太感兴趣，其目的是有效缩减预算，而不是调高文官薪水、增加培训经费以及增加政府雇员。

解雇恐慌

卡特政府的许多监察长已经预料到新政府会进行人员清理。近十年后，住房与城市发展部的查尔斯·邓普西在众议院听证会上表示，"从好处来说：一些监察长在1980年成为政治任命官或者给民众类似的印象，违反了《监察长法案》。解雇少数人可能会引发集体诉讼；因此，我认为清理众议院的最佳方案是解雇所有人再回聘部分人。"[5] 管理和预算办公室副主任埃德温·哈珀（Edwin Harper）对众议院政府工作委员会提供类似的证词。关于为何要先解雇所有监察长再回聘少数人这一点，哈珀的观点更为特别："一个人工作成效一般，就因此损害其名誉和职业前景，这样做很不合理。或许同样的工作成效放在非核心岗位上已经显得很不错了。所以，不要剔除工作上没达到卓越成效的人群，这也是一种人道主义行为"。[6]

风暴式的负面影响紧随其后，里根很可能懊悔当初的决定，他向一位共和党议员表示这件事可以处理得更好。共和党人艾略特·莱维塔斯怀疑大刀阔斧地解雇仅仅代表了当时的政治风向，实际上反映的是政治派别的倾向；L. H. 方丹和杰克·布鲁克斯原本以为会召开听证会，所以私下里为没接到预先通告火冒三丈。[7] 监察长们同样没接到预先通告。环境保护局监察长伊内兹·里德（Inez Reid）表示："结束了一天的工作，我从电视的晚间新闻得知自己被'解雇'了——这是媒体的说法。在新闻播报之前没有人打电话或写信通知我离职"。更离谱的是，部分信件寄错了地址，而且所有的信都由机器签名——白宫人事主任的名字居然误写为 E. Pendleton James（应为 Pendleton James）。[8]

尽管如此，这次解雇事件标志着监察长光辉岁月的开始。对少数回聘的监察长和新任命的监察长来说，上面传达的信息非常清晰：在这场打击浪费的斗争中，统计成果以节省金钱的数额和抓获舞弊者的数量为衡量标准；统计成果丰硕，监察长办公室才能发展壮大。卡特政府监察长们曾渴望的资源，需要通过合规监督的途径获取。

从头再来

里根执政初期，监察长们似乎感到未来有些灰暗。特约专栏作家杰克·安德森（Jack Anderson）所谓的"卑微的政府官员们"如果说在解雇事件中还看到一丝曙光，那就是里根政府被迫全力以赴打击浪费。里根1981年2月18日在国会演说中重申防范浪费的行动口号：

> 现在，我们来谈一谈联邦政府中普遍存在的浪费和舞弊问题。政府估算显示，仅舞弊就可以解释任何一项社会项目中联邦政府1%～10%的开销，数额之高竟达250亿美元。如果因浪费或管理不善流失的税收金额与舞弊的数额相当，那么这个问题已经发展到了不可思议的程度。
>
> 管理和预算办公室正着手整合跨机构任务组以打击挥霍浪费和造假舞弊。我们还计划委任训练有素的专业人员担任监察长，他们将不遗余力地完成工作。[9]

四周后，里根设立了总统廉政与效率委员会，作为这场战役的指挥部。委员会的成员全部是监察长，主席由管理和预算办公室副主任担任。随着监察长们在本部门争取资源，委员会将迅速发展，成为源源不断发挥影响力的核心部门。

激冷效应

1981年对新上任的监察长来说依然是黑暗的一年。虽然里根行动口号中所强调的政府舞弊浪费无法归咎于成立时间尚短的监察长办公室，但解雇事件提醒了新上任的监察长，他们的成绩将以节省资金的数额和查出犯罪行为的数量能否稳步增长为评判标准。

哈珀指出，不少政府工作获得"C+"的成绩可能就足够了，但监察长的工作并非如此。挖掘出足量舞弊、浪费和滥用职权犯罪行为的人员将获得奖励，反之则被解雇或忽视。解雇除了导致对短期统计结果的愈加重视以外，还可能引发至少三种非预期结果。

首先，虽然里根承诺将很快雇佣新监察长，哈珀也加快搜寻合适的人选，该年度的前半年很多职位依旧空缺。卫生及公共服务部的新监察长直到5月5日才提名；农业部监察长6月9日提名；内政部监察长7月10日提名；交通部监察长7月17日提名；环境保护局监察长7月23日提名；总务署监察长8月5日；能源部监察长9月23日提名；商务部监察长9月29日提名。小企业管理局监察长直到1983年3月16日才提名。即便五位重新雇佣的卡特政府监察长们再次提名也同样迟缓——教育部的詹姆斯·托马斯与住房与城市发展部的邓普西5月27日才接到留任通知；弗兰克·萨托5月29日获悉调任退伍军人管理局；托马斯·麦克布莱德6月1日才得到通知调任劳工部；琼·吉布斯·布朗6月10日得悉调任国家航空航天局。

并不是只有监察长延期上任。哈珀为加速进程能做的并不多。根据G.卡尔文·麦肯齐（G. Calvin Mackenzie）的研究，从肯尼迪开始的每届政府任命高级职位的过程都比前任更长，里根政府也不例外。肯尼迪用了大约两个月提名新内阁和私人顾问团，尼克松四个月，卡特差不多五个月，里根用了几乎六个月。[10]不管延期的原因是否来自参议院、联邦调查局、道德法案和焦虑的共和党对简历的把关严苛，监察长的任命事宜成为积压案头的工作。尽管选举前里根政府的智囊团筹划了过渡期运作计划以加速任命的过程，他们似乎根本没考虑到还需要任命监察长这个问题。

其次，这次大幅解雇事件可能给未来的任职者造成了阴影，在本届政府任期即将结束时上任的官员尤为如此。"即便是将近八年后的现在，"政府工作委员会在监察长的十年回顾报告中陈述，"1981年的解雇事件造成了监察长群体性焦虑不安。"[11] "解雇事件在监察长的生活中引入了一种新的元素"，一名在位的里根政府监察长1989年报道，"这成为下一任总统的先例。你完全可以相信1988年我随时准备好171号申请表（政府工作申请表）以备不时之需。这与我判断杜卡斯基还是布什上台无关，只是万全之策而已"。

对于有权选择转调联邦高级行政职位的监察长来说，解雇事件带来的恐慌要少得多。如果他们从监察长职位解雇，备用权确保他们无条件拥有一份仅薪水略低的工作。邓普西解释说，备用权对监察长来说极为重要，对于其保持独立性而言尤为关键——这项权利将监察长放入了我一直称为"你能拿我怎样"的保险箱。监察长受到政治任命官或其他人排挤时,最差的情况不过是遭到解雇,变成大多数人认为的"英雄",而且还拥有备用权。这样的局势完全可以让人底气十足地挺直腰杆。[12]

最后,司法部在1978年有关监察长调查权的辩论中失利,解雇事件可能鼓励其再度考虑该问题。1981年6月3日,在管理和预算办公室的论坛上呈交的新监察长候选人政策协议草案规定,监察长将把刑事案件移交至联邦调查局。为了回应监察长对于刑事案件结果的顾虑,司法部委托联邦调查局"提供一份书面概述,如涉及司法行为,则结论须基于对司法行为本质的调查"。而针对监察长对于管理问题的担忧,"联邦调查局和检察官将尽量根据监察长的需要提供分析报告,包括政府项目中的基础问题或调查发现存在于采购程序中需要纠正的问题。"[13]简而言之,司法部事实上建议废除监察长的刑事调查功能。虽然国会明确设立了助理监察长负责调查事宜,但司法部敦促监察长重点负责审计工作。

不管司法部的动机何在,是否顾虑到重复劳动与竞争压力,到头来司法部的策略并未得以实施。解雇事件的确导致监察长机制临时削弱,但没有一位监察长认可议案的正式章程。监察长们对联邦调查局能否致力于查处白领犯罪表示怀疑,更何况打击毒品犯罪的工作量正急剧上升。此外,监察长已经培养了调查小规模舞弊案件的技巧,这类案件金额介于25000~100000美元,容易打擦边球;而这项调查技巧是司法部和联邦调查局都望尘莫及的。

亲密友谊的开始

1981年解雇事件的确在初始阶段引发种种挫败,但最终却见证了明显的积极效应,在人事和资源方面的效果尤为明显。白宫需要有人在国会救火,于是求助于埃德温·哈珀。哈珀可以说是单打独斗拯救了监察长机制,当然国会也起到一定程度的推动作用。近八年后,众议院政府工作委员会对他的肯定明白无误:

> 这个阶段,虽然总统私人顾问团并没有立场逐个对每位(新)候选

人作出可靠的评价，但显然候选人整体素质优秀，经验丰富。候选人卓越的素质极大地稀释了目前存在的顾虑，即认为解雇前任监察长是"政治化"监察长办公室这一计划的第一步。管理和预算办公室副主任哈珀及其选拔工作的助手所取得的业绩值得称赞。[14]

一直以来，哈珀及管理和预算办公室成为监察长的主要赞助人和保护人，成为与行政部门机构的持续抵制相抗衡的力量。卡特管理和预算办公室对监察长关注不多，而里根管理和预算办公室则从以下几方面直接宣示其所有权：监察长与哈珀定期召开会议，并间或与管理和预算办公室主任大卫·斯托克曼（David Stockman）举行会议；设立总统廉政与效率委员会，功能相当于行政部门的工会；安排监察长与总统会晤，并安排媒体拍照。"先行与总统合影非常关键"，一位新任的监察长强调，"你可以把照片挂在办公室背后的墙上，刊登在内部刊物，也可以散发"。总统支持的象征对于任何机构来说总是有利无害，更何况里根任命的官员与他们敬爱的总统立场如此一致。

管理和预算办公室的所有权还体现在建立选拔未来监察长候选人的新程序。管理和预算办公室不但负责选拔过程，一般来说还拥有最终决定权，这与里根政府集中管理白宫委任权的总则相悖。

1982年监察长争取到选拔程序中的重要话语权。哈珀及其继任者乔·怀特（Joe Wright）创建了一个完全由监察长组成的非正式的招聘委员会，负责筛选及招聘候选人；招聘范畴不再由管理和预算办公室划定。至里根政府任期结束，该三人选拔委员会已经成为监察长候选人的主要招聘渠道。因此，监察长们认为管理和预算办公室的支持是其成功的关键，这也在情理之中。如果说哈珀在大解雇事件之后拯救了监察长，那么怀特则为强化监察长的行动力提供了支持与自由。

白宫官员并没有彻底更换。卡特执政期间仅给予行政部门和独立机构有限否决权，所以粗略的政治检查还是有必要继续。尽管如此，即便每次监察长提名依旧需要总统签名，任命权却由管理和预算办公室全权负责。假如监察长候选人不符合哈珀的要求，则不会被任命。

管理和预算办公室对监察长的所有权除了涉及任命程序，还为监察长提供丰富的资源。管理和预算办公室的预算部门负责整个政府的人事配置，而管理部门则负责打击浪费。哈珀既负责管理又负责预算，他可以根据监察长办公室的需求从两部门交叉调配人员。

依据正常预算程序，管理和预算办公室设立人事封顶，允许各部门机构按规定的工作量额度自行安排人员数量。监察长则另当别论。管理和预算办公室指定一批全职等时人员全部分配到监察长办公室。联邦政府此时仍处于里根1981年1月20日实施的人事冻结，大部分监察长预留名额需要从各部门机构内部其他岗位重新调配。简而言之，管理和预算办公室发挥了切实有效的力量。假使没有哈珀的干预，监察长的光辉岁月不可能到来。

该非正式程序逐渐演变成一种"主任特别审查"模式，成为所有监察长办公室的人员配置标准。该程序1988年仍然存在，怀特对此表示，"我们审查监察长的原始要求、机构的推荐力度以及预算管理人员的推荐信。完成对这些数据的审查之后，局长和我确定配置资源的标准"。[15]因此，如果没有怀特的不断介入及他身为管理和预算办公室副主任的影响力，光辉岁月不可能持续。假使哈珀和怀特是助理主任甚至职位更低，只能从管理层面或预算层面代表监察长的利益，监察长很可能只能忍受各部门机构的嗟来之食。特别审查的影响非常明显，参见表6-1。

表6-1　监察长、文官和政治任命官的数量增长（1980~1986年）　　单位:%

部门或机构	监察长人数	文官人数	职业高级行政官人数	非职业高级行政官人数	C计划职位
农业部	-9	-12	-11	37	40
商务部	20	-29	-12	6	-3
国防部	15[a]	10	19	23	7
教育部	-4	-38	-20	25	82
能源部	42	-23	-26	-31	27
环境保护局	83	-5	-7	-17	27
总务署	-32	-39	-9	167[b]	283[b]
卫生与公共服务部	41	-14	-11	24	-20
住房与城市发展部	-2	-30	-14	29	-1
内政部	53	-4	1	-15	33
劳工部	28	-25	-17	21	3
国家航空航天局	-2	-6	-6	c	-100
小企业管理局	-3	-16	-7	7	27

续表

部门或机构	监察长人数	文官人数	职业高级行政官人数	非职业高级行政官人数	C 计划职位
国务院	46	8	80	33	29
交通部	2	-15	11	17	42
退伍军人事务部	17	5	d	-57	50
总数e	23	1	-5	13	13

注：a. 国防部监察长办公室于 1982 年设立。
b. 总务署非职业高级行政官从 6 人增加至 16 人；总务署 C 计划官从 6 人增加至 23 人。
c. 国家航空航天局非职业高级行政官从 0 人增加至 8 人。
d. 退伍军人事务部无职业高级行政官。
e. 总数统计基于以上列举机构及其他未列举机构。
资料来源：美国审计总署，《联邦雇员：行政部门职业与非职业雇员的任命趋势》. GAO、GGD-87-96-FS（1987/06），P. 9.

在管理和预算办公室的支持下，监察长办公室茁壮成长，1980~1986年各办公室成员人数平均增长23%。与之相对，政府范围的文官聘用人数仅增加1%，主要来自国防部。（监察长的预算工作同样效果不错，从1981年的2.48亿美元增长至7年后的5亿美元。）在这段得失相抵的人事尴尬期，监察长及其办公室总体上是最大的赢家，人员聘用高于其本部门其他人员聘用数量，并远远超过职业高级行政官数量。即使农业部、教育部、总务署、住房与城市发展部、国家航空航天局和小企业管理局的监察长办公室的局势不容乐观，其遭受的裁员也较少。传达的信息毫无疑义：监察长受到保护。

表6-1还包括三类政府高级行政官增减的数据：职业高级行政官、非职业（或政治）高级行政官和C计划私人与机密助理（政治）。里根政府对行政部门的管理和监督两方面投资力度都非常大。非职业高级行政官和C计划任命官被定位为监督人员，以及其人事配置量的增长，皆反映了一项深思熟虑的策略，即通过对任命官的慎重挑选与配置达到控制政府核心层的目的。

此处存在的问题并不在于政治化的对错。部分学者，如特里·莫（Terry Moe），认为政治化只不过是总统企图控制行政官制度的手段。[16] 还有部分如参与国家公共委员会（沃尔科委员会）的学者，认为政治化限制了上层的空间，因而不但减少了职业机会，而且减少了总统接触行政体制的机会。[17]

不论理论上的争议如何激烈，数据显示领导层职业官员比例有所减少。表6-2的数据可确认该结论。

表 6-2　　监察长、文官和政治任命官的数量增长（1980~1990 年）

雇员类别	1980 年 数量（位）	1980 年 总百分比（%）	1990 年 数量（位）	1990 年 总百分比（%）	百分比浮动（%）
总统任命官员	488	5.5	557	6.1	14
非职业高级行政官	582	6.5	675	7.4	16
计划 C 任命官	1456	16.4	1700	18.6	17
职业高级行政官	6379	71.6	6190	67.9	-3

资料来源：人事管理办公室月度报告。

乍看起来职业高级行政官 3% 的跌幅似乎并不明显。但是假如考虑到监察长地位的持续巩固，国会监督力度的不断增强，以及管理和预算办公室在政府监管、预算和行政过程中参与度的增加，该跌幅可能显得更有意义。一位职业高级行政官对此解释：

> 审查者对执行者的比例达到了顶峰：聪明的国会议员，知道如何保持忙碌；审计总署办公人员，清楚怎样抓住把柄；监察长的能力与日俱增，部门上层建筑遭到破坏，管理和预算办公室授权托管大批新建的分支机构，甚至包括其本部门信息与监管事务办公室的新增人员，以及规范报告的一系列格式要求。面对以上情况，相应地需要一批项目管理人，这时你会不禁感慨："但愿在我手下做事的人能像审查的人那么多"。

里根政府监察长在管理和预算办公室的帮助下，各项工作进展顺利，而在这段光辉岁月中，国会发挥的作用也不容小觑。布鲁克斯和方丹免职听证会上，关于资源问题哈珀遭到猛烈批评，导致众议院工作委员会向里根政府提出建议："（a）在可行且适宜的范围内，立即采取措施满足监察长办公室对额外资源的紧急需求；（b）采取适当的措施确保监察长办公室在未来获得充足的资源"。[18]

因此，政府工作委员会利用解雇事件引进更多的监察长。委员会首先强调 16 个监察长办公室的雇员总数为不到 5500 个全职人员职位（包括国务院，于 1980 年底成立监察长办公室），继而表示该数量严重不足，并指出受聘人员的解雇比例太高。委员会表示期望增加人数，监察长办公室数量随之增加。里根任期的第五年监察长办公室几乎增加了 1500 位全职人员，而且不存在放缓的迹象。

从绝对意义上来说，基于 220 万人的文官总数，1500 人的增量似乎无足轻重。但即便是微小的绝对增量，与表 6-2 中凸显的增长总趋势相比则明显放大了，更何况同期政府雇佣总量仅增加了 14427 人，况且大多数部门总部层面的人员数量总体降低，导致监察长办公室和其他分支部门涉及人力和资源的竞争。鉴于以上情况，该增量实在不容小觑。[19] 看似微不足道的监察长人数变动，能够产生非同一般的影响。正如一位管理和预算办公室工作人员认为，"管理办公室对监察长作出了很大让步。在总部层面，额定总工作量在分配上的细微调整都可能对人员总体配置产生切实的影响。从管理部门抽取 30 个全职名额用于监察长配置，这可是非同小可的举动"。因此，即便不考虑 1983~1986 年几乎增加了 1000 个新设监察长职位的国防部，监察长在新增人员配比中依然占据了最大份额。[20]

结盟的种子

管理和预算办公室与监察长能够携手并进的根本原因是双方皆可从结盟获利。只要监察长出具的统计成果持续增长，管理和预算办公室就能够成功打击浪费。同样的，只要管理和预算办公室允许监察长管理自己的系统，监察长就能够构建一套内部独立运作的法则。假使监察长的职能不是本部门部长和机构主管的得力助手，他们或许会成为管理和预算办公室的得力助手。

然而，联盟存在的问题在于体制的忠诚取向。正如监察长对国会的双重汇报关系可能会削弱所在部门机构对其的信任度，监察长与管理和预算办公室的密切联系也会引发同样的问题。20 世纪 80 年代，随着不断发展，管理和预算办公室在监督、规范和微管理行政部门方面的干预性之强近乎国会。监察长与管理和预算办公室同舟共济，可能会削弱其在本部门内部的潜在影响力，即便如此，联盟的诱惑还是难以抗拒的。

管理和预算办公室的邀请

管理和预算办公室的管理部门负责里根政府打击浪费行为的任务，从该部门的角度，监察长作为潜在的信息源和领导层，比经营管理部门的部长助理更为可靠。他们认为，长期在位的职业部长助理普遍对本部门过于忠诚，难以信任其改革力度；而新上任的政治部长助理则缺乏经验，无法担当改革重任。在寻觅经验丰富又深得总统信任的潜在领导的过程中，监察长办公室逐渐成为里根改革议程的热门载体，几乎始终担任主要合规监督人，有时也充当主要执行者的角色。

对部长助理缺乏信任在许多层面反映了里根政府本身的任命质量。任命在白宫或政府部门机构完成。里根的人事任命程序取代职业部长助理的权力以后，职位，对于希望找一份更好工作的政治官员来说，通常仅意味着一种等待状态。与总统管理与效益委员会（主要由管理部门的助理监察长组成）合作密切的管理和预算办公室官员，以及总统廉政与效率委员会几乎一致反映，总统廉政与效率委员处理里根政府的管理议程效率更高。这就是政府本身政治化策略的代价。

并不是说监察长对领导改革运动毫无兴趣。正如一位管理和预算办公室工作人员表示，"对监察长来说，问题通常是他们推进过于积极。最后我们不得不把他们往后拉。而总统管理与效率委员会则正好相反，他们除了质疑什么都不干。我们最终只得不断与他们辩论。"

也不表示问题应该完全归咎于白宫。管理和预算办公室在以下几个方面也起到一定影响：削弱管理部门部长助理权力、对政府改革议程发出不确定的信号及导致领导权的不稳定。里根政府关于管理的主要倡议为《88号改革方案》，目标是所有改革措施在第二届任期结束前完成。该方案其实并不是一套新绩效激励机制的整体规划，而是一系列不成体系的合规思想集合体，如绩效工资全额拨款、能力需求投资及财政系统现代化。《88号改革方案》于1983年启动，仅给各部门机构五年时间修正几十年来积累存留的问题。

外包措施到位地诠释了《88号改革方案》存在的问题。该措施主张同样的工作如果在私营部门成本较低则鼓励政府外包。然而，管理和预算办公室《A-76号通告》规定的相应正式手续极其烦琐，甚至要求基于逐个员工的成本分析。一位负责管理的部长助理称之为"套在众人脖子上的沉重枷锁"。审计总署认为，"管理和预算办公室的自由放任策略演化为无弹性策略：管理和预算办公室对一部分职位设定分析目标，要求各部门完成，如不能完成，则可能面临预算削减。例如1985财政年度，管理和预算办公室从以下两方面入手试图推进 A–76 的落实：对每个部门设立成本分析目标，并在每个预算周期初始削减各部门预算"。[21]因此，部长助理们提出质疑也在情理之中。

改革议程产生的此类问题仅仅是个开始。虽说管理和预算办公室的管理部门承诺致力于五年计划，但整个部门完全处于动荡状态。1981～1989年，先后有四位负责管理事务的副主任上任，进行六次部门整体重组。1981年，管理和预算办公室有四个管理分支机构；1982年，废除两个并新建两个部门；1983年，两个部门合并为管理改革部，并再次成立两个新部门；1984年，废除两个部门，管理改革部更名，并新设一个管理秘书处；1985年，秘书处被废除；1987年，整个部门重新划分为两个分支——政府事务部和财政管理部。

监察长在副部长等较高级别的职位上却能够保持连续性。怀特任职六年以上，管理部门的部长助理职位在其直属的分部副部长之间不断更换。怀特担任副部长任期的稳定性成为监察长工作顺利进行的一个重要因素，但与此同时，他无法维持管理部门的分部副部长任职一年或两年以上，也造成了监察长与部长助理不稳定的关系。

此外，根据管理和预算办公室的员工统计数据，部长助理绝不可能认为领导工作存在困难。据国会研究服务中心专家罗纳德·C. 莫（Ronald C. Moe）的报告反映，管理和预算办公室的管理部门1970年有224人为全职员工，1980年减少到70人；1988年仅剩46人。负责财政管理改革和舞弊监管的人员持续增加，而负责基础管理的人员却在减少。莫认为，"20世纪80年代，管理和预算办公室系统化地使其原有的管理能力服从于预算和财政体系的优先需求。他们认为，实施足够的财政管理完善方案就等于提出了一套管理理念"。[22]他还强调，管理和预算办公室必须越来越依赖从其他部门机构短期"选派"或借调人员来负责管理事务。

即便副局长级别的领导层保持连续性，管理部门的部长助理也很难取得管理和预算办公室期待的统计业绩。管理和预算办公室对部长助理和监察长的指令截然不同。前者负责效率和质量的提升、采购改革、外包及私有化，执行难度非常之大；而后者负责打击舞弊和领导合规监督事宜。管理和预算办公室对短期成果的指标要求越来越高，监察长只能保证提高业绩。

整个里根执政期，打击舞弊始终是一项相对容易执行的改革运动，巧合的是，国会对该举措最为支持。《88号改革方案》涉及的37条立法提案中，国会最有可能通过舞弊监管议案,而效率改善、财政管理及采购议案通过率则低得多(见表6-3)。

表6-3 《88号改革方案》草案状态(1987~1989年)

主题	数量			
	提案	通过	待议	否决[a]
财政管理	10	3	4	3
舞弊监管	9	5	0	4
文书压缩	2	1	0	1
采购	9	2	0	7
效率	7	1	3	3

注:a. 包括弃权人数。
资料来源:美国审计总署,《政府管理:改进方法可能提高管理和预算办公室的效率》. GAO、GGD-89-65(1989/05),第89页。

归根结底,管理和预算办公室之所以对监察长感兴趣,原因在于,随着联邦赤字问题的扩大,监察长可以说代表了削减预算的某种成果,怀特在众议院政府工作委员会举证,认为监察长人员增加可以充分说明监察长的数量在旧行政办公楼发挥的作用:

> 我认为,主席先生,我必须要说——回顾历史——这是联邦政府的一项名副其实的成功案例。大量成果可以说明这一点。1982财政年度,监察长报告资金回收、经费节约及避免不必要开支的总金额达115亿美元。去年报告的金额高达200亿美元,提高80%。
>
> 1982财政年度,监察长报告2099例犯罪行为,去年高达4365件。这是一个质的提升。
>
> 主席先生,这并不说明过去八年中舞弊、浪费及滥用职权的现象愈演愈烈,我认为这其实反映了监察长的斗争经验更加丰富,并更有能力打击此类行为。[23]

自1981年开始,监察长每周平均报告68件犯罪行为、26件管理处罚和3.08亿美元的节约经费。花在员工和事务上的每一美金,监察长返还45美金并回报一个更完善的政府。正如怀特总结说,"我认为联邦政府中找不到多少类似的情况。"[24]尽管监察长报告的数据包含大量"得其所用的经费",

有时也因此受到质疑，但他们的确为本可能损失惨重的管理和预算办公室带来了一线曙光。

监察长的拥抱

管理和预算办公室认为监察长是更可靠的信息成果源，监察长也认为管理和预算办公室是更可靠的自由源泉。虽说许多监察长在本部门机构内部成功地构建了良好的工作关系，但管理和预算办公室提供了一个足以对抗国会、政治官员和职业文官的保护伞。

监察长在本部门需要为争取各类资源、知晓权和审计决定权斗智斗勇，而管理和预算办公室则能够为其最终诉求提供一席之地。对于"跨在带刺的铁丝网上"观望的国会与总统的监察长来说，管理和预算办公室完全就是"剪刀手"，有效地扫除了国会的压力，建立起牢固的保护联盟。而对于那些在部门机构工作、不会引起高层注意的监察长来说，管理和预算办公室又能够成为其后盾，给予其充足的资源。

讽刺的是，随着管理和预算办公室对行政部门在管理改革、文书压缩、监管审查、人事和预算方面的弹性逐渐降低，哈珀和怀特更倾向于让监察长负责处理舞弊、浪费及滥用职权问题。或许这是管理和预算办公室拥有选择决定权并认为应当对监察长的能力物尽其用的结果。不过，监察长和管理和预算办公室的合作的确大有裨益。回顾卡特时期，监察长协调机构由司法部长负责。卫生及公共服务部理查德·库斯罗认为管理和预算办公室负责有不少好处：

> 我认为我们和管理和预算办公室合作可能会大有裨益，原因有二。第一，管理和预算办公室事实上是总统管理的臂膀，应该监管整个政府。副主任是管理的主要责任人；因此，从某种程度上说这样对我们有好处，可以纵观整个政府。第二，我想这又跟监察长的经济利益有关——如果我们放手工作，然后发现政府层面存在问题，到底应该由谁采取措施？答案是管理和预算办公室。我们要做的就是在他们的大门口下个蛋，因为他们才是整体工作的负责人，这应该会刺激他们采取一定的措施。所以我认为合作对我们有利。[25]

如果管理和预算办公室忘记关注监察长可能更有好处。库斯罗 1987 年表示,"我认为善意的忽视,如减少对监察长的关注,反而更可取。我们不希望(管理和预算办公室)管理我们的项目,我希望自己管理"。[26]在这一点上,里根政府监察长 1981 年条例对自行管理的规定滴水不漏,树立了出色的典范。

光辉岁月被赋予了全新的自由。例如,在管理和预算办公室的庇护下,监察长担任调查指控工作的领导角色。接受采访时,监察长提及至少有两项此类调查,分别是对农业部监察长约翰·格拉齐亚诺(John Graziano)和环境保护局监察长迈克尔·诺瓦克(Michael Novak)的调查,并暗示至少还有四项其他调查。表面上看,这一程序有明显问题。无论是医生、律师还是监察长,每个职业都具有避免自身公开颜面扫地的动机,当丑闻的高曝光率可能会摧毁整个行业的合法地位时尤为如此。

另一个更为重要的例子与招聘监察长候选人的职责有关。邓普西认为,新选拔程序是应怀特的要求开始的:

> 我们寄邮件给选定人员要求选出合适的候选人名单,并发送调查问卷给副监察长和助理监察长。我们收到 75 份以上回复。(三人监察长委员会)搜集关于提名者背景、教育程度和专长的信息,并输入电脑。从 1984 年到现在,最新的八位候选人中有七位来自该名单。[27]

该程序导致显而易见的监察长同系繁殖。根据表 6-4 的数据,1985~1989 年间选拔的 14 名监察长中有 11 人来自监察长办公室。而且,两名非监察长中有一人,即琼·吉布斯·布朗(June Gibbs Brown),在私营企业任职前从政府离职并曾任监察长。她在 1986 年回到国家航空航天局任负责管理的副局长,一年后提名为国防部监察长。

表 6-4   任监察长之前的工作部门,两届里根政府任命官

曾工作部门	第一届里根政府(1981~1985 年)任命官员	第二届里根政府(1985~1989 年)任命官员
行政部门		
管理办公室		
相同部门	1	0

续表

曾工作部门	第一届里根政府（1981～1985年）任命官员	第二届里根政府（1985～1989年）任命官员
不同部门	3	2
监察长办公室		
相同部门	3	6
不同部门	6	5
项目办公室		
相同部门	1	0
不同部门	3	1
非行政部门		
管理办公室	1	0
审计办公室	0	0
调查办公室	0	0
其他监察长办公室	0	0
项目办公室	1	0
总数	19	14

资料来源：数据来源于里根政府所有监察长内部史料分析。不包括社区服务部监察长。

监察长显然利用该程序回馈副监察长和助理监察长。管理官员的数量受到削减，项目负责人几乎完全从该圈子排除，无论他们是否来自本部门。只有威廉·巴顿（William Barton）例外，他在任总务署监察长前曾任美国特勤局副局长。

招聘过程实质上也并不透明。部长和局长如果对初选候选人不满意，只能有一个选择：从监察长备选名单中重新选择，而这很可能与最初的选择相仿。如果助理监察长和副监察长的种族、性别和职业缺乏多样性，那么很可能这种多样性在候选人中根本就不存在。

尽管第二届里根政府的监察长仍是总统任命官员，但至少有12人最初是从监察长群体中选拔培养而来。一些副部长和助理局长最终的确得以晋升至本部门总管，总统任期即将结束时尤其普遍，但监察长的影响也不可估量。

结论：天作之合

20世纪80年代早期并不是监察长的黄金时代。在国务院、环境保护局和内政部，监察长体系遭遇的问题层出不穷。

例如，国务院一份审计总署 1982 年的报告认为，1980 年法规下建立的监察长体系不如 1978 年法案的监察长办公室独立，因此办公效率也更低。审计总署表示，国务院监察长执行对驻外职位的监察功能，传统上由管理处负责；而非监察管理处（安全办公室）执行通常由监察长负责的监察功能。

此外，监察长几乎完全依赖驻外事务处的临时人员执行审计与监察事务，导致审计总署对独立性缺失问题发出警告，原因如下：（1）这些人员按照惯例在其审查机构内部的监察长办公室和管理岗位流动，（2）影响其职业发展的重要决定取决于国务院而不是监察长办公室。[28] 鉴于客观性和效力性受到诸多质疑，安全办公室调整为监察长办公室，并于 1987 年任命强硬的谢尔曼·芬克（Sherman Funk）为监察长，部署更为庞大独立的团队。

环境保护局 1983 年的状况尤为严峻。有毒废物堆场污染清除基金丑闻愈演愈烈，牵连了不少部门的高层官员以及环保局局长安妮·伯福德·戈萨奇（Anne Burford Gorsuch），监察长也卷入其中。据审计总署调查，监察长办公室显然骚扰了一位批评有毒废物政策的环保局员工，对一部分牵涉本部门政治领导层的调查提前结案，并无视通过环保局舞弊举报热线匿名指控的至少三条罪行。[29]

审计总署还认为，环保局对高额案件的调查与审计明显不足。回顾 1983 年矛盾最终升级至伯福德辞职的时期，审计总署发现"调查人员把大量时间花费在完全可以由项目经手人处理的相对次要的问题上，并处理普通职员就能够完成的管理事务。1982 财政年度 26% 用于案件调查花费的时间用于管理事务，也可以说相当于 500 美元以内的损失。"[30]

环保局监察长被指责工作不力，表现在无视上级罪行、骚扰本部门员工、并将办公室的重心从重要案件转移至微不足道的琐事上。不过，在审计总署发布报告前，迈克尔·诺瓦克监察长就已经辞职，代理该职务的是邓普西。这一变化可能标志监察系统力求更为职业化的形象。

最后再谈谈内政部。1982 年波德河煤田租约权拍卖调查案处理失当，尤其是拍卖前煤矿租赁产权非法曝光，导致内政部监察长在 1984 年饱受批评。尽管内政部监察长办公室就罪行指控问题发布了三份不同的报告，审计总署直言不讳地断定，调查存在的缺陷不容置疑：

审计总署对监察长办公室根据调查出具的三份报告进行审查，结果发现每份报告都存在严重的瑕疵，导致整个报告完整性和可信度的缺失。审计总署发现，在1983年4月20日（将该案件交给内政部）之前，其监察长办公室早已具备立案调查的充足理由。更何况，监察长办公室提前终止调查，放弃追查泄露内政部信息的线索，不愿协调对所获信息的认知分歧。根据监察长办公室的报告，好几处线索都表明了潜在的泄露渠道，然而这些线索要么被搁置，要么并未推理出合理的结论。[31]

事实上，监察长机制在这场丑闻博弈中却再次收获利好。调查案破绽百出，负责人为理查德·马尔伯里（Richard Mulberry），两位没有联邦政府工作经验的里根政府监察长之一。该事件后，马尔伯里于1984年9月辞职，由曾先后任助理司法部部长和能源部监察长的詹姆斯·理查兹（James Richards）接任。曾在布朗手下任国家航空航天局副监察长的约翰·莱顿继任理查兹在能源部的职位。最终的结果进一步强化了监察长经验作为任职先决条件的必要性，并确认了外部人员加入监察长群体的危险性。国务院、环保局及内政部案透露了同样的信息：赋予监察长更大的独立性以配合合规工作。监察长似乎立于不败之地。

随着监察长在本部门获得更大的独立性，他们愈发向管理和预算办公室靠拢。作为每年统计成果的回报——这些业绩一旦写入新闻稿，效果可以立刻抵消持续增加的赤字率——监察长得以增加人员配置。管理和预算办公室获得其所需的好消息以缓解急速增长的赤字带来的困扰，而监察长则获取其渴求的资源。

这场交易的风险在于，部分未来的副主任可能会失去兴趣。监察长对同一种支持渠道过度依赖，其实是把赌注压在管理和预算办公室的忠诚度上。与此同时，监察长将本系统建设为统计成果的稳定来源，也是基于管理和预算办公室将继续重视其业绩的期许。

第七章
冲突

尽管1981年发生了一系列的冲突事件，在某种程度上也正是因为这些冲突，监察长办公室在里根时代得以蓬勃发展起来。到了1985年，他们实际上已经掌握了继任者的遴选权，不断加强和扩大审计与调查人员队伍，内部运作顺利。政府合规性监控能力达到空前，管理和预算办公室承诺继续给予更多的人力和物力支持，打好这场反对浪费的战役。虽然L·H·方丹（L·H·Fountain）1983年从国会退下来，但是乔·怀特就任管理和预算办公室副主任，似乎并不需要增强监察长办公室在国会的实力。年复一年，监察长办公室在年度预算文件中总是处于显著位置，他们的人力资源得到加强，他们的工作业绩得到认可。

另外，激励监察长努力工作、取得业绩的各项措施业已到位：如果监察长通过节约资源、行政处罚、控告、起诉和判决等方法可以节省资金，"使其得到更好的使用"，那么他们就能发展得更迅速，队伍就更壮大。在查处舞弊、浪费和滥用职权等违规行为采取的合规问责已经在落实。比如，1987年1月，总统廉政与效率委员会选择3张图表来描述"对改善政府运行和降低脆弱性非常有意义的影响"。第一张图表显示的是资金节省逐年上升，在1981~1986年间达到了840亿美元；第二张图表显示的是成功起诉案例也同样上升了，在上述时段达到18801起；第三张图表显示对契约人的处罚翻了四番，从1982财政年度到1986财政年度执行的处罚达到6118起。[1]这个报告没有提到在卡特政府时期监察长的工作业绩。

1985 级的监察长

监察长制度旨在发展成为总统及管理和预算办公室强有力的助手,这一理念明显体现在 1985 级的监察长的教育背景及工作表现上。这一届的监察长是由监察长团队的导师挑选的,代表了监察长的理想模式和水平。

首先,监察长应该从助理监察长或副监察长职位提升上来。1985 级中的 85% 是从助理或者副监察长选拔出来的——其中有一半来自本部门——而里根第一任期时只有 45%、卡特时期只有 20% 的监察长是这种情况。1985 级的监察长还反映了选拔歧视:里根第二任期时的监察长都是白人,并且只有一位是女性。

根据表 7 - 1 的数据,1985 级的监察长比卡特时期和里根第一任期的监察长学历高,但是拥有公共部门工作经历的人比较少。在某些方面,里根第二任期的监察长更像 1964～1984 年期间总统任命的"一般"官员。

表 7 - 1　　　　　监察长教育背景一览(按级划分)　　　　单位:%

变量[a]	1979 级[b]	1981 级[b]	1985 级[b]
最高学历			
学士	46	41	33
法学	36	24	11
硕士	9	35	44
博士	9	0	11
本科毕业院校			
常春藤盟校	9	11	11
私立大学	46	47	67
公立大学	46	41	22
本科专业			
财政、会计和商务	36	35	44
人文学	27	18	22
执法学	27	12	22
政治学	9	35	11

注: a. N = 37。
b. 数据基于对 12 位卡特时期的监察长、18 位里根第一任期的监察长和 10 位里根第二任期的监察长的问卷调查。部分调查对象未回答全部问题。由于四舍五入,总和可能不是 100。

其次，监察长应该学习过本科阶段的财政（finance）、会计和商务课程。这种偏向可能是监察长选拔程序的副产品。虽然在选拔时所有的监察长都在一定程度地参与其中，但是正式的选拔程序是由三人委员会决定的，他们三个人是布朗（Brown，审计人员），邓普西（Dempsey，调查人员）和萨托（Sato，审计人员）。

考虑到布朗是监察长团队的顾问，所以向审计人员倾斜几乎是不可避免的。布朗在克利夫兰州立大学（Cleveland State University）获得工商管理硕士学位，先是做会计工作，最后晋升为克利夫兰海军财务中心（Navy Finance Ceuterin Cleveland）的内审主任。在被任命为内政部第一位监察长之前，布朗的工作是管理和财务的结合，她的会计能力是无可挑剔的。她最终选拔的5位监察长，大部分都有财政或会计背景。这几个人反过来又选拔别的监察长。所以布朗的专业背景和她作为团队顾问的影响逐渐形成了对未来监察长工作岗位的要求。

在1981级和1985级的监察长中，职业生涯以审计、财务管理，或者行政管理为主的人数在不断上升，而从事调查和司法工作的人数在减少（见表7-2）。这个变化也许反映了布朗在组织候选人及最终选拔方面的影响力。

表7-2　　职业背景及观点（按级划分）　　单位：%

变量	1979级[a]	1981级[a]	1985级[a]
在行政部门供职时间[b]			
不足10年	17	0	0
10~20年	33	22	40
21~30年	25	33	40
超过30年	25	44	20
本人的工作重点[c]			
审计、财务管理、或行政管理	46	24	44
调查工作或者法学	55	53	33
项目管理或评估	0	24	23
内部晋升[d]			
1（有利益冲突）	10	22	30
2	20	28	40
3	30	11	20
4	0	28	0

续表

变量	1979 级[a]	1981 级[a]	1985 级[a]
5（没有利益冲突）	40	11	10
对政府浪费的看法[b]			
1（政府非常浪费）	0	0	0
2	8	17	30
3	25	16	10
4	42	33	50
5（政府比较高效）	25	33	10

注：a. 参见表 7-1 注释 b
b. N = 40
c. N = 37
d. N = 38

总体来说，这两条标准也在一定程度上导致了后来的监察长比较年轻，比起前辈，那些行政经验较少者更受青睐。监察长办公室作为培训场所只有 5~8 年的时间，审计人员不大可能像调查人员那样可以在其他政府部门任职。许多调查人员在进入监察长办公室之前供职于其他执法机构——联邦调查局、酒精和枪支管理局（Bureau of Alcohol and Firearms）、移民归化局（Immigration and Naturalization Service）。而审计人员一般是从一开始就在监察长办公室工作，一干就是一辈子。里根第二任期的监察长，对于那些先在本部门的非监察长岗位上工作，之后想成为监察长的人员更加挑剔，但是考虑到以上所述的监察长职业发展道路，就不足为奇了。

令人吃惊的是，图表数据显示，新任监察长比前任们认为政府更加浪费。这三批监察长虽有差异，但是这个差别还不足以表明里根任命的最后一批监察长是更加愤世嫉俗、更加严厉的批评者。在三批监察长中，认为政府非常浪费的人数都是零。相反，新任监察长们，一是可能在做助手和副职时看到了更多的浪费现象，二是可能受到了里根关于政府管理不善言辞的影响，三是可能反映了这批监察长缺少长期工作经验，所以对浪费持有比较尖锐的看法。

里根时代最后一批监察长显然从前任的工作中受益匪浅。他们不必对部门进行重大改革，也不缺少人手（见表 7-3）。现在的工作环境之所以如此适宜，原因之一是里根第二任期的半数监察长参与了这个部门的建设和管理。

随着时间的推移，监察长办公室与国会的联系也在逐渐削弱。由于国会不再是监察长工作的主要报告对象，对监察长来说，项目负责人更加重要。70%的1985级监察长把本部门或本机构作为工作报告的主要汇报对象，比较而言，1981级只有56%，1979级是41%。

究其原因，一方面，虽然报告送给了项目负责人，而统计数据却呈报给管理和预算办公室；另一方面，有可靠证据表明，当国会努力加强对审计和调查发现的裁决时，工作报告的主要汇报对象并没有认真倾听。报告所发现的问题和对问题做出裁决是两码事。

表7-3 监察长汇报对象和办公室运行状况（按级划分） 单位：%

变量[a]	1979级[a]	1981级[a]	1985级[a]
就职时办公室状况[b]			
1（运行顺利）	0	11	0
2	25	0	10
3	0	0	30
4	13	39	20
5（需要彻底整顿）	63	50	40
人员需求[b]			
1（人员充足）	17	6	10
2	25	33	20
3	8	11	30
4	8	28	10
5（严重缺编）	42	22	30
招聘及保留高层员工的困难[c,b]			
薪水缺少竞争力	33	39	80
缺少重组能力	8	0	20
规章制度不灵活	50	50	60
缺少适当的培训	33	17	20
缺乏员工的反馈	25	16	0
对员工缺少奖励	42	33	40
关键岗位人事调整	16	56	60
审计报告的主要汇报对象[c]			
国会	42	33	20
媒体	8	6	0
管理和预算办公室	0	0	10

续表

变量[a]	1979 级[a]	1981 级[a]	1985 级[a]
项目负责人	8	17	30
部长或行政长官	33	39	40
联邦检察官	8	6	0
调查报告的主要汇报对象[c]			
国会	25	33	10
媒体	8	11	10
管理和预算办公室	0	0	0
项目负责人	0	17	30
部长或行政长官	17	6	20
联邦检察官	50	33	30
引起对报告关注的难度[e]			
1（难度很大）	17	0	0
2	17	18	22
3	25	24	22
4	25	24	22
5（没有难度）	17	35	33

注：a. 参见表 7-1 注释 b。
b. N = 36。
c. N = 40。
d. 调查对象给出的答案可能不止一个。
e. N = 38。

调查报告也面临着相同的情况：主要汇报对象是内部人员。里根第二任期的监察长把部长、行政长官、项目负责人作为报告的主要汇报对象，相比较而言，卡特时期和里根第一任期的数据分别是 23% 和 17%。关于调查报告的这种内化趋势是否合适的争论一直没有间断。

1985 年之前，监察长们一直努力争取大家对半年报给予关注并且取得一定成效，1985 级的监察长从中受益匪浅。卡特时期的监察长比里根时期的面临更大的困难。

1985 级的监察长工作认真，比其前任更加努力，也许在工作中遇到的问题要少些（见表 7-4）。第三批监察长与前两批的差异主要表现在，他们在项目细节、组织策略、管理技巧方面问题较少，可能是因为他们的需求发生了变化。他们也同样觉得了解国会不是很重要。

表 7-4　　　　　　　　监察长的工作性质（按级划分）　　　　　　单位:%

变量[a]	1979 级[b]	1981 级[b]	1985 级[b]
平均每周工作时间			
少于 51（小时）	33	33	10
51~60（小时）	33	33	60
超过 60（小时）	33	34	30
监察长所需知识[c]			
审计方法	58	66	50
预算过程	33	78	70
行政部门或独立机构项目	67	72	30
国会运作模式	75	95	70
管理方式	92	89	80
调查方法	58	61	50
管理和预算办公室	67	78	70
组织策略	75	78	40
白宫政策	25	33	30
工作中最困难的方面[d]			
与国会打交道	29	61	60
与媒体打交道	42	33	50
与白宫和管理和预算办公室打交道	23	39	30
掌握预算程序	17	28	30
掌握部门工作程序	25	39	20
掌握项目细节	25	50	20
监察长办公室的组织架构	50	39	20
短期定位	16	28	60
造成困扰的问题[d]			
机构抵制改变	50	61	20
国会干预	25	44	50
人员短缺	58	33	30
缺乏规划时间	17	17	20
媒体关注度	17	11	30
管理和预算办公室的干预	17	28	0
政府决策滞缓	42	61	30
业绩量化统计	8	28	30
政治官员的人事变动	42	33	30
白宫干预	0	6	0
作为监察长的成就感[d]			
作为改变的催化剂	50	61	50

续表

变量[a]	1979级[b]	1981级[b]	1985级[b]
处理挑战性问题	67	39	50
加强政府的公信力	50	28	30
查明舞弊、浪费和滥用职权问题	25	44	40
工作的透明度高	8	6	0
完善关注的项目	16	11	10
提高政府效率	50	72	80
服务于尊贵的总统	0	11	0
服务于部长或局长	17	33	10
与有趣的人共事	17	0	10

注：a. N=28 适用于所有类别。
b. 参见表 7-1 注释 b。
c. 这组数据代表回答者认为这些项目重要或者非常重要。对于"管理方式"，1979 级的 58%，1981 级中的 39%，和 1985 级中的 20% 的人认为非常重要。对于"国会的工作模式"，1979 级中的 25%，1981 级中的 67%，和 1985 级中的 40% 的人认为非常重要。
d. 数据代表提及该项内容的人员比例。调查对象给出的答案可能不止一个。

监察长们在"工作中最困难的方面"也各有不同。在"掌握项目细节"和"监察长办公室组织架构"方面困难不大，但是"与国会打交道"是大家共同的难题。他们还把国会干预作为最大困扰。

决策滞缓和机构抵制变化并没有给 1985 级的监察长带来很大困扰。更重要的是，他们认为华盛顿政治的短期定位是个问题，这点与前任不同。

具有讽刺意味的是，监察长们为追求业绩量化而增加了短期压力。遗憾的是，即便国会和管理和预算办公室在 1980 年和 1988 年之间划拨给监察长办公室的资金翻了一番，这两个部门还是无法寻到资金来建立一个综合财务管理体制，以取代大约 400 个监察长发现了很多问题的、过时的、不协调的机构。尽管监察长办公室不喜欢这种取舍，但是预算的压力使他们也别无选择。

1985 级的监察长是一种理想的模式，他们可能最好地体现了这十年间监察长办公室逐步与管理和预算办公室结盟的过渡。根据表 7-4 的数据，虽然许多人对"处理有挑战性的问题"和"是促进改变的催化剂"表现出浓厚兴趣，但是监察长"提高政府效率"的愿望也在不断加强。总体来说，监察长从"外部"定位——即，加强政府的公信力、把行政部门作为报告的主要汇报对象、不太担心国会和媒体的干预——转向"内部"视角——即,提高效率、把本部门和机构作为报告的主要汇报对象、更加担心国会和媒体的干预。

微调

虽然监察长办公室在制度化建设的道路上成绩卓著,但是其理念的演变依然没有结束。还没有设立监察长办公室的部门有:两个内阁成员(司法部和财政部),几个主要的独立机构(联邦应急管理局(Federal Emergency Management Agency)、核管理委员会(Nuclear Regulatory Commission)、中央情报局、人事管理办公室),还有一大批小机构、半独立企业以及独立委员会。根据审计总署在参议院政府事务委员会提供的证据,1988年,99个联邦实体——有大、有小,有的还在人们的视线内、有的已被遗忘——还没有受益于法定监察长制度。尽管参议院不希望产生99个总统任命的监察长(因为他们需要对所有的任命进行讨论批准),但是参众两院都同意,33家预算超过1亿美元的单位或者独立委员会应该纳入监察长办公室的工作范围。

还需要对监察长体制进行其他方面的改良。双重工资结构一直没有定下来。在卫生及公共服务部的副监察长仍然是总统任命、参议院批准的;关于监察长是否有权任命本部门人员为高级行政官的问题一直纠缠不清;审计调查报告和预算依然存在问题。

有人认为,国会只喜欢做锦上添花的事情。因为监察长办公室运行比较顺利,扩大监察长理念的外延似乎顺理成章。因此,随着《1978年监察长法案》生效10周年之际,国会准备对此进行修订。杰克·布鲁克斯领导的众议院政府工作委员会与民主党的参议院合作了6年,将与民主党的艾奥瓦州议员约翰·格伦领导的新的参议院政府事务委员会共同制订一个确保全面改革计划通过的详细方案。

争取司法部

监察长制度面临的最大挑战是在司法部设立监察长办公室。在参议院,司法委员会(Judiciary Committee)前主任,斯特罗姆·瑟蒙德(Strom Thurmond)一直反对监察长办公室的改革立法。因为瑟蒙德表示会坚决"控制"

这类立法，所以两个委员会的成员都同意司法部的监察长办公室要从众议院产生[2]。格伦和参议院政府事务委员会要制定一个在财政部设立监察长办公室的提案，这在众议院还是个问题。虽然存在着过分简单化的风险，但是，关于在司法部设立监察长办公室的提案，参议院要让权于众议院，而关于在财政部设立监察长办公室的提案，众议院则要让权于参议院。

然而，司法部不愿意在这个问题上做出让步，明确反对 H. R. 4054，即布鲁克斯版本的《1988 年监察长法案修正案》（Inspector General Act Amendment of 1988）。司法部对监察长制度提出了一系列其长期持有的反对观点，而对在司法部设立监察长办公室则提出了具体的反对意见。众议院政府工作委员会并不为之所动，这点不足为怪。虽然在司法部设立监察长办公室的立法四次得以通过，而每次都被共和党的参议院置之不理，但是委员会依然毫不动摇。设立监察长办公室是不可避免的。正如委员会关于在司法部成立监察长办公室的最终报告中简要陈述的那样：

> 司法部提出的宪法问题指向的是 1978 年法案中的条款，包括关于在当时的卫生部（Department of Health）、教育部、保障部（Department of Welfare）和能源部（Department of Energy）设立监察长办公室的法案。这些意见在这些法律通过之前就上报国会了，但是没有被接纳。另外，总统签署了包含这些存疑条款的法律文件，委员会是不会在法庭上推翻的"。[3]

130　　国会确实给司法部做出重要让步：职业责任办公室（Office of Professional Responsibility）不受监察长办公室的监管，这个办公室主要负责对美国联邦检察官办公室的指控进行调查。虽然这个代价比较大，特别是职业责任办公室自此卷入了关于其调查独立性的争议，但是反对这种妥协的人也没有更好的选择。[4]

小变化

一旦司法部同意了，1988 年法案修订的其他事项都就绪了。格伦将在核管理委员会和财政部设立监察长办公室，布鲁克斯在司法部设立监察长办公室。主管级别为 5 级的监察长将提升为 4 级，监察长办公室还将有自己的拨款账户。修正案的最终结果是增强了监察长办公室在稀有资源上的竞争力，特别是资金和人力方面，同时扩大了其审计调查报告的潜在读者对象。为达到此目的而发生的另外两个变化也值得一提。

报告。在过去十年中，审计调查报告形式不统一，行话满篇，国会认为有必要对报告的结构和内容进行规范，于是出台了一个《关于确保报告的一致性和可靠性的规定》（provisions to Ensure Uniformity and Reliability of Reports）。尽管监察长后来抱怨这个规定对报告的要求错综复杂，但是半年报中那一系列毫无意义的数据反过来证明了这个规定是有根据的。报告中充斥着大量的数以亿计的索赔款，基本的专业用语不一致，每个监察长都有各自撰写报告的格式。结果，跨部门、跨单位比较也无法实现。现在，根据规定要求，监察长只要在管理不善的"问题成本"和"不支持成本"选项下添加数据，对每个"有特别意义的报告"进行归纳总结，总结每个"尚未做出处理决定"的审计报告，列表显示所有建议的执行状况，以及与处理不一致的情况。[5]

然而，国会在加强监察长报告的基本预警功能上难以有所作为，这在住房与城市发展部的丑闻中得到充分证明。无法强制性要求报告使用简单直接的语言。虽然监察长因其报告风格而备受指责——一个国会工作人员曾说，"监察长的报告可以使得独立战争黯然失色"——但是，也没有证据表明，大多数国会议员对才华横溢的文本更有兴趣。

小机构。1988 年的修正版也把监察长制度延伸至 39 个小机构。[6] "小机构"一词涵盖很广，包括有着 80 万员工的美国邮政总局（U. S. Postal Service）。当然，大部分的机构确实很小，比如，国际广播委员会（Board of International Broadcasting）只有 17 个员工，联邦海事委员会（Federal Maritime Commission）225 人，联邦选举委员会（Federal Election Commission）243 人。因为这些机构的监察长办公室一般只有 1～2 个专业人员加一个文书，该机构的负责人可以根据适用法规选择本单位的监察长。这个职位不是总统任命的，所以参议院也不必进行投票批准。

为保护起见，法案明令禁止机构负责人干涉监察长开展工作，如果要解雇监察长，负责人必须向国会参众两院报告原因。然而，由于不是参院批准的，意味着这些小机构的监察长与主管级的同行不一样，他们大部分是职场人员，许多人可能一辈子埋没在小机构里，不为国会和白宫所知。另外，小机构的监察长办公室没有单设的拨款账户，也不需要设立副监察长主管审计或主管调查。

不管怎样，小机构的监察长也称作监察长。参众两院确信，通过保留这个头衔，不管规模大小，他们可以取得同样的成功。参众两院也希望，人们对小机构监察长的负面看法不会对参院任命的监察长产生不利影响。

进入布什时代

1988年修正案获得通过，所以需要对第一批进入司法部和财政部的监察长进行提名和批准，需要雇佣33个小机构的监察长，每份监察长的报告都必须格式化。然而，就像在1980年那样，没有任何迹象表明，关于监察长制度的争议即将开始。

布什宣誓就职后数月，监察长就卷入了一系列的麻烦事：权限问题，关注度问题，还有内部丑闻。至今都不明白到底哪里出了问题，可能与以下原因有关吧：1988年的总统大选和新政府的成立，工作量的增加，1989年初住房与城市发展部丑闻的出现，每届新政府都有自己工作的优先顺序。里根时期，监察长积极参与了反浪费的战役，而新政府要设法与其前任摆脱干系，在这种情况下，监察长也为此付出代价。

不管是什么原因，在布什政府的第一年，曾经受到保护的监察长办公室受到来自四方面的冲击：（1）在落实设立小机构监察长办公室的法规条款时出现许多小问题；（2）管理和预算办公室领导层更迭造成了混乱；（3）司法部全面竭力限制监察长的权限；（4）来自参议院政府事务委员会分会的攻击。

小机构问题

在1988年所发生的众多变化中，对于总统任命的监察长来说，最令人头疼的要数33个小机构监察长了。这些小机构监察长与与总统任命的监察长名称相同，但是拥有的资源不一样，法定权利也不一样。小机构监察长没有单独的拨款账户、没有人员准入门槛、没有参议院的批准，所以这些缺乏经验的监察长得不到保护，其结果是发展很不平衡。

许多小机构监察长办公室没有什么工作人员，另一些则是起步阶段就遇到一连串的尴尬。除了邮政总局以外，规模小也让小机构监察长很痛苦。另外，根据对小机构的调查，新任监察长面临着资源匮乏和基本工作保障不足的严重问题，这些问题可能会分散国会的精力，使其无暇顾及大机构的需求。[7]有的监察长没有办公地点，有的没有电话和办公家具。

然而，不是所有的问题都是小问题。比如，政府印刷局（Government Printing Office）拥有5000员工，十亿美元的收入和十亿美元的合同，显然需要设立监察长办公室。尽管新设立的监察长办公室在启动初期遇到一些困难，但是到1990年已经拥有42个全职工作人员，常规工作似乎进展得很顺利，然而，此时印刷局局长罗伯特·霍克（Robert Houk）却通知国会，他要解雇现任监察长。他只说，"坐在这个位置的监察长要直接向印刷局局长报告，负责对机构的管理效率以及其他敏感的重要事项进行分析和提出建议，所以我决定任命一个我选择的候选人[8]"。根据小机构条款，他的做法是合法的。

国会山上的监察长制度倡导者本来不打算对霍克的做法提出异议，但是霍克还要清除42个岗位中的20个，任命一个缺少经验的前警察教官担任监察长，而这个教官从1984~1990年一直是联邦调查局与白宫人事办公室的联络员。随着新任监察长的到来，问题立即出现了：

6月27日，政府印刷局人事部门开始对监察长办公室所有的审计岗位进行分类审查，确定哪些岗位可以降级；

7月3日，新任监察长变更了审计主任的头衔，从副助理监察官改为监督审计人员；

7月11日，提出削减监察长办公室人员，从42个全职人员削减为22个，新任监察长同意了；

7月20日，监察长向其员工报告说，他没有人事决策控制权，因为他担任这项工作的时间不够长，没有理由质疑印刷局局长的智慧；

7月23日，根据公务员规定，政府印刷局的其他部门开始录用监察长办公室在裁员中被解雇的人员；

8月1日，众议院政府工作委员会和参议院政府事务委员会的主席和高级委员给众议院和参议院立法部门拨款小组委员会（House and Senate Legislative Branch Appropriation subcommittees）致信，要求设立单独预算以支持在政府印刷局的 42 个岗位。

发生在政府印刷局的情况，是在说服小机构接受设立准独立的监察长制度的过程中遭遇的困难，更表明国会应该从不厌其烦地保护小机构监察长的努力中吸取教训。不管监察长制度向小机构延伸有什么价值，格伦和他的团队不得不扮演消防队员的角色，从一场火灾奔向另一场火灾，投入大量的时间和精力，而这些时间和精力本来可以用来保护大机构的监察长，使其免遭更大的困难和挑战。

不确定的同盟者

布什就任总统后不久，监察长的辉煌岁月终结了。监察长再也不是白宫人事工作中的首要问题，显然也不是管理和预算办公室重点考虑的事项。

尽管司法部和财政部迅速成立了本部门的监察长办公室，但是白宫迟迟不任命监察长。财政部的监察长职位空缺 9 个月，而司法部的则空缺一年多。空缺的不仅仅是这两家。截至 1990 年 3 月，布什上台一年多，由总统任命的 26 个监察长中的 5 个依然没有提名人选——中央情报局、联邦应急管理局、劳工部、交通部和退伍军人事务部。另外 3 个虽有提名——农业部、司法部和重组信托公司（Resolution Trust Corporation）——但是提名在参议院被搁置了。

更重要的是，尽管参众两院竭力推进监察长的再任命工作，现任的监察长在这段时间却处于过渡和不稳定状态：他们既没有被解雇，也没有被雇佣。布什政府告诉他们将来可被再任命，但是不会被再提名。1989 年 9 月，谢尔曼·芬克在参议院政府事务委员会上说："如果当时这项工作进展快些，今天就不会出现这些问题了。但是当时进展并不快，这个过程持续了好几个月。我不得不说，你懂的，任命的过程对每个人来说都是缓慢而煎熬的，不仅仅是监察长有这种感觉。但是监察长的处境很可笑，感觉像被人严密监视似的，很多人觉得这种情况使他们的生活变得很艰难"。[10]

不管是什么原因，这个延期任命传递了一个信息。由于再任命迟迟不宣布，监察长的信心在缓慢但持续地丧失，布朗是这样描述的：

> 开始，大家议论不多，我想所有的监察长都在正常工作。到了3月份，我们得知我们的法律地位正在受到审查，我想这也是对的，因为需要对监察长进行常规审查。然而，每个月在总统廉政与效率委员会上都会重复这个说法，所以监察长开始笼罩着越来越大的不确定性。[11]

监察长也失去了选拔候选人的权利。尽管1989年时非官方的3人选拔小组还在工作，但是影响力微乎其微。比如，退伍军人事务部提名现任福利部总管担任监察长，选拔小组2次驳回这个提名，每次都强烈表示把与本部门内部运作关系如此密切的人调入监察长岗位不合适，但是这个提名2次都上报了。只是在参众两院都对这个提名表示反对时，白宫的态度才软下来。[12]

这些变化也体现在管理和预算办公室的新政中。副主任威廉·迪芬德弗（William Diefenderfer III）上任比较晚，他对行政管理或监察长工作不像两个前任乔·怀特和埃德温·哈珀（Ed Harper）那样感兴趣。虽然新上任的负责管理工作的助理副主任弗兰克·霍德索尔（Frank Hodsoll）支持监察长工作，但他还是国家安全项目的预算主任，有双重责任，两边忙，也缺少副主任的影响力。迪芬德弗主要忙于预算政策工作，霍德索尔手中没有资源，而国会重新控制了监察长任命程序，所以也没人为监察长说话。

布什上台不久，其他惯例也轻而易举地打破了，这也许是十年扩张的必然结果。随着总统任命监察长数量的攀升——1976年是1名，到了1978年是16名，而1989年则是26名——之前极其不寻常的选拔程序必然会受到考验。然而，缺少了来自管理和预算办公室的压力，白宫开始把监察长任命工作视同其他任命，给部长和行政长官更大的发言权，考虑到政治党派的需求，偶尔也允许差额选举。

就像一位曾经供职于里根和布什政府的监察长说的那样：

> 我们都预计到鼎盛时期将会过去。我们在乔·怀特时期很受宠，这肯定是要改变的。然而，白宫让机构自己选择监察长是对监察长法的伤害和违背。这是第一波攻击，也许是那些在乔·怀特任期无法开展攻击的人的自然之举。怀特形成了这样一个理念，即攻击监察长制度就是攻击管理和预算办公室主任和总统。

权限问题

如果不是有人提出关于监察长制度运作这样一个更严肃的问题，之前提到的小机构困难和管理和预算办公室掌门人的变动都微不足道。有人提出，监察长是否有权开展那些显而易见的调查活动？由司法部法律顾问办公室提出的这个问题引发了对早已解决的监察长问题的重新讨论。然而，这一次国会中支持新设监察长办公室的人寥寥无几，管理和预算办公室又是一个不确定的同盟者，所以司法部副监察长道格拉斯·克密科（Douglas Kmiec）1989年对此问题的回答就显得非常突出。

点火。对"克密科备忘录"（Kmiec memo）的争论起因于差不多两年前发生在劳工部的一个孤立事件。当时劳工部的监察长 J·布莱恩·海兰德（J. Brian Hyland）正打着监察长办公室旗号加强部门的刑事调查工作。尽管劳工部的许多部门都有权处理刑事申诉，但是这些部门要么工作负担过重，要么人员缺少必要的训练，或者两者兼而有之。

因此，当海兰德提出把刑事调查工作移交到监察长办公室时，并没有遇到什么阻力。养老金与福利管理局（Pension Welfare Benefits Administration, PWBA）负责监管 90 万人的私人退休计划，好像对这种移交很赞成，1987 年 1 月养老金与福利管理局的一份备忘录也支持这项工作：

> 众所周知，养老金与福利管理局根据《雇员退休收入保障法》（Employee Retirement Income Security Act, ERISA）的规定，肩负着很大的民事调查责任。如果正在讨论的这个问题可行的话，将允许我们根据最近颁布的执行战略实施计划，把我们所有可使用的资源集中于民事信托调查。我们无法预见，养老金与福利管理局还有什么资源可用于协助履行根据《1984 年综合犯罪控制法案》（Comprehensire Crime Control Act of 1984）或其他之前颁布的立法所规定的刑事调查职责。[13]

这就是说，如果监察长办公室想要开展养老金与福利管理局的刑事调查活动，那更好。职业安全与卫生管理局（Occupational Safety and Health Administration）和就业标准管理局工资和工时司（Wage and Hour Division of the Employment Standards Administration）对这种移交也同样感兴趣。

授权问题实际上是立法旨意问题。如果国会想让监察长办公室处理养老金与福利管理局的刑事调查，国会应该在法令中说明。实际上，这个项目操作职责是明确分配给养老金与福利管理局的。如果国会打算让监察长办公室承担这个项目操作职责的话，它就不会在1978年法案的第9条（a）款（2）项中禁止把任何"项目操作职责"移交给监察长办公室。

养老金与福利管理局是否有能力处理其刑事案件？从来没有人考虑过这个问题。没有人怀疑要有人来承担劳工部的这项工作，或者怀疑监察长办公室高超的调查能力。问题是，监察长办公室是否有权承担分配给其他单位的长期的调查责任：养老金与福利管理局、职业安全与卫生管理局、工资与工时司的刑事调查是否具备项目操作的功能？因此，是否可以成为监察长办公室宽泛职责的特例？国会显然不希望监察长办公室从事提供基本项目服务的业务，比如，给职业安全与卫生管理局授权许可。国会是否还禁止监察长办公室从事关于提供项目服务的刑事申诉的调查则不清楚。

这个争论导致劳工部向法律顾问办公室正式提出请求，请他们对此给出意见。这件事反映了其内部政治的两个特性。

一是，海兰德和劳工部律师乔治·塞勒姆（George Salem）之间的隔阂。两位在临时出任里根时期的劳工部律师时就合不来，具体原因尚不知晓。如果不诉诸法律顾问办公室进行干预，这个争论本来是可以解决的。

二是涉及地盘问题。在任何机构，不论规模大小都存在这个问题。受到以上事件的启发，养老金与福利管理局、职业安全与卫生管理办公室和工资与工时司都努力夺回其失去的地盘，即使他们对处理刑事案件的兴趣和能力并不比6个月前他们全力支持海兰德的想法时更高。

关于一个案例的意见？ 在里根政府的最后阶段，如果没有来自管理和预算办公室或部长的干涉，法律顾问办公室的法律学者肯定会解决这个问题的。然而，法律顾问办公室起初似乎对此事热情不足。1988年9月23日，劳工部请法律顾问办公室就一个具体争端的事例给出意见，后者则把这个案例变成了一个单独的问题。

负责律师在12月回复说，"之所以现在没有向你们提出法律问题，既不是因为对于任何特定的调查持有不同意见，也不是这个不同意见导致的。我们监察长办公室拥有对违反劳工部所颁发和执行的法令进行调查的一般权利"。[14]为了在一个更大范围内解决这个问题,律师请法律顾问办公室不仅把这个意见指向劳工部的监察长,而且应该针对监察长这个制度。

没有人知道法律顾问办公室为何这么坚持己见,其实把这个争论留给新任劳工部部长和她的团队会很简单。但是当司法部被违反其意愿设立了监察长办公室时,这个意见出台了,这不仅使人想到其中的间接联系。正如格伦议员在1990年4月说的那样:

> 为什么是现在?为什么在监察长出色工作12年以后,在出现了成千上万的对司法部的起诉之后,司法部开始行动了?为什么是现在?为什么在监察长出色工作12年之后,开始限制他们继续工作下去呢?
>
> 嗯,我对那个问题无法给出权威性的回答,但是在我看来,确实是个奇怪的巧合,在监察长法案的职权范围延伸到司法部时,司法部开始强烈反击了,司法部坚决反抗这个延伸。[15]

法律顾问办公室有关劳工部案例的意见已经不是第一次涉及监察长的权限问题。5年前国务院就提出过关于护照和签证造假的类似问题。1984年,法律顾问办公室对此发表的意见为克密科后来的备忘录奠定了基础。这个意见建议,国会让监察长只开展与其机构有**直接关系**的调查活动,这些活动或与联邦员工有关,或与联邦资金有关。[16] 1984年的意见从未引起媒体的关注,一个原因是因为这个意见仅限于护照和签证作假,另一个原因与下任国务院的监察长芬克有关,据说,芬克是看到克密科在备忘录的脚注里提到这个意见后才知道有这回事。

意图问题。不管当时对1984年的意见是如何处理的,这个意见与1989年的关联难以忽视,因为,这个意见对监察长的调查权限是一记重拳。[17]

这份19页的意见中的第二段是这样总结的:

> 如下所述,我们的结论是,《监察长法案》并没有授权监察长依据劳工部执行的监管法规进行调查。相反的是,国会想让监察长成为一名客观的官员,免于一般的监管职责,从事对雇员和部门运作、签约人、受让人和其他接受联邦政府资金的人进行调查,以根除浪费和舞弊行为。如此这般,监察长在根据监管法规进行调查活动中应起到监管而非直接的作用,他可以调查部门的监管调查行为,而不是实施监管调查本身"。[18]

这就是说，如果这个法令不涉及联邦雇员或资金的话，就是监管性质的，监察长不必关注。

这个意见的依据是1978年法案在立法过程中得出的两个宽泛的结论。第一个结论与国会的意图密切相关：国会不打算让监察长履行长期项目操作职责。监察长提议的合并养老金与福利管理局、职业安全与卫生管理局和工资与工时司的刑事调查活动很容易被解释为操作职责，所以法律顾问办公室对监察长的权限说"不"。在根据国会的意图驳回方丹的各种陈述之后，法律顾问办公室在正式的立法报告中找到一个段落作为根据：

> 监察长直接负责开展与项目操作的效率性和经济性有关的审计和调查工作，直接负责防止和侦察这些项目中的弄虚作假和滥用职权，**但是他们不能把这种审计和调查职责变成这些项目的主要部分**。比如，美国农业部的帕克和畜牧饲养场管理局（USDA's Packers and Stockyards Administration）在监管其牲畜市场过程中开展的审计工作和**劳工部为执行《公平标准劳动法案》而实施的调查活动**。在这种情况下，监察长应该是监督，而不是直接负责。[19]

如果克密科用这段引语结束其意见的话，可能也不会引起这场争论。监察长很可能会从这些限制中找到出路，而这个意见也可能和1984年的意见一样被这些行政部门束之高阁。遗憾的是，这个意见的第二部分引起了更加广泛的关注。根据备忘录，国会只让监察长调查那些与联邦员工和联邦资金有关的活动，而不是调查那些涉及监管立法的。

这里，克密科重点引用了1978年法案在立法过程中发生的一个事件。这个法案的参议院版本包含了对审计和调查的详细定义。根据法律顾问办公室的说法，参议院删除了这些定义，认为是"多余的语言"，从而证明了国会不希望监察长工作涉及面太广。然而，事实却是相反。国会删除这段话是因为他们认为这个定义太窄了，表达了国会想尽可能扩大监察长办公室调查范围的意图。

据回忆，国会还禁止任何官员干涉监察长的审计或者调查工作。最后，法案明确使用"与项目和机构运作有关"的字眼描述监察长的职责，不仅"在本部门"或"仅仅涉及本部门的资金或雇员"。国会选择用词表明了要给监察长工作空间的意图。

收拾残局。不管法律顾问办公室的备忘录是不是有缺陷，它还是在监察长队伍造成很大混乱。詹姆斯·诺顿写了一份24页、单倍行距的逐条反驳材料，结尾是98条脚注。诺顿对这个意见的分析是这样开头的：

> 法律顾问办公室备忘录的作者不缺少自信，不缺少想象力，极其愿意阐述其厚颜无耻的影响深远的结论。尽管有这些特点，也无法弥补他们对事实的匮乏和对所谈事项的无知。[20]

正如诺顿所言，备忘录对监察长调查范围的打击并不算严重。"任何监察长如果不知道如何调查需要调查的事情，包括调查违反监管立法的行为，就太迟钝了，不配当监察官"。[21]意见本身可以忽略。法律顾问办公室没有执法权，所以意见只是个意见而已。

然而，问题不是法律顾问办公室的意见是否可实施，而是监察长是否能够无视这种显而易见的攻击，大家普遍认为这是反监察长运动的开始。所以，即使在意见发布之前，海兰德在他1989年3月31日的半年报第一页就着重强调了这种状况：

> 我担心监察长办公室正在经历着某种重大的变故，预示着审计和调查工作前景不妙。原来劳工部的上层是鼓励加速合作的，但是现在我们提出的请他们提供信息和协助的请求常常遭到长时间的拖延。现在，关于监察长办公室的权限问题、澄清事实的请求、请检察官或司法部给出意见或裁决的请求，其他诸如此类的行为照例会影响到审计和调查活动，因为这些审计和调查活动不符合某些部门官员目前对监察长办公室权限的狭隘看法。[22]

监察长们还列举了一长串的这个意见对正在进行的调查活动所产生的影响。第二年在参议院政府事务委员会作证时，库斯罗（卫生及公共服务部）、理查兹（内政部）、芬克（国务院）列举了一个又一个在反对弄虚作假的战争中遭受挫折的例子。格伦和理查兹还用半开玩笑的口吻说到对公章、标识、信笺的滥用：

> 理查兹先生：另一个领域是，简单地说，这些年我们很多人都处理

过这些案例,就是非法使用标识、信笺。有一个案例,有人模仿宇航员。

格伦主席:这块儿的情况现在更加糟糕了。

理查兹先生:是的。为了吸引机构给他付钱去演讲。当然,这与机构员工或者不当使用资金没有关系,但是这个机构求助于监察长办公室去调查此事。这种事情我们是出于本能去做的,而机构也是出于本能来求助我们的。[23]

然而,诺顿之前关于这个意见会有长期影响的结论似乎是有根据的。大部分的调查工作还是一如既往地继续开展,没有哪个调查人员下岗了。最好的做法就是把这个意见当作一个失常情况对待,其实监察长办公室还拥有很多其他权限,包括《项目欺诈与民事补救法案》所规定的权限,调查在听证会上提到的问题。尽管《项目欺诈与民事补救法案》把制裁限定在行政处罚上,但是监察长可以把根据法令调查的案例提交给下一步的刑事诉讼。

终局。不管这个意见对真正的调查工作产生什么影响,作为官僚争斗中运用的工具,法律顾问办公室的意见还是造成了损失。克密科的备忘录促使卫生及公共服务部部长暂停了监察长对食品药品监督管理局批准基因药物的调查工作。开始时,库斯罗的调查团队把调查工作局限在调查有关食品药品监督管理局官员彻底腐败的案例上,一些生产商为了使自己的产品获得批准就拉拢腐蚀这些官员。根据《食品药品和化妆品法案》(Food, Drug, and Cosmetic Act)的调查授权,部长给予调查团队广泛授权,所以调查工作全面展开了。库斯罗说:

"我们开始发现,有些公司根本不需要贿赂官员,事实是,他们可以通过自己的犯罪行为来获益,比如,在申请中伪造数据,编造产品功能的虚假证明,甚至使用替代品,实际上犯了弄虚作假罪,最终不必用违法手段拖这些官员下水,因为这些官员很好糊弄"。[24]

在某些方面,调查工作延伸至联邦政府的每一个官员和每一块美元,触及到一些与政府不直接关联的方面。在库斯罗看来,在食品药品监督管理局看到法律顾问办公室的意见收回自己的领地之前,事情一直进展顺利。在司法部的压力下,卫生及公共服务部部长在1990年初收回了他的调查授权,库斯罗也被撤走了。

事情的反转顺应了"卫生及公共服务部的总法律顾问办公室那些心怀不满的律师们的心意",众议院能源和商务监督调查小组委员会（House Energy and Commerce Subcommittee on Oversight and Investigations）在之后的题为"赤裸裸的反转"报告中是这样总结的,"最终的结果是让食品药品监督管理局再次受到同样的欺骗,这种欺骗一直在威胁着国家基因药品的供应"。[25]

特别有意思的是,管理和预算办公室不能或者不愿意解决这个争端。弗兰克·霍德索尔助理副主任1989年12月1日在白宫遇到各路对手时,并没有在这个问题上与他们达成一致意见。管理和预算办公室的副主任是不是可以做得更好些,不得而知。然而,霍德索尔是行政5级的管理和预算办公室中的三级官员,他无法说服行政2级的卫生及公共服务部的副部长、行政4级的总法律顾问、行政4级的监察长和行政1级的劳工部的办公厅主任解决他们之间的分歧,不足为奇。

最终,救火的任务落在了格伦和他领导的政府事务委员会肩上。当格伦1990年5月10日抛出S. 2608号提案时,这个争论达到危急关头。这个提案赋予每个监察长"处理以下问题的权限——（1）确定对与单位所管理、执行、资助和指导的项目和运作有关的人员、性质、范围和目的的审计和调查;（2）确定监察长办公室执行这些审计和调查活动的权限"。简言之,赋予监察长确定自己边际的权限。

这个提案有12个倡议者,但是政府事务委员会中极端的共和党人威廉·罗思,反对这个提案,公开支持法律顾问办公室意见中的主要观点。

这出由法律权限引起的闹剧不是通过立法,而是通过一个偶然事件了结的。巴尔（Barr）被提名为副检察长。由于这个提名在参议院的司法委员会一直悬而未决,所以格伦想控制对这个提名的进一步考虑,在法律顾问办公室的问题解决之后再采取行动。不到两周时间,巴尔苦思冥想出一个妥协方案。只要这些调查活动与机构项目和运作有关,监察长不仅可以开展刑事及其他方面的调查,而且也有权在下列情况下"对非机构雇员的、没有接受联邦资金的个人和实体"进行刑事及其他调查:

1. 当怀疑有外部人员与机构雇员或接受机构资金的人共谋勾结时;
2. 当监察长根据《项目欺诈与民事补救法》对外部人员进行调查,

并可能根据该法案实施行政处罚时;

3. 在申请联邦津贴或者在向机构支付资金或财产的有关文件中,外部人员提交、或试图提交、或造成、或密谋提交弄虚作假的声明,意图故意误导机构的雇员或官员,或欺骗机构……[26]

除此之外,巴尔的修改还允许监察长开展对监管法令的"抽查",至于"抽查"是什么意思,由未来的监察长自己去思考断定。

监察长队伍中有些人认为,巴尔的妥协空洞,无价值,因为巴尔并没有终止法律顾问办公室对原法令的狭隘解读。然而,考虑到当时的政治形势,为避免发动一场格伦打不赢的立法战争,特别是避免政府事务委员会关于这个问题形成两派,巴尔的提议是对这两年内讧的最佳解决方案。两周后,巴尔提名通过了。[27]

监察长办公室丑闻

这场冲突的最后一章起因于格伦领导的参议院政府事务委员会的一个分会,田纳西民主党参议员詹姆斯·萨瑟(James Sasser)领导的总务、联邦事务和哥伦比亚地区小组委员会的工作人员撰写了一份报告。尽管这份报告没有根据规定由分会或者全体委员会发布或者通过,但还是让《华盛顿邮报》拿到了。《邮报》在1990年9月15日发表了题为《看守看门狗》[28]的社论。

引起小组委员会关注的是对监察长在保护举报人时有不法行为的指控,后来证明大部分的指控都没有根据。该报告显示:

人们经常听到,且得到证实的指控是,监察长:

• 通常在没有根据法律要求首先征得举报人同意的情况下,泄露了举报人的机密身份。对于这种违法行为,目前还没有刑事处罚的条款或者民事补救办法。

• 没有对那些重大案件进行调查,即使调查了,也不够彻底、到位,或者只是粉饰调查报告。

• 伪造对举报人的调查,显然是试图恐吓他们或者怀疑他们,或者为了杀鸡给猴看。[29]

工作人员关于改革的建议并不都是反对监察长制度的,不过总体来说,报告中的指控非常糟糕。如同克密科的备忘录一样，萨瑟员工的报告产生的影响远比其实质内容更为严重。格伦别无选择只好启动全体委员会调查，这意味着清理监察长队伍的工作又要后延了。

这个报告也对格伦保护监察长制度的能力提出质疑。布鲁克斯1989年从政府事务委员会主席调任司法委员会主席，他的继任者约翰·科尼尔斯（John Conyers，民主党人，密歇根州）1989年大部分时间都在为争当底特律市长做无用功，分散了很多时间和精力，所以监察长的领导权就落在格伦的肩上。格伦是两院中尚在领导岗位上的最资深的监察长制度的支持者，但是他满脑子考虑的尽是参议院道德委员会（Senate Ethics Committee）对他的调查，这个调查最终免除了对他偏袒查尔斯·基廷（Charles Keating）以换取后者为他竞选捐赠的指控，查尔斯·基廷是林肯储蓄贷款协会（Lincoln Savings and Loan）前主席。另外，这份报告来自格伦领导的委员会的分会，这肯定会让监察长怀疑，他们还能向谁求助？如果不是被迫开展全体委员会调查的格伦，如果不是仍困惑于谁对监察长负责的管理和预算办公室，那么是谁？

结论：不确定的未来

在布什政府头几年，监察长工作集中在高度个性化的合规性监控上。不管克密科备忘录提到的问题是否澄清了，监察长很明白，他们调查范围的扩大会受到司法部的严密监控，特别是在怀特离开了管理和预算办公室之后。的确，怀特的离任为这次冲突创造了条件。因为布什政府试图与里根政府划清界限，所以监察长不再是首要工作。里根时期一直在训练监察长与铺张浪费作战，现在无仗可打。政府弄虚作假的问题存在已久，国会和媒体也不再感兴趣，储贷危机以及其他丑闻成为关注的焦点[30]。

监察长工作从总统的管理议程中删除了，但是增加了项目评估工作。管理和预算办公室对项目评估更感兴趣，向政府各部门发出了项目更新的号召。这个号召包含在1992财政年度预算中的"提高投资回报"部分。这部分根本没有提及监察长："政府支持更严格的评估系统和持续投资——以协助行政部门和国会进行规划、监测和评估方案结果，以及确定未来的方案需求"。[31]

应邀参与评估与具有评估能力是不同的。有些监察长已经培养了这方面的能力。没有一个人愿意放弃合规性监控这个重点，有些在评估方面能力突出的监察长也是最想扩大执法权限的人。但是，评估正在成为一个新生的、刚刚运输的生产线，在这条生产线上，监察长更可能产出对绩效和能力建设的监管，也更有价值。

第四部分　问责制度的构建

第八章
向调查过渡

在落实《监察长法案》的组织创新中,最大的挑战是把审计人员和调查人员整合成统一的队伍。这两种职业语言不同、节奏不同、目标也不同。[1]内政部监察长詹姆斯·理查兹写道:"审计是针对项目和运作的,具有一般性;调查是针对铺张浪费、弄虚作假和滥用职权的指控,具有特定性"。[2]

更重要的是,两者的工作关系也有差异,审计人员和调查人员在雇佣时属于不同的人事分类,所以他们的工资和福利待遇也不同,有些审计人员认为这很不公平。由于调查人员的工作有时具有危险性,所以他们有特别津贴和退休金,还可以在加班时使用公家车辆。尽管加班使用车辆是微不足道的小事,并且车辆也不豪华,但这是一种特权。

这两种职业的办公环境也不尽相同。比如,卫生及公共服务部的监察长办公室在旧金山地区有一办事处,审计人员的办公室就是常规的政府办公室:绿色的、旧家具、百叶窗、日光灯;而调查人员的办公室是现代化的小办公室,有部门徽章的装饰图案,个人徽章挂在口袋上,大一些的徽章镶嵌在墙上,每个墙角都竖着旗帜。

如此这般比较两者的区别有过于简单化之嫌。其实他们双方是互相竞争的,这也就是为什么现在越来越强调合规性监管和业绩量化。如果这两个职业还像《监察长法案》颁布之前那样分属不同部门,他们可能不会轻易地相信加强节约、加大处罚的必要性。他们在内部相互较量,争夺资源,这可能也是一个普遍现象,所以双方可能都忽视了监察长更广泛的使命。

审计人员和调查人员

有人在成为监察长之前是审计人员,有人是调查人员。监察长职业背景的差别也体现在其领导的部门员工在工作态度和价值观方面的不同,下面将会谈到。有迹象表明,调查人员的增加以及他们所从事的工作将会影响到监察长办公室的未来发展。监察长不同的职业背景为各自部门引入不同的工作方法,为工作报告寻找不同的读者,树立不同的工作目标,成就感也各不相同。

考虑到审计人员和调查人员的职业背景,这些差异不足为怪。审计人员在初次任命时年龄较大,在联邦政府工作的经验更加丰富,但是学历不是太高(见表8-1和表8-2)。

表8-1　监察长办公室人员基本情况统计(按职业划分)　　单位:%

变量	审计人员[a]	调查人员[a]
初次任职年龄[b]		
50岁以下	8	20
50~60岁	47	42
61~70岁	50	33
性别[c]		
女	8	19
男	92	81
种族[c]		
非白人	8	6
白人	92	94
最高学历[c]		
学士	50	25
法学硕士	8	33
硕士	42	38
博士	0	6
本科毕业院校[c]		
常春藤盟校	0	6
私立大学	67	50
公立大学	33	44

续表

变量	审计人员[a]	调查人员[a]
本科专业[c]		
财经、会计、商务	75	25
人文学科	8	13
司法	8	38
政治学	8	25

注：a. 数据来源于12个审计人员和16个调查人员的回答。有些人没有回答所有的问题，由于四舍五入，总数可能不是100。

b. N = 27。

c. N = 28。

资料来源：数据来自对监察长的邮件调查。"审计人员"包括那些认为自己的职业主要是从事"审计""财务管理""预算""会计"和一般的"行政管理"的人。"调查人员"包括那些认为自己的职业主要是从事"司法""调查"和一般的"法律工作"的人。监察长办公室中35%的属于"审计人员"范畴，49%是"调查人员"范畴，16%从事项目管理或评估工作。

表8-2　　　　监察长办公室人员背景及观点（按职业划分）　　　单位：%

变量	审计人员[a]	调查人员[a]
行政部门供职年限[b]		
不足10年	0	13
10~20年	25	44
21~30年	50	19
30年以上	25	25
曾任职部门[b]		
行政部门	83	81
其他	17	19
曾供职的联邦政府机构[c]		
其他机构	50	69
本机构	50	31
内部晋升[d]		
1（有利益冲突）	27	33
2	27	20
3	9	13
4	18	13
5（没有利益冲突）	18	20
对政府浪费的看法[b]		
1（政府非常浪费）	0	0
2	17	13
3	25	13

续表

变量	审计人员[a]	调查人员[a]
4	50	44
5（政府比较高效）	8	31

注：a. 参见表8-1注释a。
b. N = 28。
c. N = 23。
d. N = 26。
资料来源：参见表8-1。

同样值得注意的是，两种职业在工作报告的基本汇报对象和运作方式上有所不同（见表8-3）。调查人员更倾向于认为，他们接管的这个办公室需要彻底整顿，而人员方面则是充足的，不需要增加。两者都对办公室现状不满意，区别不大，这可能反映出大家对政府工作节奏缓慢普遍感到不满。

表8-3　　监察长汇报对象和办公室运行状况（按职业划分）　　单位：%

变量	审计人员[a]	调查人员[a]
就职当日办公室状况[b]		
1（运行顺利）	9	7
2	18	7
3	18	0
4	38	9
5（需要彻底整顿）	46	46
人员需求[c]		
1（人员充足）	0	6
2	33	31
3	17	6
4	8	25
5（严重缺编）	42	31
招聘及保留高层员工的困难[c,b]		
薪水缺乏竞争力	42	56
缺少重组能力	17	6
规章制度不灵活	42	56
缺少适当的培训	25	25
缺乏员工的反馈	25	13
对员工缺少奖励	25	25
关键岗位人事调整	17	44

续表

变量	审计人员[a]	调查人员[a]
审计报告的主要汇报对象[c]		
国会	42	25
媒体	0	13
管理和预算办公室	0	0
项目负责人	8	19
部长或行政长官	50	31
联邦检察官	0	12
调查报告的主要汇报对象[a]		
国会	33	13
媒体	0	19
管理和预算办公室	0	0
项目负责人	8	25
部长或行政长官	25	12
联邦检察官	33	31
引起对报告关注的难度[e]		
1（难度很大）	0	13
2	0	31
3	30	25
4	40	13
5（没有难度）	30	19
为调查人员安排副手的难度[f]		
1（难度很大）	11	8
2	33	8
3	11	8
4	33	54
5（没有难度）	11	23

注：a. 参见表8-1注释a。

b. N=24。

c. N=28。

d. 调查对象给出的答案可能不止一个。

e. N=26。

f. N=21。

资料来源：参见表8-1。

同样地，调查人员认为，他们在引起对调查报告关注方面遇到很大困难，他们请求司法部提供代理服务也遇到困难。因为大多数的监察长办公室缺少全面执法权——即，逮捕、传讯、携带枪支——所以他们通常请求美国法警提供代理服务，但是申请许可的过程漫长且拖沓。

关于工作报告的汇报对象，监察长的职业背景对此影响不大。关于审计报告，42%的审计人员把局外人当作主要汇报对象（国会），而调查人员中的50%把局外人当作主要汇报对象（国会、媒体、律师）。调查报告情况相同：66%的审计人员选择国会和律师，63%的调查人员选择国会、媒体和联邦检察官，都把局外人当作主要的汇报对象。问题是，坏消息是不是都是先传到国会、媒体和联邦检察官那里的呢？有一点很清楚，那就是调查人员比审计人员更倾向于引起外部的关注（媒体）。

其实，倾向于引起媒体关注是有风险的，理查德·库斯罗的案例足以说明这点。1989年理查德·库斯罗接受了美国广播公司（American Broadcasting Company, ABC）记者克里斯·华莱士（Chris Wallace）的采访，险些因此丢了监察长的职位。这个采访刊登在1990年9月20日的《黄金时间直播》（Primetime Live）杂志上，引起了对库斯罗及其调查办公室的指控，指控他们悬赏举报老人医疗保险和医疗补助供应商的舞弊行为。

这个赏金确实存在，按配额以年度绩效奖金的形式发放。如果调查人员发现了一定数量的供应商舞弊案例，他们可获得奖励。在美国广播公司的报道中特别强调这个赏金，由于这个赏金，对卫生保健供应商的制裁每年增加了10%。就其本身而言，这个赏金体制是可以站住脚的。但是，一个叫威廉·迪芬巴赫（William Diefenbach）的纽约"乡村医生"的案例却使库斯罗遭受了担任监察长10年以来的首次媒体危机。

根据总监察长办公室的档案记载，迪芬巴赫因为其不良记录被从老人医疗保险供应商的名册上删除了。在关于赏金案例的电视采访中，库斯罗已经疲惫不堪，他接着又提供了一些信息：

华莱士：你的办公室审查了——

库斯罗先生：是这样的。

华莱士：同行审查组织调查了迪芬巴赫医生——

库斯罗先生：是的，我们审核了材料。

华莱士：你们的裁决是他应该被排除在——踢出——老人医疗保险

和医疗补助行业。

库斯罗先生：有些证据表明，他是个有问题的医生，他滥用药物，所以认为他可能不愿意或者不能够改变他的做法。

华莱士：滥用药物？

库斯罗先生：是的。

华莱士：在哪里？我是说，我必须说，他之前从没有因此而受到指控。

库斯罗先生：这个人是个二流医生。他不属于这个项目的。

华莱士：你知道，我这么问的唯一的原因是——我们回去会核实的，如果有证据——

库斯罗先生：我巴不得你们这么做。肯定有证据的。

华莱士：有滥用药物的证据，这个事情我们绝对——

库斯罗先生：你可以相信我说的。

华莱士：绝对没有想到。

库斯罗先生：相信我说的。[3]

不论是在监察长办公室、还是在医院迪芬巴赫的档案中，都没有滥用药物的记录。华莱士就这个指控询问了迪芬巴赫的夫人：

华莱士：监察长说，你丈夫被踢出政府项目的一个原因是他是个"有问题"的医生，他有滥用药物的问题。

迪芬巴赫夫人：你说的是真的？他是这么说的？

华莱士：是的，他是这么说的。

迪芬巴赫夫人：那个人是，这是个彻头彻尾的谎言，它毁了我们。他最好拿出证据来。

华莱士：（旁白）"黄金时间"要求看监察长的证据。一周以后，库斯罗发来一个声明。他声称，迪芬巴赫是个糟糕的医生，但是他说"在审查了正式档案后，我必须收回我之前关于迪芬巴赫滥用药物的说法。滥用药物问题对这个事件的处理没有任何影响。"库斯罗拒绝了再次采访。

但是迪芬巴赫放弃了证明自己清白的斗争。他的家人说，自从被踢出老人医疗保险项目之后，他逐渐陷入了深深的抑郁之中，再也没有恢复过来。3个月后，他开枪自杀了。[4]

有了美国广播公司的录音记录，美国医学协会（American Medical Association，AMA）联手美国医院协会（American Hospital Assooiation）和39个州医学协会一致要求库斯罗辞职。在美国医学协会提交给卫生及公共服务部部长的联名信中这样写道：

> 尽管1990年9月20日美国广播公司"黄金时间"的直播节目是促使美国医学协会决定要求总统采取行动的直接动因，其实库斯罗在节目中的言行只不过是他们这种行为模式的一个范例。库斯罗先生在任职中表现出来的个人素质导致了他的这种行为，而这种行为引起了成千上万医生的愤怒。库斯罗先生在任监察长的九年中，并没有表现出对他的工作来说必不可少的平衡能力、客观态度和理性判断。起诉工作需要严谨缜密，他却表现得那么随意马虎，在需要适度节制的情况下他却表现得那么狂热激进，在制定统一的、合适的、及时的项目实施指南时，他却表现得那么笨拙无能。综上所述，该监察长没有完成国会制定的关于有效实施老人医疗保险和医疗补助项目的工作目标。[5]

库斯罗之所以能躲过一劫，部分原因是，库斯罗在国会的支持者把美国医学协会的这次行动看作"铁血雄师"之役。然而，这个事件表明，高关注度也是一把双刃剑。公众的关注会使监察长遭受越来越多的来自职业公务员、政治任命官员（出于政治考虑而任命的官员）、国会授权委员会的敌意，如果丑闻涉及神圣的项目则更是如此。

如表8-4所示，由调查人员转行的监察长比他们的审计人员同行具备更明显的外向性。当问到监察长为了成功需要掌握哪些知识时，调查人员更可能提到国会、白宫和组织策略，而审计人员认为掌握调查方法至关重要。关于监察长办公室遇到的困难，调查人员认为最大的挑战来自内部。他们更关注管理知识，这是因为他们缺少在联邦政府的工作经历和缺少行政工作训练。[6]当问到工作中最困难的事情时，与审计人员相比较，调查人员发现处理外部关系比较简单。

表8-4　　　　　　　　　　监察长工作的性质（按职业划分）　　　　　　　　单位:%

变量[a]	审计人员[b]	调查人员[b]
平均工作周数（按小时计）		
少于51周	8	44
51~60周	67	38
超过60周	25	19
监察长所需知识[c]		
审计方法	58	56
预算过程	43	75
行政部门或独立机构项目	58	63
国会的工作模式	52	88
管理方式	67	94
调查方法	75	50
管理和预算办公室	75	75
组织策略	58	75
白宫政策	17	31
工作中最困难的方面[d]		
与国会打交道	92	50
与媒体打交道	58	25
与白宫和管理和预算办公室打交道	42	38
掌握预算程序	8	31
掌握部门工作程序	17	38
掌握项目细节	17	50
监察长办公室的组织构架	33	50
短期定位	25	31
困扰的问题[d]		
机构抵制改变	50	56
国会干预	58	38
人员短缺	33	44
缺乏规划时机	8	6
媒体关注度	33	19
管理和预算办公室的干预	8	25
政府决策滞缓	33	63
业绩量化统计	25	6
政治官员的人事变动	25	50
白宫干预	0	6
作为监察长的成就感[d]		
推进改革	83	44

续表

变量[a]	审计人员[b]	调查人员[b]
处理挑战性问题	33	44
加强政府的公信力	33	50
查明欺骗、浪费、滥用职权	25	63
工作的关注度高	0	6
完善关注的项目	8	6
提高政府效率	50	69
服务于尊贵的总统	8	6
服务于部长或局长	17	13
与有趣的人一起共事	8	6

注：a. N=28 适用于所有类别。

b. 参见表 8-1 注释 a。

c. 这组数据代表了回答者认为这些项目重要或者非常重要的比例。对于"行政部门或独立机构项目"，33% 的审计人员和 18% 的调查人员认为非常重要；对于"审计方法"，33% 的审计人员和 18% 的调查人员认为非常重要；对于"预算过程"，8% 的审计人员和 37% 的调查人员认为非常重要。这项可以多选。

d. 数据代表提及该项内容的人员比例。调查对象给出的答案可能不止一个。

资料来源：参见表 8-1。

一个突出的现象是审计人员和调查人员的内向和外向模式。审计人员处理监察长工作的内部事务似乎比较自如，比如，在掌握项目细节和部门工作程序，监察长办公室的内部组织协调，预算过程等；而调查人员似乎比较擅长对外打交道，比如处理与国会和媒体的关系。

这种内向-外向模式也体现在困扰他们的问题上。审计人员认为外部最大的阻碍是国会的干扰和媒体的曝光。由调查人员转行的监察长在处理对外关系时游刃有余，但是对政府决策滞缓总体缺乏耐心。这种态度同样能够解释调查人员对报告的关注度有所欠缺（见表 8-3）。

审计人员和调查人员最大区别体现在工作成就感方面。一方面，由审计人员转行的监察长认为"作为促进改变的催化剂"是他们工作的最大动力，这一点在一个任期或者一个半年报期间并不明显，也无法用数据衡量。另一方面，对由调查人员转行的监察长来说，激励他们的是发现弄虚作假、浪费资源和滥用职权，提高政府效率，加强政府的公信力等，这些目标是可以量化的。

这些差异说明了为什么审计人员和调查人员在改革方面选择不同的路径。针对监察长制度可能发生的变化，调查人员可能更支持改革，这个改革可能会影响到调查人员的工作领域,比如作证传讯权,携带武器权和执法权;也有可能涉及工作的稳定性,比如有固定的任期和免职须有理由(见表8-5)。

表8-5　　　　　支持监察长办公室改革(按职业划分)　　　　单位:%

变量	审计人员[a]	调查人员[a]
提供作证传讯权[b]		
1(极大地加强了监察长办公室)	25	44
2	33	19
3	25	19
4	17	6
5(没有极大地加强监察长办公室)	0	13
为代理人提供携带武器权[c]		
1(极大地加强了监察长办公室)	0	25
2	27	25
3	9	13
4	0	6
5(没有极大地加强监察长办公室)	64	31
提供充分的执法权[c]		
1(极大地加强了监察长办公室)	18	31
2	55	38
3	9	6
4	0	0
5(没有极大地加强监察长办公室)	18	25
形成固定任期[c]		
1(极大地加强了监察长办公室)	0	47
2	50	13
3	8	20
4	8	13
5(没有极大地加强监察长办公室)	33	7
免职须有理由[c]		
1(极大地加强了监察长办公室)	33	60
2	8	20
3	42	7
4	0	7
5(没有极大地加强监察长办公室)	17	7

注:a. 参见表8-1注释a。

b. N=28。

c. N=27。

资料来源:参见表8-1。

总的来说，审计人员的回答与他们的内省特质非常吻合，是技术型的，表现出努力勤奋、少言寡语、坚持执着的职业特点，在国会和部长或者行政长官面前让事实说话。也许是工作方法使然，他们没有觉得需要工作保护。事实就是事实，不论这个审计是否完全正确，不论使用政府会计准则的方法是否恰当，事实就是事实。

与审计人员相反，调查人员的回答契合了他们高昂的工作热情，全力以赴的工作方法，快速地抓捕窃贼，恢复公众信任，如果需要的话，愿意把媒体和检察官牵扯进来。也许，就这点而论，他们觉得需要免职保护。选择调查目标，说服联邦检察官予以起诉，都要特别慎重；要对某人制裁，比如迪芬巴赫，是有风险的；所以调查人员觉得容易受到伤害。

确定审计人员和调查人员谁更适合做监察长要根据该机构的监察长办公室的工作性质而定。有一点是确定的：如果是调查人员当头的话，并不意味着他一定会偏袒调查人员，而如果审计人员当头的话，也不意味着他肯定会增加审计人员。根据表8-6的数据，审计人员当了监察长，几乎总是削减审计人员，增加调查人员；而调查人员当监察长，这方面没有什么变化。

表8-6的数据让人怀疑调查人员对办公室进行彻底整顿的热情。虽然调查人员认为监察长办公室需要再造，而审计人员更可能积极行动起来。审计人员对组织的内部机制更了解，这种了解来自他们丰富的工作经历，他们也深谙如何发挥员工的潜力之道。

表8-6　　　　　　　　人员配备（按职业划分）　　　　　　　　单位：%

变量[a]	审计人员[b]	调查人员[b]
行政管理人员的增减		
削减5%以上	0	0
削减1%~5%	11	29
削减或者增加1%以下	89	71
审计人员的增减		
削减15%以上	11	0
削减11%~15%	22	0
削减6%~10%	11	7
削减1%~5%	11	7
削减或者增加1%以下	33	86

续表

变量[a]	审计人员[b]	调查人员[b]
增加1%~5%	11	0
调查人员的增减		
削减15%以上	0	0
削减11%~15%	0	0
削减6%~10%	0	7
削减1%~5%	11	7
削减1%以下	44	79
增加1%~5%	33	0
增加6%~10%	0	7
增加11%~15%	11	0
评估人员的增减		
削减1%~5%	11	0
削减或者增加1%以下	88	75
增加1%~5%	0	18
增加6%~10%	0	6

注：a. N=23 适用于所有类别。
b. 参见表8-1注释a。
资料来源：数据来源于应答者关于他们初任监察长和离任时对监察长办公室的人员配置的回答。共有23人回答这个问题。

开展调查工作的推动力

监察长办公室上层领导职业背景的差异导致了下面组织机制的不同。以审计文化为主的单位与以调查思维为主的截然不同。不论把员工怎样混合搭配，但是历史传承、工作模式和运作方法的不同，很容易对高效的团队工作造成障碍。一位管理和预算办公室的官员清楚记得第一次的撤退发生在1979年末。"当时的情况是，会计人员和调查人员分坐在房间的两边。每次茶歇后，我们都会重新摆放姓名桌签和椅子，把他们混合在一起，但是他们一回到房间，又把椅子拖回去了"。

要把两个迥然不同的学科强行拉到一起组成一个单位，就会一直存在这个问题。美国邮政监察局（U. S. Postal Inspection Service）把审计人员和调查人员统称为"监察官"。但是1978年的《监察长法案》设立了两个副监察长，一个负责审计，一个负责调查，正是这种做法导致了隔阂。

专业竞争并不会对监察长理念形成威胁，因为采用跨学科合作的方式改善政府管理水平并没有错。的确如此，有的监察长办公室还利用这种竞争精神来提高员工的生产力。"在卫生及公共服务部的监察长办公室有一种激烈竞争的氛围"，一位监察长办公室的员工报告说，"单位可以从员工的合作中获益，但是现在有一条南北分界线，甚至在圣诞节的烤饼义卖活动中也表现得很明显。我们试图通过团队建设来消除这些差异和隔阂，比如我们让审计人员闭上眼睛，从折梯上倒下来，掉进调查人员可信任的怀抱里"。

两者共事会让人产生一种担忧，即，调查工作的高关注度可能会淹没审计工作。为此，参议院政府事务委员会曾经在法案中正式增加了一条关于审计与调查的定义，把名称从"监察长"改为"监察与审计长"以保护审计工作，但是这条后来被删除了。审计总署在众议院讨论通过该法案的辩论中这样说道：

> "在众议院关于该法案的辩论中，一个个国会议员都站起来称赞这个法案，设立了监察长办公室来调查联邦政府中存在的舞弊现象。现任监察长从这个法案以及从《国会议事录》获得的信息是，这个办公室主要用来调查联邦政府工作中的舞弊和滥用职权。主席先生，许多人都会同意使用监察长办公室的审计资源来从事调查工作。根据我们的判断，把大量的审计资源抽出来做调查工作对联邦政府并无益处，因为这种做法损失的是审计人员在许多方面的积极建议，比如，对如何提高政府的效率性和经济性、如何收回给契约人和受让人的超额付款，以及如何识别效率低下的工作和项目"。[7]

随着监察长制度步入20世纪90年代，审计总署关切的问题依然存在。虽然审计人员没有像审计总署担心的那样去从事调查工作，但是审计人员的比例却在减少，调查人员的比例在增加。如果这个趋势继续发展下去的话，预示着监察长办公室越来越以调查为导向了：重点是高关注度的、短平快的工作，也许除了个性化的合规性监管，对于多视角下的问责就不那么感兴趣了。

数字

一个单位有多种方式来体现其首要工作，有人说是目标宗旨，有人说是长期规划。对于监察长来说,这一点可以体现在其对审计人员和调查人员的投入方面。不同的取舍体现了监察长重视程度的不同,也表明了监察长对本单位未来发展的考量。

在20世纪80年代,审计和调查工作都取得了进展(见表8-7),工作人员分别增加了653人和754人。然而,调查人员的比例有所上升,从占比27%上升到33%。尽管如此,在一般的监察长办公室,审计人员的数量还是调查人员的2倍。在调查人员增幅比较大的监察长办公室,部门领导大部分是审计人员转行的监察长。

表8-7　　审计人员和调查人员数量比较(1983年和1990年)
除非特别标注,以下数字为人员数量

部门或机构	审计人员(人)[a] 1983年	1990年	调查人员(人)[b] 1983年	1990年	变化率(%) 审计人员	调查人员	调查人员占比(%) 1983年	1990年
农业部	387	398	256	265	3	4	40	40
国际开发署	92	208	26	32	126	23	22	13
商务部	115	100	39	25	-13	-35	25	20
国防部	451	597	146	388	32	166	24	39
教育部	74	166	59	80	124	35	44	33
能源部	81	127	23	53	57	130	22	29
环境保护局	123	194	34	60	58	76	22	24
总务署	210	159	102	89	-24	-21	33	34
卫生及公共服务部	540	766	134	460	42	243	20	38
住房与城市发展部	304	252	83	80	-17	-4	21	24
内政部	297	292	36	58	-2	61	13	20
劳工部	194	196	173	193	1	12	47	50
国家航空航天局	33	64	13	39	94	200	28	38
小企业管理局	55	51	49	39	-7	-20	47	43
国务院	26	79	4	34	204	750	13	30
交通部	316	321	61	75	2	23	16	19
退伍军人事务部	205	246	60	82	20	37	23	25
总计	3503	4216	1298	2052	20	58	27	33

注:a. 1983年的平均数量是206人;1990年是248人。
　　b. 1983年的平均数量是76人;1990年是121人。
资料来源:数据只包括可以进行审计和调查的专业人员,不包括文书和其他管理人员。1983年数据来自退伍军人管理局开展的对监察长办公室人员能力调查的"工作量评估和人员编制要求一览表";1990年数据来自电话调查。

监察长办公室的发展也是不平衡的，因为它们初建时就不平等。有些办公室，比如商务部、住房与城市发展部和总务署的监察长办公室在20世纪80年代减员了，另一些办公室则壮大了。有些办公室，如国家航空航天局、小企业管理局、国务院和教育部，规模依然较小，尽管国家航空航天局和国务院自身人员都有比较大的增长。其他部门，如国防部和卫生及公共服务部，开始规模就很大，后来也发展迅速。的确如此，这两个部门的监察长办公室在1983年和1990年差不多占了总人数的1/3。

在表8-7中也可以看出个别监察长在部门建设上的影响力。比如，监察长谢尔曼·芬克离开商务部时造成了商务部监察长办公室人员流失，而他出任国务院监察长后，国务院监察长办公室的人员则明显增加，尽管该办公室依然比较小，但是芬克找钱和招人的能力非常突出。

同样的情况发生在国防部，约瑟夫·谢里克（Joseph Sherrick）和琼·吉布斯·布朗与副手德里克·范德·沙夫（Derek Vander Schaaf）共同努力，人员总共增加了60%，在环境保护局的监察长办公室，约翰·马丁增加的人数少些。当住房与城市发展部被一裁两半时，查尔斯·邓普西还能够保持监察长办公室的人员没有大幅度下降。

在所有的监察长办公室中，卫生及公共服务部的监察长库斯罗在机构发展方面无疑是最成功的，他的总人数几乎翻了一番，调查人员增长243%。使他承担了巨大风险的迪芬巴赫事件还让他从管理和预算办公室那里要来人员。至少20世纪80年代的业绩量化和引人关注的舞弊行为调查工作既增加了人员，也增加了预算。判罪肯定是会引起关注的，所以想增加员工的监察长办公室在调查工作上投入很多。

各个监察长办公室在调查人员和审计人员的比例调整上也不尽相同（见表8-8）。有些办公室调整幅度很大，特别是两个最大的办公室——卫生及公共服务部和国防部；其他变化很小。17个机构中有10个调整比例不足5%。卫生及公共服务部的监察长办公室在国内最受关注，它和国务院及国防部的调查人员均大幅增加，这向其他办公室发出了需要增加调查人员比例的信号。

表 8-8　　相对于审计人员，调查人员份额的变化（1983~1990年）　　单位:%

部门或机构	总人数变化
调查人员增加的份额[a]	
卫生及公共服务部	18
国务院	17
国防部	15
国家航空航天局	10
能源部	7
内政部	7
劳工部	3
交通部	3
住房与城市发展部	3
环境保护局	2
退伍军人事务部	2
总务署	1
没有变化	
农业部	0
调查人员减少的份额	
教育部	-11
国际开发署	-9
商务部	-5
小企业管理局	-4

注：a. 份额是指，调查人员1990年在总人数（把审计人员和调查人员相加）中占的比例减去1983年调查人员所占比例，得出的数字就是增加或者减少的份额，调查人员增加的份额即审计人员减少的份额，反之亦然。

调查人员与审计人员之比的增加反映了几个趋势，其中包括管理和预算办公室想要不断扩大业绩量化指标的愿望。然而，许多监察长办公室都会说，调查工作从一开始就人员不足。促使众议员L·H·方丹提出1976年卫生教育和福利部《监察长法案》的动因之一就是他的部门只有10个调查人员。到了1983年，卫生及公共服务部的监察长办公室发展到了134个调查人员，值得注意的是国务院只有4个，国家航空航天局有13个，能源局有23个，国际开发署有26个。

另外，里根时期总监察长办公室的调查任务一直在增加。比如，根据司法部民事司（Civil Division of the Department of Justice）实施的1986年的《虚假索赔法修正案》，监察长办公室具有调查公民对舞弊指控的非正式责任，公民的指控一般都是对政府承包商提起诉讼。根据这些所谓的共分罚款投诉，这个公民可获得一大笔赏金——可达到所有损坏赔偿金或应收款项的30%[8]。具体数目主要看政府是否愿意让公民自己起诉或者自行采取行动。根据法令，民事法庭只有60天的时间来决定让还是不让公民先采取行动，所以就让监察长办公室和其工作人员参与初审工作。在卫生及公共服务部，共分罚款调查的数量虽然不是很大，但是从1987年的2起增加到1988年的8起，再增加到1989年的17起。库斯罗对众议院司法委员会这样解释道：

> "说到17个案例，好像并不算大多，因为像我们这样一个单位去年通过司法部处理了1300个刑事审判，还有800个民事行政诉讼。但是，共分罚款的问题是时机稍纵即逝，60天意味着你必须把手头做的所有工作放在一边，以保证在时间截止前完成。虽然我们目前还能勉强应付，但是按理说，我们需要扩大队伍"。[9]

调查还是不调查

只要调查活动能在经济学家亚瑟·M. 奥肯（Arthur M. Okun）的"漏桶"上堵住一个洞，就对提高项目的有效性有积极影响。[10]监察长办公室的调查工作能否长期预防政府的舞弊、浪费和滥用职权，尚不明朗。一次成功的诉讼具有的威慑力顶得上100次诉讼。如果这另外99起诉讼付出的代价是项目运作的基本能力，从而造成了更多的舞弊和滥用职权，这会危及管理水平的整体提高。

监察长不是政府中唯一的调查人员。比如，农业部除了监察长办公室外有9个调查部门，包括农产品运销局（Agricultural Marketing Service）、动植物卫生检查局（Animal and Plant Health Inspection Service）、联邦作物保险公司（Federal Crop Insurance Corporation）、食品与营养局（Food and Nutrition Service）、肉类家禽检验局（Meat and Poultry Inspection Operatious）和食品安全检验局（Food Safey and Inspection Sevice）。这些局与监察长办公室的不同之处在于，他们在总表代码上分属不同的行政部门。几乎所有监察长办公室的调查人员的总表代码都是GS1811，而其他调查人员的总表代码则是

GS1810。人事管理办公室对他们各自的资格要求和工作描述也不一样：

1810系列工作描述：调查人员计划和实施与联邦法律法规的执行和合规性有关的调查工作。所承担的职责一般包括下列事项：通过观察情况、检查记录和个别询问来收集事实和获取信息；编写和取得宣誓词；主持宣誓；撰写调查报告，用于庭审或行政诉讼；在行政主体面前作证，或者作为联邦政府的证人。工作可能有时会涉及刑事调查。

1811系列工作描述：刑事调查人员计划和实施与指控或者涉嫌违反联邦法律有关的调查。所承担的职责一般包括下列事项：获取具体物证或书面证明；提问证人；申请和送达逮捕令、搜查令、没收令；没收违禁品、设备和车辆；检查档案和记录；实施监控；执行卧底任务；撰写调查报告；在听证会和审讯中作证；协助联邦检察官进行法庭案件的起诉。大部分的刑事调查人员被要求携带枪支，并能熟练使用枪支。[11]

1811系列为刑事调查人员制定了最低标准，包括特定的训练、技能和经验。虽然1810系列有时也会作刑事调查工作，但是他们不具备1811系列的刑事调查技能。除了监察长办公室以外，还有1811系列人员的联邦政府机关有：出口管理局（Bureau of Export Administration 商务部）、公共建筑服务局（Public Building Service 总务署）、禁毒署（Drug Enforcement Administration）、联邦调查局、移民归化署、法警署（Marshal Service 司法部）、印第安事务局和土地管理局（Bureau of Indian Affairs, Bureau of Land Management 内政部）、烟酒枪支管理局、海关（Customs Service）、特勤局（Secret Service 财政部）。

监察长办公室想把刑事调查工作作为特色有两个原因。其一，大部分的1811系列调查单位已在满负荷工作。联邦调查局90%的舞弊调查都是与监察长办公室一起开展的，联邦调查局副局长弗洛伊德·克拉克（Floyd Clarke）1988年在众议院政府工作委员会听证会上提出请监察长办公室参与调查的理由：

1982年我们遇到的问题是，我们要处理执行联邦药品法中出现的责任竞合，给了我们任务却没有增加我们的资源。所以只好从现有的项目中抽调资源去处理这个非常严重的问题。

另外，在 1984 年，1984 年版的《综合犯罪控制法》颁布了，这又扩大了调查局的责任范畴，我们又一次不得不在自己内部解决资源问题。每次都影响了我们的白领项目（犯罪调查项目），而这个项目是我们的首要项目之一。在白领项目中，政府舞弊的子项目又是重中之重。但是，我们不得不从中抽调力量来处理其他任务。

所以，我们要全面考虑，不断地在各种任务中平衡轻重缓急。[12]

在回答委员会提问时，克拉克承认，没有监察长办公室的帮助，联邦调查局"真的是只能任人摆布了"。就像司法部民事司请监察长办公室协助共分罚款投诉一样，联邦调查局在舞弊调查中也求助于监察长办公室。

其二，许多监察长办公室认为，1810 系列单位既没有动力也没有经过训练来开展刑事调查工作。芬克谈到刑事调查时是这样说的，"如果我们不做，没有人会做的"。[13]劳工部的监察长蕾·玛丽亚（Ray Maria）1990 年在参议院政府事务办公室作证时说：

国会要达成一致，并认可刑事调查工作是重要的。我认为，如果劳工部的执法工作要令人信服的话，必须在其执法策略中考虑这个因素。问题是，如果你们接受我的建议，那么谁来做这项工作？谁最有资格做这项工作？在预算紧缩的情况下，谁有钱做这项工作？[14]

对玛丽亚来说，应该是监察长办公室来做这项工作，这倒不是因为劳工部的项目办公室不处理刑事案件。比如，养老金与福利管理局一年要处理 25 个刑事案件。实际上，因为处理的案件不够多，因为有关人员缺少玛丽亚称之为"对犯罪的憎恶，"所以没有造成令人信服的威慑力，[15]这是个数量问题，而非质量问题。

问题就在这里。调查工作中每增加一个新人，监察长办公室、管理和预算办公室、国会和总统就不会在其他地方增加人员，不管是在监察长办公室内部还是外部都不会增加人员了。增加监察长的调查力量是否就是改善政府管理的最佳方案还很难说。住房与城市发展部前负责行政事务的副部长德怀特·英克（Dwight Ink）特别强调说，"住房与城市发展部认可监察长独立调查能力的价值，但是，同时也认为如此完全依靠外部审查而导致内部监管能力削弱是愚蠢的。不管怎么说，项目负责人应该对项目的监管负有基本责任。

能够采取迅速整改措施的是负责人,而不是外部审查机构。"[16]

英克把监察长办公室定义为外部机构言过其实了。然而,矛盾的焦点是,增加了监察长办公室人员意味着不能增加其他部门的人员。监察长办公室的人员部署给人一种感觉:刑事诈骗随处可见。由于20世纪90年代监察长办公室人员增加缓慢,内部调配越来越成为审计人员和调查人员的零和博弈。

不管怎样,如果监察长理念要取得成功,审计人员和调查人员必须协同作战。最近最高法院的一个案例引起了严重关切,因为联邦政府对于同一个违法案例却有刑事和民事两种惩罚。[17]政府要最大限度地体现其威慑力,审计人员和调查人员必须尽早沟通,如果可能的话,对一些重要案例,通常要一起讨论处理方法。这对那些因监察长制度而发展起来的、越来越复杂的、也有人说是分裂的各种组织机构是个挑战。

结论:保护监察长办公室

在监察长遴选工作中最大的考验不是挑选审计专家和调查专家,而是保证这项工作的质量和独立性。如果监察长要自主地监管工作绩效、能力水平和合规性,他们必须能够不惧怕来自宾夕法尼亚大道两头的报复而如实报告其发现并提出处理意见。

监察长办公室为了解决这个问题曾经设计了自己的调查程序。然而,1989年白宫不仅再次控制了监察长的遴选,而且政治化的倾向也逐渐渗透进这个调查程序中。首先,几个布什政府情报局的前官员被选为小机构的监察长,然后A·玛丽·斯特林(A. Mary Sterling)被任命为交通部监察长。

斯特林在政府部门工作经验有限:她在密苏里州担任副检察长三年,一年参加司法部在堪萨斯城组织的打击犯罪突击队,一年做白宫学者(White House Fellow),还有一年(1989~1990年)是在劳工部做助理部长,负责人工管理标准制定。她是总统任命的典型——前助选人员,逐渐获得了在政府部门的短期任命,哈佛大学毕业生,她与政府的联系是自上而下的,而不是自下而上的。斯特林的案例表明,监察长的遴选方法与曾经的模式一刀两断了,是个令人担忧的先例。

监察长制度并不排斥新鲜血液,监察长也不是唯一能够选择继任者的官员。但是如何能够保证任命独立客观的监察长?[18] 有几个建议:固定任期,新的任命机制,杜绝发生利益冲突的情况。

任期

早在 1981 年的冲突之前,监察长队伍中就有人认为,固定任期可以提供抵制党派偏见的保护伞。在冲突之后,支持固定任期的观点,不论是众议员本杰明·罗森塔尔(Benjamin Rosenthal)的十年任期提议还是任期短些的观点越来越多。固定任期可能会阻挡 1981 年的冲突,保证监察长有足够长的时间,以便积累工作经验,形成历史传承。[19]

政府中的固定任期并不罕见。许多独立的监管专员和杂七杂八的董事会任命人员的固定任期是 2~10 年。联邦审计长和检察长都有规定任期:审计长任期 15 年,联邦调查局局长任期 10 年。

有固定任期并不意味着这个官员不能被免职。但是,任期制发出的信号是,虽然这个信号很微弱:这个职位比起总统任命更缺少政治性。

现在的问题是,这种保护是否值得为此所付出的立法成本。监察长队伍中有人认为,如果监察长本身缺少勇气,固定任期也不会增加这种勇气。邓普西说到,"要么监察长有勇气,否则这个任期也不会使他们把工作做好"。[20] 另一些人则认为,任期也不能保证免受来自国会山和白宫的干涉。比如,人事管理部部长的任期是 4 年,这是 1978 年的公务员体制改革强制实施的,但是参议院利用这一条否定了里根对唐纳德·迪瓦恩(Donald Devine)第二任期的提名。

监察长们并不是认为任期的长短无关紧要。几乎所有被采访的监察长都承认,需要在一个岗位工作一段时间,学习了解熟悉工作要求,这是提高效率的前提。同时,大部分的监察长似乎都认为,不要指望固定任期本身就会使监察长工作取得成功,不会出现这种奇迹。

虽然固定任期有局限性,但是在加强监察长的经验积累和历史传承方面还是有三方面潜在优势。首先,在行政发生变化时可以消除各种不确定性。不仅使监察长和新上司可以迅速建立工作关系,而且不大会出现 1989~1990

年发生的造成严重后果的人员缺位。

其次，固定任期可以让监察长制定长期规划。库斯罗说，"我认为熟悉业务、积累经验、传承历史、不辱使命都是宝贵财富，不一定非得说是责任，这会让你比政客更有生命力。自从我出任卫生及公共服务部监察长以来，我经历了三任部长和工作人员的更迭，他们的工作没有什么连续性"。[21]只要知道你会长期坐在某个位子上，就会增强你进行长期规划的信心。

再次，也是最重要的一点，固定任期发出一个强烈的信号：监察长的任命在白宫人事工作中不同于其他任命，当继任团队着急忙慌地去配合政治盟友的工作时，监察长却可以袖手旁观。

新的遴选途径

尽管固定任期有很多优势，但还是不能提高整体的任命水平。白宫人事办公室仍然是让部长和行政长官掌握监察长遴选的最终决定权。任何一种改革要产生影响，都必须任命高水平的人担任领导。

任何一个总统都希望给每个岗位找到最合适的人选，总统所面临的挑战是要在一群优秀的候选人中挑选出适合这个岗位的人选。可惜的是，就像约翰·F. 肯尼迪曾经说过的那样，"我现在必须做出任命，但是一年以后我才能知道我想任命谁"。[22]求职者的冲击力非常强大，筛选应聘人员的时间为零，为朋友的朋友谋求职位的压力巨大。

也许现任副总统成了总统，特别是像乔治·布什那样经验丰富的华府官员当选总统，过渡会比较容易些。但是，G. 卡尔文·麦肯齐（G·Calvin Mackenzie）注意到，布什政府的过渡也是极不顺利的，刷新了工作效率低下的新纪录，通过任命的平均时间是8.1个月，而里根时期是5.3个月，肯尼迪时期是2.4个月。麦肯齐写道："换句话说，布什任命的普通官员就没有宣誓就职，直到1989年9月才开始履职。"麦肯齐这样描写任命过程所产生的影响：

> 在布什政府成立之初，各个机构都在急切地等待新领导上任。1989年前三个季度，能源部18个高级官员只有4个通过任命到位。到了10月1日，退伍军人事务部还缺少6个部长助理，劳工部11个部长助理中

6 个位置空缺。[23]

任命监察长面临的挑战更加复杂。其一，监察长不是首批任命官员，因为之前没有这个岗位，这是后来添加上去的。内阁成员、副部长甚至部长助理都在监察长之前任命。考虑到监察长在总统工作议程上的排序，就不足为怪了。其二，挑选合适的总监察长需要考察业务专长。

哈珀和怀特时期的管理和预算办公室形成了一个监察长遴选方式，效果很好。尽管监察长队伍近亲繁殖率很高，但是这种遴选程序要求候选人要达到最基本的专业要求，即使这个专业定位很狭窄。那时监察长的遴选过程也很快，因为当监察长位置有空缺时，备选名单已经准备好了。所以，这个遴选程序和遴选美国主计审计长的没有两样。当有职位空缺时，成立一个遴选委员会向总统提名。尽管总统也可以选择别的候选人，但是在遴选的过程中还是会倾向委员会的建议。

这种遴选方式也适用于监察长，但是要做些调整，避免在 60 多个监察长岗位每出现一个空缺时就得重新遴选。委员会本身可以由现任总统廉政与效率委员会成员、主计审计长和来自会计、评估和调查领域的专业人员组成，所以候选人的专业领域可以比较广。委员会可以实施一种新的机制，以消除利益冲突的现象，这一点后面将谈到。

最后，固定任期和遴选委员会的意义在于向未来的总统传递了一个信息：最好把监察长工作当作传承历史和坦诚忠告的来源，而不是一个由需要工作的助选员来填充的肥缺。

一个问题的出现

监察长不可以接受由部长或者行政长官决定的补助和奖金。尽管根据《公务员改革法案》，这个补助和奖金是合法的，它是根据个人的表现和业绩发放的，但是如果监察长接收了补助和奖金，会产生明显的利益冲突。

从 1987~1989 年，根据人事管理办公室的记录，至少有 9 个监察长接受了补助或者奖金：比尔·科尔文（国家航空航天局）接收了 33730 美元，约翰·马丁（环境保护局）23463 美元，弗兰克·萨托（退伍军人管理局）20000 美元，约翰·莱顿（能源部）17715 美元，琼·吉布斯·布朗（国防部）16000 美元，詹姆斯·托马斯（教育部）15796 美元，弗兰克·德乔治（商务部）14475 美元，威廉·道尔（William Doyle）（铁路职工退休委员会 Railroad Retirement Board，RRB）7000 美元，J. 布莱恩·海兰德（劳工部）3875 美元。[24]数目不算少。

根据 1978 年《公务员改革法案》，高级行政职员都可以领取现金津贴（每年多达 1 万美元），或者领取总统排名奖（Presidential Rank Awards，出色工作奖 1 万美元，特殊功勋奖 2 万美元）。另外，几乎所有行政部门的中层成员，包括监察长办公室的工作人员，都可以领到绩效奖金。

然而，监察长不像其他任命官员。这个冲突的出现使得卡特和里根时期有一半的监察长自动退出了津贴和奖金考核。因为监察长是在效力于总统的部长和行政长官的监督下工作，津贴和奖金会影响到对上的调查或审计。另外，如果监察长办公室工作人员可以领取部门和单位的绩效奖金，这可能会影响他们的工作。有个监察长说，"除了上帝没有人评价监察长"。在众议院政府工作委员会作证时，小企业管理局的监察长查尔斯·吉勒姆对此也有同感，"在对机构项目和人员做出调查和审计决定时，监察长不能带有任何个人偏见，这点非常关键。监察长的业绩每年由机构领导进行评价，为了奖金要把他和机构的其他高层进行比较和竞争，由此决定对他是奖励还是惩罚，所以很难让人不怀疑奖金有没有影响监察长的决定"。[25]假如卫生及公共服务部的监察长邓普西和亚当斯不是主动退出由部长塞缪尔·皮尔斯主管的奖金和奖励体制的话，出了那桩隐瞒事件，人们的批评和指责可想而知。

彻底禁止监察长领取奖金也有两个问题。首先，监察长办公室的很多员工都获得奖励。比如，国防部的副监察长德里克·范德·沙夫获得 35000 美元的里根总统奖，所以有三年时间他的收入高于其上司。如果从体制上禁止的话，这将涉及监察长办公室所有工作人员，不只是高层领导。其次，就像吉勒姆说的，退出奖金体制将剥夺监察长一笔不菲的额外收入来源。尽管联邦职员的工资 1989 年和 1990 年都有所增加，但是奖金和总统奖励每年都上浮了 20%。

然而，保留一种半数监察长认为有异议而主动退出的体制并不能加强监察长制度。如果监察长和监察长办公室的工作人员因为工作出色而获得奖金和奖励——这是他们应该得到的——应该设立一种完全独立的奖励制度，就不会引起矛盾了。虽然，独立评价体系将使监察长进一步脱离政府面临的现实状况，这种独立的奖励制度可能是实现完全自由的审计和调查所付出的小小代价。监察长在目前的奖金和奖励体制的笼罩下，不得不受到其影响，不管是自觉还是不自觉。

第九章
监察长办公室的组织机构

监察长们在组织办公室机构和人员方面有着前所未有的自由。《1978年监察长法案》的第六款规定了这项自由。尽管这项法案要求每个监察长办公室有审计和调查方面的助理监察长，其他组织机构和运作体系是自由的。监察长有权决定在何处安放新人员，如何构造层次以及如何在他们内部组织机构中为独立权而奋斗。他们每个决定都体现了对责任的理解。

比如，从后勤的角度来看，第六款保证了"每个行政机关的负责人，应当在该行政机关总部所在地和分支机构所在地，为在本行政机关内设立的监察长办公室提供适当和足够的办公场所，以及该监察长办公室为开展工作所需的各种设备、办公用品、通信设施和服务，以及为该办公室和其中的设备与设施提供必要的后勤服务。"这条包括所有的需要完成此项工作的纸笔、桌椅、纸夹、办公区以及清洁人员等。从操作层面来看，第六款提供了可以获得外部和内部信息的权利，不管是直接传唤还是传票，同时也阻止其他任何对于监察长审计调查的干预——简而言之，用所有的答案、数据和影响力来给出正当理由。

因为有这些保护，第六款对于监察长的机构组织工作最为重要。在第六款的保护下，依照行政事务规定，监察长被给予唯一的权力"选拔、任命和雇佣行使该组织责任和权力的组织和人员"。在行使此项权力的最大范围内，监察长将最小化地依赖部门间的紧密联系。由于有管理和预算办公室给予的人员和预算增长的保障，监察长们基本上是半独立的。

监察长办公室的组织发展史

监察长们寻求一定程度的独立性并不令人惊讶。从某种程度来说，寻求组织上的自给自足的动力并不仅仅是为了运作的便利——监察长们抱怨说他们无法从他们的部门得到充分的后勤服务。然而监察长也期望得到其他联邦机构期望得到的：从烦琐的管理条例和规定中获得的自由。

扩展方式

监察长与其他联邦管理者的不同之处在于他们有权利创建他们自身的组织。在第六款的保护下，监察长们可以自由雇佣自己的人员，这也就意味着他们能够发展自己的组织机构并且从日常的政府管理的内部纷争中摆脱出来。

因为管理和预算办公室的资助，监察长办公室获得新的审计和调查人员而逐渐壮大，他们通过创建新的监察单位——评估部门和检查部门——拓宽组织控制的范围。1978 年的监察长法仅仅要求有两个部门：一个是审计，另一个是调查。因此，额外的部门可以被视为监察长办公室努力定义自身的表现。通过更大范围的控制，监察办公室从 20 世纪 70 年代相对比较单一的组织机构发展到逐渐多样化的管理机构，从 1980 年的 43 个二级机构发展到 1983 年的 63 个，1986 年的 64 个，到 1989 年的 68 个（见表 9 - 1）。在宽度发展的基础上，监察办公室也在不断提高管理层次，创建了新的管理机制——副监察长，特别助理，副监察长助理——逐渐和传统的政府组织机构越来越相似。

表 9 - 1　　　　组织结构扩大的方式（1980 ~ 1989 年）

部门或机构	1980 年 二级机构	1980 年 电话数量	1983 年 二级机构	1983 年 电话数量	1986 年 二级机构	1986 年 电话数量	1989 年 二级机构	1989 年 电话数量
农业部	4	23	5	31	4	27	3	28
国际开发署	4	17	5	17	5	17	6	19
商务部	3	14	4	15	6	21	5	22
国防部	…	…	7	40	7	44	8	44
教育部	3	13	3	23	3	19	3	16

续表

部门或机构	1980年 二级机构	1980年 电话数量	1983年 二级机构	1983年 电话数量	1986年 二级机构	1986年 电话数量	1989年 二级机构	1989年 电话数量
能源部	3	29	3	33	3	36	4	33
环境保护局	2	14	3	22	3	25	3	23
总务署	3	21	3	24	3	22	3	26
卫生及公共服务部	3	34	5	41	3	31	3	32
住房与城市发展部	3	22	3	27	3	24	3	24
内政部	3	17	3	18	3	19	3	20
劳工部	2	22	3	27	4	25	4	22
国家航空航天局	3	14	4	17	3	17	3	20
小企业管理局	0	9	2	12	4	15	4	15
国务院	1[a]	9[a]	2	12	2	7	5	21
交通部	3	21	3	19	3	17	3	14
财政部	1[a]	8[a]	2[a]	16[a]	2[a]	19[a]	2	19
退伍军人事务部	2	15	3	20	3	21	3	19
总计	43	302	63	414	64	406	68	417

注：a. 非法定。
资料来源：联邦黄页（华盛顿：监管印刷，冬天，1980，1983，1986，1989）。

在这样的趋势下，巨大的变化发生了。年代最久的监察长办公室——农业部，住房与城市发展部以及卫生及公共服务部的监察长办公室机构——在这个时期依然在总量上保持着稳定的数目，而最年轻的机构——国务院和财政部的监察长办公室——发展极为迅速。劳工部和商务部的监察长办公室机构都增长了。国防部的监察长办公室也开始扩张，在1989年达到了8个二级机构：行政和信息管理、分析和后续、审计政策和监管、审计、犯罪调查政策和监管、稽查、调查以及特殊项目。

国务院和财政部的监察长办公室是扩大管理范围最好的例子。1980年在财政部非法定的监察长只有一个单独的审计办公室，但在《1978年监察长法案》生效的6年之后，也就是1983年，增加了一个非法定的调查办公室。职位的称呼也有了变化——1986年增加了副监察长，1989年增加了法律顾问和更多的审计负责人。

1980年，在国务院只有一个审计和行政办公室。在《1978年监察长法案》颁布后，一个独立的调查部门成立了。1986年，在监察长空缺的情况下，工作人员缩减，而在新的监察长谢尔曼·芬克管理下，监察长在 1989 年扩张到 5 个部门，三倍的电话清单。

表 9-1 中的数据表明了监察长办公室整合后在横向控制上的增长。过去的监察长办公室必须要创造新的管理层次来合并这些部门才能达到现在的横向宽度。或者还有一种情况，过去的监察长办公室更有可能进入一个不同的组织阶段，由很多小的部门的合并而更倾向于纵向发展。

卫生及公共服务部监察长办公室体现了这两种效果。1980 年，成立 4 年的卫生及公共服务部监察长办公室有三个主要部门——行政、调查和审计系统——由总统任命的监察长和副监察长管理。办公室还有两名法定的助理监察长；一位执行助理监察长；一位高级助理监察长以及一位负责卫生保健和系统评价的助理监察长。

到 1983 年，办公室已经扩展到 5 个部门——行政、审计、卫生筹资公正、调查和监察——但仍然由总统任命的监察长和法定副监察长管理，但是现在有了四位助理监察长和一位新的特别助理。1980 年，监察长立法联络处办公室处于行政管理之下，现在则属于执行部门。卫生及公共服务部监察长办公室是所有监察长办公室中很少几个被官方承认具有立法联络职能的部门之一。尽管其他几个监察长办公室也有人员致力于国会关系，他们被称为"特别项目助理"或者"分析和外部事务协调人员"。[1]

到 1986 年，卫生及公共服务部监察长办公室似乎更小了——只有三个部门和 36 个电话号码——但是事实上却是实现了更高层次的管理。很多部门被正式纳入管理体系，开始像一个小型的政府机构一样运作。1986 年的职员头衔是这个组织逐渐发展的很好的例证（粗体部分的职位是在原先卫生教育和福利部监察长的要求下，其他是由后来的监察长们创立的）：

监察长
 执行官
副监察长
 分析与调查办公室、助理监察长
  副监察长助理
   管理运营部门负责人

项目监察部门负责人

监察长助理、审计办公室

审计副监察长助理

审计管理部门负责人

审计运营部门负责人

统筹财政补贴和信息系统副监察长助理

环保局审计部门负责人

补助与内部系统审计部门负责人

卫生健康资金审计部门副监察长助理

卫生健康资金审计部门负责人

社会保障部审计副监察长助理

社会保障审计部门负责人

监察长助理、调查办公室

特别助理

民事管理部门副监察长助理

管理信息服务部门负责人

州立反舞弊局负责人

罪犯调查副监察长助理

1986年的卫生及公共服务部没有像监察长立法联络办公室那样，由很多个小部门组成来保持横向的控制，其组织机构更为精巧。1980年，华盛顿的总监察长办公室和基层的办公室之间只有6层关系，而6年以后，增加了10个，大多数都在总部。

这项趋向成熟的政府机构改革运动一直延续到1989年。到那时，执行官成为"执行秘书处"，卫生保健筹措资金部门的副监察长助理负责医疗和医疗卡的审计工作，新设立的负责总部调查的副监察长助理成为新的"电脑技术总负责人"和原先的国家反舞弊部门主管。

整个监察长办公室的工作人员，由于人数增长，在休伯特·汉弗莱大楼的总部已经容纳不下，搬到了街对面的原先的卫生及公共服务部的总部大楼。卫生及公共服务部的监察长的新人事办公室曾经在汉弗莱大楼之前是部长的套房。"有段时间,我们都不确定我们的部门里是否有两个部长"。一位卫生及公共服务部的管理人员说。

独立的方式

监察长办公室并不是以一种随便无序的方式扩大的。他们通过一系列的特殊的组织方案增强了其独立性,从而在纵深方面扩大了他的影响能力。无论是自身决定还是通过1988年的监察长法修正案,监察长办公室主要在六个方面扩大了其组织基础(见表9－2)。

表9－2　　　　组织独立的衡量方式(1983年和1989年)

部门或机构	1983年 副监察长	总顾问	人事办公室预算	预算	评估与检查	执行层	1989年 副监察长	总顾问	人事办公室预算	预算	评估与检查	执行层
农业部	Y	Y	Y	Y	Y	Y	Y	Y	N	Y	N	Y
国际开发署	N	N	N	N	Y	N	Y	Y	Y	Y	N	Y
商务部	Y	Y	N	Y	Y	Y	Y	Y	Y	Y	Y	Y
国防部	Y	N	N	Y	Y	Y	Y	Y	Y	Y	Y	Y
教育部	Y	Y	N	N	Y	Y	N	N	N	Y	Y	Y
能源部	Y	Y	Y	Y	Y	Y	Y	Y	N	Y	Y	Y
环境保护局	Y	N	N	Y	Y	Y	Y	N	N	N	Y	Y
总务署	Y	Y	Y	Y	Y	Y	Y	Y	Y	Y	Y	Y
住房与城市发展部	Y	N	N	Y	N	Y	Y	Y	N	Y	Y	Y
卫生及公共服务部	Y	N	N	N	N	Y	Y	Y	N	N	N	Y
内政部	N	N	N	N	N	N	Y	Y	N	N	N	Y
劳工部	N	N	N	N	N	N	Y	Y	N	N	N	Y
国家航空航天局	Y	Y	Y	Y	Y	Y	Y	Y	Y	Y	Y	Y
小企业管理局	Y	Y	Y	Y	Y	Y	Y	Y	Y	Y	Y	Y
国务院	Y	Y	Y	Y	Y	Y	Y	Y	Y	Y	Y	Y
交通部	N	N	Y	Y	N	Y	Y	Y	Y	Y	N	Y
财政部[a]	…	…	…	…	…	…	Y	Y	N	Y	N	Y
退伍军人事务部	N	N	Y	N	N	N	Y	N	N	Y	Y	Y

注:a. 由于收集数据的方法可能存在不连续性,它们只能作为建议性的,而不是决定性的,或实际的组织结构。非法定,1983年。

资料来源:1983年的数据来自退伍军人管理局1983年4月20日的"工作量评估和职员要求文件"。1989年的数据来自对所有监察长办公室的电话调查。

第九章 监察长办公室的组织机构

一些监察长办公室在1983~1989年期间比其他办公室更接近于组织上的独立。比如，劳工部、内政部、国际开发署、小企业管理局，以及国防部都加强了他们自身的行政组织使其不受从属关系的影响。而其他的，比如农业部和能源部的则失败了。

有些监察长办公室比其他一些发展得更好。国际开发署监察长办公室在所有的六个方面进行了改革：增加了一个副监察长，一个法律顾问，一个直接管理监察长办公室招聘工作和预算的人事处长；将其行政组织上升到第五级，同时降低了评价和视察的功能（这两个变化是由1988年的监察长法修正案授权的）。财政部改变了四个方面，两个是根据1988年的监察长法修正案，另两个则是他自身的决定。国务院改变了三个方面，主要是由于谢尔曼·芬克。

与这些部门比较，卫生及公共服务部只增加了一个人事处长。然而，在1983年，卫生及公共服务部已经有了一个法定的副监察长，一个预算专员以及评价和视察的功能，并且监察长一直是按行政级别五级拿薪水的。进一步而言，尽管库斯罗从部门的法律顾问得到了合法的建议，这些提供建议的律师们仍然隶属于监察长办公室并且为监察长办公室服务。

在这可能扩张的六个方面，提升行政级别到五级以及拨款制度是最流行的（见表9-3）。而这两项都是1988年的监察长法修正案所要求的。其他的改变则是可以自由选择的。

表9-3　　　　　　组织上的得与失（1983~1989年）

可能扩大的部分	设立的监察长办公室	未设立的监察长办公室
副监察长	6	1
总顾问	4	2
人事办公室	7	1
预算部门	8	0
评估与监察功能	3	3
行政级别调至五级	7	0
合计	35	7

资料来源：见表9-2。

副监察长。很容易解释副监察长的流行。首先，根据里根总统时期的监察长选举流程，设立副监察长能为未来的监察长，以及可能的候选人们提供更多的锻炼机会。第二，设立副监察长也使监察长办公室更像传统的部门或机构，使其不受外界的影响。最后一点是副监察长能使监察长更有效地分配职责，尤其在小部门的数量不断增加的情况下。

一些人，比如库斯罗，将职责进行了彻底的内外的分配，监察长们更多地站在公众的角度，而副监察长则承担了更多的运行的职责。其他一些人，比如住房与城市发展部的监察长查尔斯·邓普西，用这个职位为后继者进行准备。1983年当环境保护局原先的监察长被赶走后，邓普西被调去这个空缺，而住房与城市发展部的副监察长保罗·亚当斯接任了他的位置。

到1989年，除了教育部，其他的监察长办公室都设立了副监察长。然而，教育部的监察长詹姆斯·托马斯的问题是他的部门管理本身已经很紧凑，设立副监察长没有意义。正如托马斯解释的一样："这是唯一能维持我们审计预算的办法。我们已经有了预算限额，但是似乎作用不大。这个部门的经费总是很紧张，在这样一个小的部门设立一个副监察长似乎没什么意义"。[2]

顾问。然而，三年以后，托马斯为了他十年的职业生涯，想雇用一个单独的律师作为独立的监察长办公室的法律顾问。他的依据和很多监察长一样：不信任部门的法律顾问会提供及时，准确的建议。正如他的一个监察长同事描述一场类似的争论一样："秘书处的法律顾问是他的律师，而不是我的。既然一个律师不能同时为很可能对立的两方的当事人同时服务，我无法相信我得到的是独立的合法建议。"

托马斯雇佣他自己的律师的决定是由于克密科备忘录。托马斯不认为代表部门的法律顾问能够将监察长办公室的最大利益放在首位，所以他不相信其给的法律建议。尽管法律顾问办公室提出指派一位律师埃伦·巴斯（Ellen Bass）在一个永久的基础上解决这个问题，但是所提出的对她的限制是不可忍受的：

- 埃伦不能够提供任何以她署名的任何法律建议，除非该建议经过总法律顾问办公室批准。
- 如果她的建议没有经过总法律顾问办公室批准的话，监察长办公室无权与监察长办公室以外的其他部门以口头或笔头的方式表明其采纳了埃伦的建议或者是顾问办公室的建议。这也就是说，当监察长办公室与总法律顾问办公室立场不一致的情况下，埃伦无法代表监察长办公室与其他机构进行讨论。

- 当监察长办公室在法律问题上与总法律顾问办公室不一致时，你要首先联系我们并且努力解决这一问题。[3]

由于受到部门法律顾问的持续反对，托马斯将他的情况报告给了秘书处，然后又报告给国会山参议员约翰·格伦，托马斯最后终于得偿所愿得到了他自己的律师，受雇于他并且只向他一个人报告。

然而，部门的法律顾问赢得了一个小小的胜利，就是他们也支配着监察长的新律师："如果监察长办公室的顾问给监察长或者监察长办公室的职员的建议在办公室之外传播的话，这个建议只是给监察长的，而不代表教育部的法律角度。"[4]

其他的监察长也提出了类似的反对意见。很多监察长想知道他们如何在不需额外雇佣自己的律师的情况下，来面对初级律师的攻击。"导致监察长J. 布莱恩·海兰德要雇佣自己的律师这个决定的问题一直存在"。在海兰德第一次向秘书处请愿要求允许将四位律师转移到监察长办公室时，劳工部监察长蕾·玛丽亚几乎花了两年时间证明这点。"任何一年级的法学院学生都知道一位律师不可能为利益对立的双方服务"。[5]

人事。如果说设立监察长办公室单独的法律顾问的原因是因为不信任，想设立独立的人事办公室的原因——不管是增加还是代替部门的——是出于经济和效率的考虑。正如美国公共管理学会在1983年所提到的那样：

《联邦人事手册》有8814页。如果这些规定能够产生优秀的人事管理，那联邦政府就拥有世界上最好的人事系统。然而，当咨询政府的管理专家和人事专家时，他们只是重申一个常识——这个系统的挫败是普遍而深远的。甚至资深的人事处长也承认没人真正理解这8814页纸的内容。这本手册不被管理者们理解，也没有描述清楚怎样的一个人事系统会取得成功。与其他地方的成功的人事体系形成了鲜明的对比，联邦管理者们不认为这个体系符合他们的需求，反而是他们工作必须要克服的障碍。[6]

美国公共管理学会继续论述道：

> 执行官和部门管理者觉得他们几乎与他们觉得最重要的体系是分离的。他们觉得似乎在按照一个他们自己机构之外的，强加于他们的体系的要求运营，而且他们在这个体系的发展中没有什么作用，不管是在政府方面还是他们自身的机构里……他们认为这 8814 页的《联邦人事手册》仅仅意味着这个系统在那些人事专家手中，而很多人事专家并没有做出什么建树。[7]

在 20 世纪 80 年代，鉴于当时的联邦人事系统，他们这么想，并不令人觉得奇怪。这样的体系敦促国家公共服务委员会（Volker 法律顾问办公室委员会）推荐简化雇佣的过程："即使公共部门发现了杰出的候选人，复杂的雇佣过程让人望而生畏。那些有潜力的候选人会有一种感觉，觉得公共服务部门是个黯淡的职业，因为得到政府工作是让人失望的过程"。[8]

尽管监察长们希望得到独立的人事主权来去除不必要的延误，很多人认为部门或机构的人事系统是由那些不灵活的，只会说"不"的官僚或者那些在这样一个人事削减的时期讨厌监察部门扩大的公务人员所控制的。一些监察长们觉得，如果他们有问题，应该有权直接到人事管理部门去解决。毕竟，他们与管理和预算办公室的预算有一定的关联。

监察长们只是希望得到其他政府部门所想要的：无须赘述，有条理的人事系统；没有没完没了的文件；没有那些不灵活的规定和失察；没有部门的分类分析。他们希望被相信在做正确的事，而且能得到《1978 年监察长法案》第六条（a）款（b）项和监察长办公室的保护。但是在解除束缚和使其组织更有效的过程中，监察长们对那些他们忽略的东西失去了同情，因为他们在面临如何在预算紧凑的情况下运营变得不那么敏感，对于一些管理人员抄近路才能使工作完成的情况不那么理解。

地点。监察长办公室保持独立的一个潜在的手段就是地点，虽然最终没有太大差别。不管是监察长还是职员或秘书处，在同一幢楼里或离几个街区既不是坏事也不是好事。

大多数监察长办公室就在部门或机构总部的大厅或拐角。1980 年，只有退伍军人管理局、环境保护局和教育部的监察办公室在其他的楼里。1982

年，国防部的监察长在五角大楼外面设立办公室，卫生及公共服务部的监察长则在1986年搬走了。然而，由于他们两个部门人数较多，有独立的办公地点也是必需的。对国防部监察长办公室来说，这次搬迁使他们从原先的6个地点合并到了一起；对卫生及公共服务部而言，库斯罗和他的职员占用了原先卫生教育和福利部的办公室。国防部监察长还保留了在五角大楼沿着秘书处通道的办公室。

环境保护局和教育部的监察长办公室，相对比较小，因为没有其他空间，所以在不同的办公地点。环境保护局的监察长办公室被分散在华盛顿东南部的一个校区内，在西夫韦百货大楼的楼上。而教育部监察长办公室被硬塞进和国家航空航天局合用的一幢大楼，在国家太空博物馆街对面的楼上。与秘书处或者行政部门分开并不意味着地位的缺失，因为其他的一些办公室也和监察长办公室在一起。然而，有一个例外就是退伍军人管理局的监察长办公室。退伍军人管理局的总部在拉斐特公园和白宫的街对面，那里有很大的空间，但是退伍军人管理局的监察长办公室却在三个街区之外。这仅是众多令人烦恼的问题之一。另一个问题是监察长有300名雇员，而每年有25000名雇员为300万名老兵服务和提供医疗服务。

组织机构的影响力

监察长办公室能够如此有预见性地发展，其中一个原因是监察长们可以互相交流。他们有一个共同的论坛——被诽谤者称为"工会"的地方——里根总统时期每月碰面一次：总统廉政与效率委员会。

然而，总统廉政与效率委员会并不是监察长协调的第一个机构。卡特曾在1979年设立行政机构通过执行备忘录打击政府诈骗和浪费。可能因为领导方式不同，里根的方法更加严格。

首先，卡特团队受司法部副部长管理而总统廉政与效率委员会受管理和预算办公室副主任的管理，而副主席的位置则为任期内的一位监察长保留。管理和预算办公室占据着主导地位，而不是司法部。

其次，卡特团队由备忘录建成，而总统廉政与效率委员会得到了正式的行政命令的许可，在里根反对浪费之战中表明了更明确的作用。尽管没有颁布廉政与效率委员会方面的法令，这似乎是总统承诺最强有力的信号。

司法部也不是完全与此无关。至少有一句行政命令有很明显的司法印记："委员会必须认识到在法律实施和诉讼方面司法部的重要作用。"[9]司法部也坚持联邦调查局的调查总指挥是总统廉政与效率委员会的成员。进一步而言，这个部门得到了管理和预算办公室的承诺，任何廉政与效率委员会关于法律实施的项目和委员会必须与司法部副部长或者联邦调查局联系，并且联邦调查局在总统廉政与效率委员会公正和法律实施常务委员会具有永远的领导席位。

不过，这些对于司法部而言，管理和预算办公室起着更重要的作用。所以，一些国会议员和监察长团队担心监察长制度的政治化。回顾监察长法实施十年中里根总统时期，众议院政府工作委员会认为"这对监察长具有微妙的导向性和利用总统廉政与效率委员会达到党派的目的"提出了政治化可能性的不温不火的例子。[10]

总统廉政与效率委员会确实在一些合作项目上对监察长们施加了压力。比如，1987年，总统廉政与效率委员会的5个常务委员会有32个项目在进行，其中一项是审计委员会的关于联邦授权者与承包商工资存款的项目，计算机委员会关于计算机系统公正的项目，检查与特殊审查委员会关于监察长传唤的法律分析的项目，调查与法律实施委员会关于成功采购特征与经济调查的项目以及预防委员会关于揭发反馈的项目。在由众议院政府工作委员会进行的一项采访中，一位监察长说道："总统廉政与效率委员的衰落在于一些小组委员会推动工作仅仅是为了使小组委员会继续运行。监察长有太多需要完成的工作而无法参与这种为了提供就业机会而安排的工作中。然而，这种趋势是希望每个人都参与而有些人在某些特定领域并没有真正的需要和兴趣。"[11]

无论成本如何，总统廉政与效率委员会作为加强监察长的游说能力，以及建立非正式的网络组织工作方面的工具得到了广泛的认可。库斯罗有次解释说："我不确定他们是不是不想密切关注我们，尽管很努力地鼓励我们完成我们的工作，但结果是它让我们一起工作，并且最终走到一起"。[12]

他的观点也得到了其他监察长的认可。比如，1988年，环境保护局的监察长约翰·马丁说道："总统廉政与效率委员会作为一个组织，使我们不必要再独自面对单独的机构首脑；当那些机构希望我们消失的时候，我们能够

从政府体系的凝聚力中得到力量。"也如他的同事,交通部监察长约翰·梅尔克纳说的那样:

> 总统廉政与效率委员会以及它的运作方式使我们有机会时不时与我的同事们交流——比如当我遇到特别的事件时,我能咨询其他人的意见⋯很少有人处于监察长这样特殊的职位。正如我的同事所说,你需要理解和同情来保持平衡;同时,你也需要保持自身的独立。能够进入这个团队,在常规的基础上与他们交流,这对我是很有价值的资源。[13]

因此,总统廉政与效率委员会更多地为监察长们提供了独立于管理和预算办公室以及国会的机会,而不是一个控制监察长的机构。总统廉政与效率委员会不仅仅是一个游说人员和提高预算的载体,也是监察长选举之家。在很多方面,"它对监察长来说就是工会,一个协商的地方,一个能够聚在一起讨论如何发展的地方"。一位负责管理的部长助理略带怨恨地抱怨。

在里根总统第二任期的最后阶段,总统廉政与效率委员会开始失去其优势。

首先,管理和预算办公室领导人的变化造成了不可避免的破坏。回想怀特很艰难地维持副主任的管理。据管理和预算办公室一位职员说:"到1984年,一系列的副主任导致工作失去了重点。乔对总统廉政与效率委员会来说非常重要,但是副主任一直使其忙于发送文件等工作。曾经乔决定为委员会设立一个副监察长的职位,管理和预算办公室立刻否决,这对于他们来说没那么重要"。

其次,监察长制度的扩张对于部门和机构来说有更多的人在掌权。20世纪80年代15~18个人聚在一起是一回事,而在1988年召集25~30个人一起开会则是另一回事。更重要的是,根据总统第12625号令,1986年的总统廉政与效率委员会扩大后,包括一个覆盖所有小监察机构的"统筹会议"。尽管总统廉政与效率委员会仍分开会面,这个统筹会议是官方的并且涉及一些总统廉政与效率委员会的特别项目。

再次,克密科法律顾问办公室备忘录将总统廉政与效率委员会深深地割裂开。作为委员会的副主席,当时的国务院监察长谢尔曼·芬克在讨论解决这一争议时没有很好地履行其职责。他的行为导致劳工部代理监察长玛丽亚在参议院政府事务委员会所说的以下证词：

> 我和我的职员对此非常愤慨。我不确定所有的，我只是作为代理的监察长。很多人认为我是一个干涉他人事务的人，所以我可能拥有别人没有的信仰。我认为不是所有的监察长都向同一个方向努力，也不是在努力做同样的事。有些有非常可信且雄伟的计划，而有些处于太过舒适的环境以至于他们的调查权威对他们已经无足轻重。[14]

最后，由于监察长制度在20世纪80年代逐渐成熟，对总统廉政与效率委员会强烈的需求也就减少了。1985年的那一批，由非正式的监察长招募委员会选举和培训的人员，对于这样的一个组织以及通过和同事聊天解决本部门工作开展的难题取得的同志友情已经不那么需要了。

组织机构的未来

进入20世纪90年代以后，监察长们没有任何发展倒退的迹象。不仅仅因为大多数有需要新资源的压力，他们的组织阶层也在不断发展。然而，发展主要以两种基本方式：扩大法律执行权力或评价与监察的调查。第一种是监察长们所熟知的顺应性监测之路。第二种更具风险性，但潜在地对政府更有用处。

理想化而言，监察长们希望同时加强罪犯调查和评价。正如库斯罗所说，评价体系在为调查和审计设定目标方面尤其有效：

> 调查就像火炮，将炮口对准既定目标；审计就好像步兵团，因为它人员更密集，需要有体系地从一个被审者转移到下一个被审者；监察就像是骑兵，虽然人数不如对方多，但是可以侦查对方的总体情况以减少正面交锋或者返回报告情况以制订更大的作战计划。[15]

然而，即使监察长们也逐渐受到这样面临艰难选择的博弈的束缚。因此，监察长组织机构的未来更多的是取决于政府的需要而不是监察长的愿望。

全面强化的案例

正如在1991年7月众议员海莉 O. 斯塔格斯（Harley O. Staggers）介绍的在 H. R. 1361 中，法律执行权威的案例如下：

国会发现：

（1）监察长办公室罪犯调查科因为缺乏完全的法律执行权威严重影响了人员招募、保留和士气。

（2）联邦政府的监察长办公室已经失去至少300名罪犯调查人员。

（3）很多监察长办公室的调查人员处于危险之中因为他们是单人负责制。

（4）委托这些调查人员给予他们完全法律执行权威可能需要花费6个月的时间。

（5）这些调查人员被要求拥有与具有完全法律执行权威的员工同样的资历和培训。

（6）依靠不能完全行使法律执行权威的调查人员的监察长办公室是没有效率的。

问题从来就不是大约2000名的监察调查人员是否需要法律执行权威，而是他们从何处可以获得——从司法部还是从监察法的全面修正案。对于监察长来说，支持全面权威的原因在于公正，安全和效率。

公正。监察长办公室的1811系列调查人员要么有足够的责任举起这枪炮，要么就没有。然而，1990年，大约有一半的监察长办公室调查人员根据法令拥有完全法律执行权威，而剩下的人不得不（1）向司法局申请逮捕证或者进行担保；（2）或者向联邦调查局或者美国法警服务局借一个有授权的代理人。具有法定权限的——比如农业部调查人员，国防部调查人员，或者总务署的调查人员——这很难使其他监察长觉得是公正的。一个保证公正的办法就是，比如说，就是将每个监察长办公室的调查人员都列于司法部的授权下。

安全。根据监察长们所说，在20世纪80年代后期至少有650件案子由于缺乏完全法律执行权威使调查处于危险之中。这在1989年被写进3英寸厚的文件被递交给国会。[16]然而，即使是最麻烦的案子中，一名武装的监察工作人员如何比没有武装的更成功地阻止袭击并没有说得很清楚。国会调查专员弗雷德·凯撒（Fred Kaiser）在调查一名监察长办公室人员（无武装）与一名美国法警（武装）在人质劫持案件中这样说道。凯撒假想了没有法警陪同的监察工作人员可能会发生的情况：

> 在这种情况下，与一名由法警陪同的无武装的监察人员相比，一名有武装的监察人员不见得就能在第一时间阻止人质事件的发生或者升级，因为美国法警与其他人相比，接受过保护方面的特别训练，承担着维护法庭安全以及保护法官和证人的责任。而且，他们曾受训，知道如何采取预防措施将人质事件的危害减到最小，如何避免暴力的升级及减少对周围无辜人员的伤害。即使是拥有完全法律执行权威的监察人员，也不太可能具有法警的专业训练和在保护人身安全方面的专业技能。[17]

尽管监察长办公室向国会递交了文件说明监察人员面临的不便，激战和威胁，全面的权威耗费较高。限制权限并不是为了造成监察调查人员悲惨的生活，而是保护平民不受到不必要的伤害以及避免权力的滥用。就像众议院政府工作委员会在回顾监察长法颁布十年的情况时所说：

> 虽然全面批准完全法律执行权限也许是监察长获得权限最有效的方法，但当监察长与美国检察官合作开展调查时，这个行动本身并不能达到预期的进程和大陪审团所固有的个人权利，也不能在委托阶段提供固有的监督。任何不经仔细分析，就事论事以及保护个人权利的提案都是不明智的。[18]

鉴于这个报告被杰克·布鲁克斯签署并发布，杰克·布鲁克斯将成为司法委员会的主席，而司法委员会又对全面权限的立法具有管辖权，这项权限就不太可能成为法律了。

效率。最终，这场权限之争归结为效率。至少到20世纪90年代早期，当司法部改变了流程，监察长被司法部就事论事解决授权的方式感到挫败。监察长没有优先权；13步流程十分复杂；整个步骤趋于拖延。在20世纪80

年代后期，国防部监察长的请求平均等待时间是 2~6 个月；环境保护局 4 个月；内政部，2~6 个月；交通部，3 个月。根据司法部的统计，1989 年所有的监察长办公室等待授权的时间是 48.5 天。[19]

尽管关于这些无效率及让人困惑的程序的投诉是合理的，但是大规模给予这些不知道是不是该被称为监察办公人员的警察权限仍然是有问题的。而且，实施起来也十分昂贵。考虑到给所有的监察长办公室调查人员扩大权限的培训费用，弗雷德里克·凯撒认为这样会使监察长办公室的主要职责从审计转移到调查，而这在 20 世纪 80 年代中期已经开始：

> 也许有一种动机或者偏见能表明这项全面权限法案是值得的投资。这样会给这些行使新权力的人造成压力，很可能是广泛地，来证明他们增加的价值，尤其这些权限希望能增强监察部门的能力和有效性。这会令人信服地为罪犯调查行动和计划带来有利的考虑和处理，但这是以牺牲监察长办公室其他计划和活动为代价的。[20]

这种对于官僚主义的延误的解决方案并不在于全面权限的实施，而是在于效率。一位司法委员及时回应。[21]

尽管对于全面权限法案有普遍的负面想法，监察长有了很好的理由得到了另一项法律执行权限：有限的证据传唤权。一些联邦人员已经很擅长于击败监察长现有的文件传唤权。

毫无疑问，国会希望监察长有足够的权限能从联邦人员那里逼出联邦资金的信息，这是在《1978 年监察长法案》中在参议员报告中强调的观点：

> 传唤权对于监察与审计长来说至关重要。全国有成千上万的机构以某种方式从联邦项目中获得资金。如果没有必要的权力来对这些实体进行综合的审计，监察与审计长就不可能对资金如何被使用产生重大影响。[22]

因此，1978 年的条款使监察长有权调取"所有信息、文件、报告、回复、纪录、账目、票据和其他必要的文档证据"。

这份列表如此宽泛以至于一些监察长认定它是允许了证据传唤权。比如，

1978年，能源部监察长，给美国石油协会的员工约翰·伊安诺尼（John Iannone）发了一张传票，迫使他关于美国石油存储的敏感信息泄漏作证。这张传票是根据《能源部法案》签发的，该法案在能源部成立时就确立了能源部监察长制。传票的条款本质上和1978年监察长法的相同。

控制了伊安诺尼，美国哥伦比亚地区地方法院发现虽然《能源部法案》授权监察长传唤"所有信息"，但法案只提到文档证据。"如果国会打算授权监察长们在誓言下要求提供口头的证据，应该有简单的语言就能表达其用意，事实是国会并没有表明此项传唤的权力，尽管它在其他地方已经被这样执行，但它反对授权监察长拥有这样的传唤权"。[23]

其中一个争论点是国会已经将同样的权力交给其他联邦调查部门。至少有73项这样的授权存在。[24]然而，最好的例子就是监察长调查的目标，联邦人员，如果仅仅提供文档证据，很容易逃脱。正如法律专家赫伯特·L. 芬斯特（Herbert L. Fenster）和达瑞尔·J. 李（Darryl J. Lee）警告那些联邦人员一样：

> 尽管很多组织感到被迫与联邦审计人员合作，经验表明这样的立场经常会导致麻烦。公司及雇员应该在合同及法定的条款下做自己应该做的事。但他们有权在他们自己的调查中停止并不提供进一步的帮助。"特别谨慎"应该是此项标准，每一位负责任的办公人员都应该知道这些规定。[25]

舞弊经常很难查，尤其当每项合同都非常复杂，或者纪录非常无条理时，监察长调查人员或审计人员无法理解其操作体制或搜集不到足够的证据说服美国律师召集陪审团来完成取证。[26]受到个人法定诉讼程序保护的限制，有限证据传唤权限也许是监察长完成使命的组织增强措施。[27]这成为监察长更需要的法律实施工具，其重点在于加快其速度，而不是造成破坏。

评价机制

在最后的分析中，关于强化法律权限的问题在于它传递给监察长们的信号中，这个信号是关于他们如何平衡对于政府的职责。如果监察长们能够少关注一些短期的统计的成果，尤其是那些涉及调查方面的，而更多地关注以实效为本的评价和监察的计划设计，可能会对他们的机构和国会更加有价值。

因此，监察长们很可能会从改善管理的合规模式向能力培养方向转变。能力培养不是在损害发生后进行事后的回顾，而是要求监察长们在立法和监管的初始阶段行使更积极的作用。他们需要在政策关键的议程阶段判断其可使用性。

监察长有足够的授权对提议的立法和规定提出建议。鉴于管理和预算办公室的重点在短期的数据上，他们没有采取主动权这么做也并不让人惊讶。毫无疑问，他们也能在项目设计方面取得更大的成效，因为至少有一位监察长——卫生及公共服务部的库斯罗——做到了。

不过，在所有的强化措施中，增强评价和监察能力不是最受欢迎的。1983~1989年，三位监察长增加了此项功能；三位放弃了此项功能。然而，如果仅仅因为20世纪80年代监察长办公室以外的评价单位被缩减，监察长更积极地参与评价体系的希望依旧具有吸引力。[28]

根据一项对于里根总统任期前四年的审计总署的研究，联邦评价单位的数量不仅减少了，在这些单位里进行的评价也大大缩减。[29] 1988年，审计总署警告即将上任的布什政府"我们已经发现在行政分支机构项目评估和资料收集能力都几乎没有例外地被削弱了"。[30] 警告中继续提道：

> 1980年曾经被做的同样的工作在1984年和1988年却没有做。工作从为项目效果提出更准确的方法的复杂性评价转换为不太复杂的研究和非技术性的报告。
>
> 1988年的单位样本中，存在更依赖外部专家的现象。不像前些年，当内部专家进行小规模的、专向的研究，人员缺失似乎已经达到一个至关重要的水平，迫使评价部门将工作甚至小规模的研究外包出去。更糟的是，一位机构人员说这样有资质的承包商也在减少。
>
> 另外，由于项目经理的需求，主要是因为内部的消费，报告不断产生。外部消耗的评估——国会的监管和公众的审查——在数量上受到了限制（到1988年），而且主要是由国会授权的研究，国会将资金留作这一目的。[31]

还有，在里根总统的第二任期，政府继续在评估和政策分析所需的资料收集上减资。没有基本信息来评估项目，政府对未来是盲目的。想要阻止这一问题的努力被破坏，政策分析师和总统任命者仅仅关注短期内他们所看见的。

为什么是监察长？为什么期望监察长办公室能让项目评估重生？这个答案是双重的。

首先，很多被里根裁减的评估人员最后进入了监察长办公室。人事权，尤其是在部门和机构中，过去，现在依然是博弈的游戏。所以，监察长办公室得到的就是评估部门失去的。卫生及公共服务部评估员威廉·莫兰（William Moran）说：“与过去传统的联邦评估部门被缩减的功能对比，评价联邦项目的责任更多地转移给监察长办公室似乎是合理的”。[32]

在卫生及公共服务部，这种转变是真实存在的。计划与评估办公室被裁的150个职位完全不动地转到监察长不断扩展的评估监察办公室。类似地转移发生在整个政府部门中，尽管大多数情况下，评估能被重新划归到或转移到审计部门，调查部门或他们两个。

其次，以监察长办公室为大本营的评估工作能为对抗政治分析提供保护。当被问到监察长是否应当扩大他们评估能力时，一位非监察长办公室的评估专家说道：“简要回答：至少它不是审计——不是检查承诺清单。这对监察长来说是好事。详细回答：监察长比其他非监察机构能更好地对抗压力。现在在信息和分析的政府化方面整个政府存在着严重的问题。监察长们能够保护诚实的工作"。

这种观点是有依据的，审计总署要求诚实的联邦评估报告："机构评估的问题包括没有进行必要的研究，对于隐瞒或歪曲事实的报告草案的非技术性影响，影响研究质量的技术缺陷，不确定的高层经理的介入，在制定政策方面对评估有限的使用"。[33]

尽管以监察长办公室为基础的评估并不能解决所有的问题，充分的运作独立性能使传统的评估人员所期望的在政治化的环境中评估的自由成为可能。根据莫兰所说：

> 传统的项目评估人员有可能要提交评估结果以供复查，监察人员知

道他们的监察长对于他们出具的报告有最终决定权。这并不意味着监察的结果不需要在监察长办公室以外被审查。这意味着监察长可以在他自己的机构内不与其他方面合作公布报告。这样的权限在处理敏感或有争议的主题时变得尤其重要。[34]

另外，不仅监察长的报告可以公之于众，报告的作者也有法定的自由根据他们的愿望进行审计和调查。不管传统的调查人员喜欢与否，监察长办公室有人员，有订约的资源和历史的支持来承担一个更有闯劲的评估责任。评估会将监察长们更积极地推向绩效与能力监控。与罪犯调查不同，那主要是对个人合规方面的回顾，评估提供了一个前瞻性的计划和机构层面的选择。

为什么不是监察长？以监察部门为基础的评估也存在着双重问题。首先，一些传统主义者不能接受监察机关评估的方法。监察机构经常将评估标为"视察"，这指向了矛盾的观点。公共行政专家德怀特·戴维斯（Dwight Davis）对审计人员的评估工作做出了以下的评价：

> 审计人员强调与"管理控制"相关的变量。审计人员虽然以前更强调项目影响，但是依然不如评估专员。
>
> 审计人员也比评估人员更关注法律和过程性的合规问题。审计人员在《一般公认会计准则》要求下有义务调查这些问题。
>
> 审计人员偏重管理控制和契约问题的倾向会造成项目评估的结果太过挑剔或精打细算。对问责制的强调会导致报告中的语气比需要的更挑剔从而引起不平衡或者不公正。
>
> 有理由相信审计比评估研究缺少创新而有更丰富的概念。[35]

戴维斯的观点是赞同的，与公共管理学者凯瑟琳·纽科默（Kathryn Newcomer）的将监察机关作为十种最好的解决评估问题之一的炫耀相比："一旦评估工作转移到监察长办公室，可以让监察人员完成所有的工作。监察长能够让任何政治被任命者相信审计其实就是评估，评估就是审计，审计事实就是审计，而评估事实上不值一提"。[36]

甚至监察长办公室也不确定评估的含义。监察长办公室评估和监察部门被给予不同的名字，雇佣不同的职员，有不同的覆盖范围——希望缩小研究重点，在视野上更广阔—在规模上从小（商务部12）到大不等（国防部180，卫生及公共服务部150）（见表9-4）。

表9-4　监察长办公室的评估与监察部门（1989年）

部门或机构	部属机构	职员	监察范围
卫生及公共服务部	评估与监察办公室	程序师	系统分析
能源部	监察与分析办公室	专家/工程师	目标性
商务部	计划、评估与监察办公室	审计师/会计师/经济学家	目标性
总务署	审计办公室	审计师	目标性
国防部	监察长办公室	项目分析师	混合型
国务院	调查办公室 安全监管办公室	专家	混合型

资料来源：改编自威廉·莫兰的《联邦监察长办公室内部评估》，出自 M. 亨德里克斯，M. 曼加诺的《联邦监察长办公室内部评估的发展》；《项目评价的新方向》，第48号（旧金山：乔西·巴斯出版社，1990年冬）。

评估和监察的定义如此泛泛以至于几乎所有的监察长办公室都可以声称他们在做某种评估工作。在具有监察与评估功能的九个监察长办公室中，只有一个——卫生及公共服务部的监察长办公室——与传统评估有相似之处，也只有一个——卫生及公共服务部监察长办公室冠名这个部门为"评估"。其他八个部门则是用了其他名字，最好也就是叫个"监察"，将它纳入传统的审计部门（国防部称其为契约检查）或者3~4周的实地访问（商务部称其为审计微观管理）。

卫生及公共服务部监察长办公室的模式。卫生及公共服务部的评估与监察办公室（OEI）得名来源1989年库斯罗在给美国评估协会所有成员的信中提到的作为一种表达它与评估协会之间紧密的联系的方式。[37]

这个名字准确地描述了这个部门的日常工作事项，并且反映出监察时效性作为评估职责的重要组成部分的侧重点。据迈克尔·曼加诺（Michael Mangano），卫生及公共服务部评估与监察部门的助理监察长所说："我们最初被建立的理由是卫生及公共服务部在评估能力方面有一定的差距。在华盛顿的内阁和非正式顾问团，事情进行得很快，所以也需要很快下决定。传统的评估部门太慢所以帮不上忙——过去，在传统的评估得到结果前已经做了决定了"。[38]

库斯罗-曼加诺评估的方式最大限度地强调了速度,而不是通常地推翻传统的评估的重点。"我们完全认识到如果评估是有用的,他们必须在做出决定前可以拿到。我们计划在4~6个月内完成每项监察,有时甚至更快。"[39]

不过,卫生及公共服务部的模式在预防未来的问题上特别有兴趣。评估与监察办公室报告写作的技能帮助指导——卫生及公共服务部监察长办公室出版的七条指导中的一条——在这方面非常明确,为有效的建议提出以下指导:

——将所有的监察问题视作"可据理加以抨击的对象"。留心所有能进步的可能性。

——将监察工作纳入更大的环境进行考虑。记住建议必须在现行的组织背景下有意义。

——展示建议能带来的未来含义,尤其是每条建议所能带来的利益。如果有用处,指出能够实施该建议的必要资源。

——使你的建议简单易懂。以有意义的方式将建议归类,并且将每一条与监察的结果直接联系起来。如果可能的话,在书面报告和个人简报中为关键受众提供建议。[40]

在最后的分析中,评估人员几乎没有选择只能和监察长讨价还价:支持以监察长办公室为基础的评估,作为回报,能够得到逐渐独立的监察长办公室的保护。审计总署的评估分支负责人埃莉诺·赫利姆斯基(Eleanor Chelimsky)说道:"由于审计办公室小心保护的独立性,项目评估才能真正逃离政治化。事实是,如今在政府中,仅仅指出问题都和以前达成一个解决方案一样困难,和当权者说真相是一种不常见的奢侈行为"。[41]

这场协商也将成监察长的最大利益,国会会设立法定的评估与监察席位。通过要求单独的评估职能,国会提醒监察长监督绩效和能力培养是授权的一部分。

作为机构存储器的监察长

评估的另一吸引力在于它能促进监察长作为机构的存储器,知道哪些起作用，哪些不起作用，从而在其机构内发挥更加积极的作用。政府人员如今认为即使是低五级的副部长助理和那些处于危险中的政策分析的传统来源，监察长及其职员也许是最后，也是最好的重建以及保护政府长期存储的希望。

住房与城市发展部的丑闻就是因为合规监督使问责在更宽泛的层面失去意义。正如德怀特·英克（Dwight Ink）作为住房与城市发展部的前助理从他有利的角度指出 20 世纪 70 年代的行政状况：

> 我相信住房与城市发展部的问题出现的一个原因是在 20 世纪 70 年代早期当部门将工作重点从预防转移到调查。如果不是以牺牲预防为代价，更多的有效调查也能成为一个积极的举措。其中一个最严重的结果就是在早年的部门中非常重要的警告系统被逐渐弱化。[42]

正如英克所回忆的那样，这种变化在行动的时机上是很显著的。"过去重点是在可能的范围内预防问题的发生以及在问题变得严重之前能早些探知到出现的问题。当这种方式被通过外部监管的大量依赖调查所取代后，部门失去了它很多避免滥用权力以及当失效发生立刻采取正确措施的能力"。[43]

说服监察长将评估和政策分析纳入其职能范围，培养其在绩效和能力培养可用性的资源和独立性，对于重建政府长期的机构存储不是一个小成就。不过，设立监察长来对抗政治化，通过仔细的搜索过程进行选择，给办公室赋予固定的定义，在丑闻发生前帮助国会和总统测试项目的可行性，是值得努力工作的方向。

第五部分　有效性的问题

第十章
衡量监察长制度的影响力

对于任何监管体系的检验，是否能提高合规、绩效和能力培养取决于它是否能够提高政府总体的责任感。这是有效性中的一个问题。

回答这个问题的第一个步骤是给"有效性"下定义。比如说，从组织的角度来看，监察长已经非常有效了。监察长办公室已经更加独立，职员数量也大幅度增长。[1]他们已经在基本资源上减少了对于部门和机构的依赖，在不稳定的政治环境中获得了确定的方式。

从舞弊、浪费和滥用权力的角度看，监察长制度也是卓有成效的，如果有效性单纯用统计术语衡量的话。在过去的十年中，监察长制度的实施避免了大量的资金浪费，同时由于对不法行为者的起诉和定罪也使他们不断遭人憎恨。要想全面衡量监察长在反对浪费的战争中是否有效果，首先有必要估计下浪费的数量。

举例来说，如果里根关于1/5的联邦资金都被浪费这一观点是对的，监察长应该每年收回2000亿美元来保持收支平衡。截至目前，他们都没能做到。事实上，斯蒂文·凯尔曼（Steven Kelman）争辩说，里根的估计是建立在"几乎全部是夸张"的关于浪费的恐怖故事上的。凯尔曼说道，

> 当人们认为项目不值得时，容易太快下结论说项目是在浪费。但是如果政府提供了一个不值的产品，应当针对的是这个决定，而不是指控那些决策者无能和贪赃枉法来发泄怒火。[2]

然而仅仅从组织或金钱数据来定义有效性太过狭隘了。有效性还在于什么对政府来说是最好的。正如马克·摩尔和玛格丽特·盖茨所说，"舞弊""浪费""滥用职权""经济""效率"这些词不仅难以下定义，监察长还要将其运用于"前瞻性""回顾""成本控制"或者"输出导向"方面。[3]所以，监察长是否有效取决于你认为他们应该做什么和他们怎样做这些事。

有效性的衡量

使用有效性的广义定义导致至少以下五个关于监察长工作的问题：（1）这些办公人员专业吗？（2）覆盖的范围够深吗？（3）这些节省下来的费用有多少？（4）这些案件有什么好处？（5）结果有多明显？前两个问题是关于监察过程的输入；后三个问题则是关于输出，这些反过来至少在舞弊，浪费和滥用职权某一方面产生影响。尽管所提出的问题并不是很详尽，他们还是为这十年来监察长如何工作提供了广泛的角度。

职业水准

其中一条估算有效性的可行性方法是建立一套绩效考评最低标准来衡量，从而进行绩效考评，简单来说，就是对监察长办公室的相关职业水准的监督考察。审计总署针对这项方法设计出一套版本，并在过去10年内先后用于6家监察长办公室的测试中。它以23条非常详细的衡量标准条例作为基础，其中12条衡量审计工作，11条衡量调查工作，这些标准条例共同构成监察长办公室执行有效监察的前提条件。[4]

就审计单方面举例来说，一家监察长办公室必须确保他们的审计人员与接受代理服务机构的对象之间没有关联性，即需要避免的相关内容具体为"因个人或外部与待审计对象的交集对审计独立性造成损害"。与此同时，审计人员也应当在他们的工作中体现独立性。而就委任审计人员需要的资历方面，规定一家监察长办公室应确保所有的审计人员都能够达到人事管理办公室对员工工作资历的相关规定和自委任之前的两年内至少1次的培训经历。但审计总署并没有明确表示一些细节，比如，员工的相关资历是否会对一家监察长办公室产生重要的影响，或者这23条标准条例中是否有可能有一条及以上的条例中存在相当严重的误区或漏洞。

考虑一下审计总署在1987年对美国总务署监察长办公室的工作评价便能发现这不失为上述工作监察条例应用的一个实例。[5]借鉴于一份只有26项最具代表性的审计业务和调查业务的样本后,审计总署发现了如下的三个方面的漏洞:审计监督,审计证据和取证计划。这些漏洞就像在"明白了"背后发现的一些问题一样,往往会让监察长办公室的审计和调查目标模糊化。就监察的标准,举例来说,审计总署发现这26项审计中,有4项不符合审计工作底稿的相关要求,还有4项需要审计人员在审计底稿上做进一步的解释说明。最重要的是,26项抽样审计中,有10项没有满足监督标准的其中一个因素,甚至全部两个因素。

> 审计总署还发现,约有7/10的含有审计监督漏洞的审计业务几乎没有监督人员对下属的工作的书面证据。举例来说,审计总署检查了其中一项审计业务,发现没有一项区域办事处的工作日志在监察文件中被监察官签字记录,而且只有20%的总部工作日志满足以上条件。在另外4项审计业务样本中,审计总署发现常识性悖论存在于报表和支持性工作文件之间,这都表明,监察检查中存在弊端。[6]

这项绩效测试中存在的问题就在于测试本身并没有显露太多监察长办公室的效力问题。事实上,即使总务署工作满足23条标准中的20条也不意味着它比同等测试下满足19条标准的农业部和卫生及公共服务部更加有效力。同样的,就算退伍军人事务部满足了全部23条标准,也不代表它是最优秀的机构之一。一家监察长办公室可能拥有着百分之百出色的业绩,而仍旧对它所属的部门或机构来说没有绝对性的价值。无论这项绩效测试是由审计总署直属监察长还是由被检查机构的部门或机构直属监察长所做的,审计对象是否通过都完全取决于检查清单。因此,在这种情况下,专业化不代表实用化。

覆盖面

很明显,在美国前总统罗纳德·里根的在政时期,监察长们在建设自己的队伍方面做得很棒;他们的办公室扩张得很快,即使其从属的部门或其他政府机构缩减时,它们也缩减得相对较小。但重要的是,这种增长是否能够保证适当的覆盖面呢？有两种比率可以部分地回答这个问题：（1）监察长办公室所有员工占其从属的部门或机构员工的比率；（2）监察长办公室所有员工的预算开销与其从属部门或机构预算开销比率（见表10-1）。

表10-1　　　　　　　　监察长办公室规模比率（1989年）

监察开销数/100万美元

部门/机构名	监察长办公室员工比率	监察长办公室员工预算开销比率
农业部	1：134	1：60
国际开发署	1：19	1：9
商务部	1：192	1：12
国防部	1：669	1：203
教育部	1：14	1：66
能源部	1：69	1：47
环境保护局	1：45	1：16
总务署	1：46	1：0.5[a]
卫生及公共服务部	1：89	1：304
住房与城市发展部	1：27	1：40
内政部	1：247	1：18
劳工部	1：35	1：43
国家航空航天局[b]	1：158	1：75
小企业管理局	1：31	1：3[a]
铁路职工退休管理委员会	1：18	1：6
国务院[b]	1：98	1：14
交通部	1：135	1：57
美国新闻署	1：175	1：18
退伍军人事务部[b]	1：546	1：77

注：a. 总务署的相关数据来源于相关预算报告而并非实际开销。
　　b. 1990年估计数据。
资料来源：美国政府预算，1991年财政年报。

例如，根据相关就业信息，铁路职工退休管理委员会，小企业管理局，国际开发署，教育部和总务署都是覆盖面最广的。铁路职工退休管理委员会监察长办公室仅有72人，是政府中第二小的监察长办公室，尽管如此，其覆盖面却名列榜首。铁路职工退休管理委员会也是政府中最小的机构（仅有1265名全职员工），所以在这个机构里，大约18名员工就有一位监察长办公室的工作人员。相反，拥有最大的监察长办公室（1572名员工）和超过一百万正式员工的国防部,排在倒数第一位。倒数第二名则是退伍军人事务部,该单位的监察长办公室位居最小之列,只有389名员工,但是退伍军人事务部却是美国最大的部门之一,拥有212200名全职员工。

在监察长办公室员工预算开销比率表中,小企业管理局、总务署和国际发展局再一次登上榜首。以小企业管理局为例,每一位监察长办公室的员工的开销额度都要多达300万美元,而在国际开发署这一数据更是飙到了900万美元。而即使其监察长办公室拥有着3180亿美元的巨大预算,国防部还是排在倒数第二名。排在倒数第一的是卫生及公共服务部,其监察长办公室有着用于社会安保,医疗和人类服务开支方面的高达4000亿美元的预算,但也同样拥有着超过1300名员工。

这些比率有三项计算要求。

首先,国防部的相关数据是在不考虑4000名在国防合同审计局负责国防部监察长办公室下辖的小型事项的额外人员情况进行计算或统计的。如果将这些人员包括在计算之列,两项比率将被分别降为1/194和5900万美元/人。

其次,机构处理客户量和承包商人数均不列入计算之列。就国防部来说,其监察长办公室的工作可能因此而得以减轻,而就卫生及公共服务部来说,相应人员的工作可就没这么轻松了——毕竟,这3600万名社会安保受益者里每一个人都可能是潜在的造假者。

最后,这些比率显示了监察长们可以最大化地调动他们的员工做事,但更多的人对于特定项目承担着非常重要的法律责任。以小企业管理局为例,监察长办公室员工的大部分时间都花在联邦政府资助的小型商业投资公司的审计业务上,根本无暇顾及他事。1988年之前,小型商业投资公司都需要年审,而1988年后则是两年一次的审计要求。与此同时,小企业管理局监察长查尔斯·吉勒姆在1989年证实,大约70%的员工资源被用于法定审计,而真正能够提出扼要性发现的,只有少于40%的员工做得到。

尽管有这些警示,比较两个相似的机构,也能够发现很大的差异。以1988年的退伍军人管理局为例,虽然高居最大和最为分散的部门之列,它的监察长办公室仅位居最小之列。假如机构里拥有高达150亿美元的年收入的安保项目中存在舞弊现象,监察长办公室的工作就会明显地缺少人手了。因此,国会凭法案任命了40个新的监察长,并把他们的地位提高到内阁的地位。参议院政府事务委员会已经对外宣布将增加 165 个相关职位，并提出，监察长办公室员工比率最小数应为 1/365。

但是，就设定监察长办公室员工率底线而言其挑战性在于如何针对员工需求量进行准确的预估。员工需要量不太可能就确定的相应的审计，调查或办事员从事率的绝对最低值的一个函数模型而确定下来。有可能一个小机构必须需要一个确定的审计人员、调查人员数目来确保足够的效力，而一个大型机构则仅仅需要除了这个数目外基于相关比率的一个额外数目的员工。确定员工需求量已经被证实是几乎不可能的。

《1988 年监察长法案修正案》指出，位列最小的机构迫切需要设定合适的员工率最小值。这些一到两人的监察长办公室不可避免地要面临专业化和依赖性的二重问题。同时对审计和调查项目承担责任，这些办公室所需要的每一条法律建议和从办事到打印的每一笔运营支持经费，都来自其直属机构。

国会界的一些权威人士，包括参议院政府事务委员会总顾问洛林·刘易斯（Lorraine Lewis）在内，都推荐监察长办公室内至少应有 5 名员工，包括一名监察长，一名秘书，一名审计人员，一名调查人员和一名律师。对于州际商务委员会来说，这项建议听起来非常合理——他们甚至可以额外任命其他的监察长，因为他们有着 701 名员工。但是，如若这种建议被用于只有 9 名雇员的国际广播委员会，或者只有 69 名员工的阿巴拉契亚地区发展委员会，恐怕相应的情况就变得没那么有说服力了。

节约资金数量

当职业水准和偿债能力率超过了监察长办公室发展过程中的投入——效益的问题就变成了产出的问题。站在审计人员的角度看待监察长办公室的效益问题，成功通常都是用美元来衡量的。例如，在里根总统任期，账本上节约下来的美元，或者是被用于更好用途的美元达到 1000 亿。根据表 10-2 中的数据，在监察长绝对水平节约的资金数量和每个员工的节约的资金数量之间都存在很大的差异。另外，那些"用于更好用途的基金"类别的存款通常是存款最重要的来源。

表 10-2　监察长办公室节约资金明细（1989 年 4 月 1 日~9 月 30 日）

单位：美元

机构/部门名	优化使用资金	总调查返还资金	节约额合计	单位员工节约额	机构总开支（亿）	节约额/机构开支率
农业部	256833000	36100000	293933000	361987	483	1：164
国际开发署	142882000	182946	149279000	621996	21	1：14
商务部	120514000	472000	125334000	599684	26	1：21
国防部	858790000	65957520	926903520	589663	3183	1：343
教育部	240248000	5529024	374915024	1153585	216	1：58
能源部	425500000	1441443	447000000	1862500	114	1：26
环境保护局	31708000	1347114	49826114	160729	49	1：98
总务署	118594428	1359718	125759859	300143	2	1：1.6
卫生及公共服务部	5787143000	5500000	5915696000	4491797	3997	1：68
住房与城市发展部	23669000	4339978	59279978	120488	197	1：332
内政部	620600000	6673760	628637078	2175215	52	1：8
劳工部	33800000	1341727	107841727	206198	227	1：211
国家航空航天局	55900000	3000000	59870525	410072	110	1：184
小企业管理局	1592000	360998	1991998	15206	4	1：201
铁路职工退休管理委员会	100385000	900290	101285290	1406740	4	1：4
国务院	24100000	98092	24198092	93429	37	1：153
交通部	68746000	7100000	183745000	393458	266	1：145
新闻署	560879	2121	659000	13180	9	1：1366
退伍军人事务部	113000000	2674000	116674000	299933	300	1：257

注：a. 能源部的数据来自其 1989 年 10 月 1 日至 1990 年 3 月 31 日半年报。

b. 总务署的数据出自其预算计划而非实际开销。

资料来源：1989 年 4 月 1 日-9 月 30 日半年报。表格由卫生及公共服务部直属监察长办公室绘制。

这些数据反映出哪些关于监察长的效益问题？不出意料的是，考虑到规模和计划，这些都存在极大的舞弊和滥用的弱点，卫生及公共服务部以450万美元的数额排名第一，而小企业管理局和美国新闻署作为所有监察长办公室人数比例最多的部门，却在节约资金量上最低，分别是 15206 美元和13180 美元。由于每一个监察长办公室员工的职位要花费大约 150000 美元，包括工资、供给、花费和文书支持等，四个监察长在减少成本利润上落后了——住房与城市发展部、国务院、小企业管理局和美国新闻署——环境保护局仅仅在平均水平之上。

然而，这些数据并不能证明卫生及公共服务部监察长办公室就是效益最高的监察部门。数据没有计算被阻止的舞弊和被阻止的浪费。另外，我们无法得出有多少舞弊存在的结论。卫生及公共服务部的监察长也许只是拿到了舞弊，浪费和滥用资金总数的一小部分，然而其他的监察长也许占了很多。或者说，人们会争论，卫生及公共服务部监察办公室揭露了部门预防措施计划中总体来说表现不佳。这么多问题怎么会错过呢？

然而，卫生及公共服务部的监察长理查德·库斯罗或者任何其他监察长未曾误导过国会。卫生及公共服务部的监察长办公室毫无疑问真正省钱了。根据表 10-2 中的数据，卫生及公共服务部监察长办公室每 68 美元的花费上收回 1 美元；退伍军人事务部，每 257 美元收回 1 美元；住房与城市发展部，每 332 美元收回 1 美元；国防部，每 343 美元收回 1 美元；美国新闻署，每 1366 美元收回 1 美元。

虽然如此，这些比较是充满风险的。例如，在退伍军人事务部，大部分机构花费是属于固定的个人账户的。退伍军人事务部的医生的工资是必须的。因此，退伍军人事务部的舞弊曝光就会比卫生及公共服务部少。[7]

另外，卫生及公共服务部大多数节约的资金在"用于更好用途的基金"。这个短语不是毫无意义的，但是对于这些数字意味着什么仍然有相当大的困惑。根据有关"得到的教训"最初的调查，这是来自 1988 年通过的关于新报告的要求的履行情况，监察长们很明显在担心，"国会也许理解那些算在'用于更好用途的基金'里的存款按照字面意思变现出来，并且十分直接地作为潜在的预算的存款"。根据对大大小小九个机构的调查，监察长建议：

> 许多机构很难把一美元的价值放在"用于更好用途的基金"。引用一位监察长的话，"这些建议不能使得花费真正的降低。这里有更多费用规避"。只有实施建议，才能有一个切实可行的评价，并且解释抵销成本的原因是有困难的。估算是以对情况的假设为基础的，这些情况现在没有发生或将在被审计主体内发生。估算也取决于被审计主体实施行动去完成这个建议的原因的假设。在发布报表之后出现的对假设的变化将会影响已实现的基金。结果，预计利润和已实现利润之间会成明显的差异。[8]

国会和总统有可能将"用于更好用途的基金"当成预算存款，尤其是在预算困难的环境中。虽然如此,"存款"这个被称作底线的词可能会被误解,让国会和总统相信任何他们对总额想要的。

质量

转向监察长办公室调查的成果,未经处理的控告和定罪率不需要限定词,也不愿意接受解释。证明有罪就是有罪,简单清楚。然而,监察长们在调查上成功的几率差异很大(见表10-3)。

表10-3　　　　　　　　　　监察长的监管率(1989年)

机构部门	控告总数	定罪总数	机构部门	控告总数	定罪总数
农业部	466	289			
国际开发署	0	5	内政部	51	20
商务部	25	8	劳工部	775	741
国防部	300	249	国家航空航天局	11	12
教育部	97	114	小企业管理局	22	24
能源部[a]	8	11	铁路职工退休委员会	24	39
环境保护局	10	21	国务院	45	3
总务署	29	27	交通部	70	41
卫生及公共服务部	787	584	新闻署	0	0
住房与城市发展部	161	135	退伍军人事务部	135	105

注:能量部的数据来自1989年10月1日~1990年3月31日的半年度报告。
资料来源:1989年4月1日~9月30日的半年度的报告,表格由卫生及公共服务部监察长办公室编制。

农业部、国防部、卫生及公共服务部和劳工部因为一个或三个综合原因处于表格前面:他们有大量的客户,大量的员工,大量的承包商。根据总统廉政与效率委员会一项1988年对每个在数月之中莫名结案的案件做的研究,一半的例子中涉及利益或津贴计划,11%案例涉及贷款或贷款担保,11%涉及联邦雇员问题——例如,时间、参与人员、旅游和工资——10%涉及合同或者采购。[9]总统廉政与效率委员会估计利益接受者占据了案例目标对象的32%,承包人和转包商占16%,联邦雇员占15%。农业局、国防部、卫生及公共服务部和劳工部只含有更多这样导致调查案例的交易。[10]同样重要的是,这四个部门调查人员绝对数量最多,这给了他们更多的资源去寻找和开发案件。

然而，监察长调查活动的数量也许只会揭露很少关于监察长调查行动的影响。例如，64%的总统廉政与效率委员会案件引起不到1000美元的罚款，56%以相似的金额返还。[11]因此，就像追求更多节约资金会使得审计目标的范围变窄成一个快速简单的案件一样，对定罪的搜索创造了一种生产流程，这会降低监察长调查行动的数量。

事实上，监察长有很多成功结案的案例。根据总统廉政与效率委员会的研究，有些案件包含多个结果，28%得到了刑事定罪，14%涉及行政追偿或解决，21%因为起诉被司法部婉拒，34%结案之后没有采取进一步行动。总之，一半的调查成功了，一半失败了。在473个涉及司法部刑事诉讼的案件之中，283个被接受实施，其中255个定罪。[12]一旦监察长进入法庭，他们表现很好。

定罪率和起诉率在不同的领导下差异很大。例如，仅仅只看定罪率，从国防合同审计局的案件看，美国审计总署热线，监察长热线和监察长审计人员失败率最高，非联邦来源和美国律师的案件成功率最高。根据总统廉政与效率委员会的分析，"来自监察长热线的案件仅有3%被成功起诉，而57%的案件在没有采取任何行动的情况下就被结束了。"[13]因此，如果目标是"显而易见的憎恶"，这与激烈的诉讼和最终的定罪相关，监察长可能最好在挂断热线电话时自我约束，跟非联邦来源和美国律师一样。

司法部的拒绝率提供了另一种衡量质量的方法。由于监察长主动积极工作产生的案件进展的最差，50%被拒绝了；美国律师的案件做得好多了，61%成功起诉。[14]在被司法部拒绝的案件中，17%低于在特定地区起诉最低的美元数量界限。另外的40%反映出一种意见：公民的、行政的或是国家的行为会导致更快的结果或更大的回报，10%涉及不充分的证据，9%缺少犯罪意图，8%是非联邦的犯罪，3%是法规限制的问题。许多案件一开始就不应该出现。[15]

不过，那些放弃了数量去追求抽象概念上的质量的监察长风险相当大。国会和总统可能都不会容忍。在1990年，约翰·丁格尔（John Dingell，民主党人，密歇根州）主席领导的能源与商务委员会，对环境保护局举办了听讯，基于一个数据：尽管在1987~1990年之间，监察长办公室的调查人员增长了26%，但由其发起的起诉降低了76%。

比起委员会对数据上成就的专注，更值得注意的是它在听取自己的证人上的失败，尤其是黛德丽·田中（Deidre Tanaka），一位以前的调查人员。对田中来说，环境保护局的问题不是最少数量的控告和定罪。员工为了很快得到结果有很大的压力，以至于他们不能够去从事大案件。丁格尔抓住了这一点，不是在听讯本身更广泛的影响下。

> 丁格尔先生：你说你压力相当大。这是为了进行的更快吗？
>
> 田中女士：是的，为了在一年内完成案件，去满足每年的控告限额，每个机构去开展和结束一定数量的新案件。规模真的不重要。我的意思是，这只是开展和结束，你知道的，真正关注的是行政管理细节。
>
> 丁格尔先生：你的意思是像这样的案件有自己的节奏、时间要求、复杂性，并且它要求个别的对待而不是根据由其他某个人指令的准则，是这样吗？
>
> 田中女士：是这样的。[16]

尽管丁格尔关注的是这个数十亿美元的超级基金项目的调查范围，听证会本身却传递了一个不同的信息：产生量或其他。

监察长对案件是否在数量和质量上有足够的控制，来合理地检测成功，这不清楚。例如，在劳工部定罪的数量从 1983 年的 174 个，6 年后涨到 775 个，不是因为监察长突然间变得非常高效，而是因为美国联邦调查局放弃了失业保险的诈骗，把那些调查留给了劳工部的监察长。在 1983 年只调查了 33 个这样的案件，劳工部的监察长办公室在 1985 年处理了 504 个。[17]

在转向最后成效评估和透明度之前，有必要注意监察长案件中总统廉政与效率委员会的例子只对加强监察长法律执行的权威产生了不冷不热的支持。根据表 10-4 中的数据，大多数监察长的调查不包括高风险行动，而是比较世俗的工作，从文件中详查，采访潜在的证人，分类计算机运行。

即使全体委派代表会提高效率，这些数据没有最后决定完全的法律执行力是否会总体提高监察长的成功率。总统廉政与效率委员会的案件涉及的委派代表数量少，并且对提高监察长的定罪率没有价值。

然而，这些数据的确加强了传票权力的潜在价值。传票权力不仅仅会在大陪审团阶段之前扩展调查选择的范围，而且加强技术——面谈和文献检索——监察长们在很多的工作中已经在使用。

表 10-4　　成功调查的特征　　　　　　　　单位:%

技术	使用技术的案件	结果 定罪	结果 拒绝	结果 结案
电脑分析	16	33	39	15
购买信息的机密基金	2	28	6	50
机密的消息提供者	8	24	12	44
双方同意下的监控	6	27	11	43
犯罪实验	1	60	30	0
委派代表	*	0	0	0
毒品测试	*	25	0	25
大陪审团的传讯	8	60	27	6
手写的分析	6	50	19	19
监察长的传讯	2	13	47	20
面谈	78	33	19	29
实验证实的文件	4	44	14	28
测谎器	*	75	0	0
财务记录的调查	47	34	20	25
非财务记录的调查	73	31	25	27
担保	2	71	18	0
规格标准测试	1	33	11	33
监视	11	32	14	36
从事间谍活动	7	36	9	46

注:*少于1%。

资料来源:总统廉政与效率委员会,诚信与法律实施委员会,监察长调查的特征(1989年7月),第26页,表26。

透明度

透明度对于监察长的有效性在于以下两点。第一,威慑力是在潜在的冒犯者了解他们选择的后果并且相信他们会被抓住的基础上而言的;第二,如果国会和行政员或相关工作人员从没有读过报告,那么他们就不能行使举荐权。

然而,透明度并不完全在监察长的掌控范围内。尽管报告篇幅从 1981 年的 100 页下降到 1989 年的 76 页,国会成员和相关人员仍并没有时间阅读执行总结,甚至没时间阅读最有代表性的年度中期报告,内阁秘书、行政人员、高级官员或者管理和预算办公室副主任也没时间。竞争性信息的猛攻太激烈，一年两次的报告对于快速浏览篇幅又过长。很多监察长年复一年的用着同一份报告，仅仅把日期和封面换了一下。按日程送达并且没有大张旗鼓地宣扬，报告很容易被高层政策制定者忽视。

只有两种方法让主要的政策制定者额外花时间来读报告。一个是报告里有引人瞩目的或者急剧变化的重大发现，让国会和华盛顿邮报都无法忽视。另外一种是让国会人员，特别是下属委员会的成员信服，报告里有特别明确的发现，值得相当好的监督。但表10–5的数据表明，大多数监察长并不能用好这两种方法，尽管他们也曾尝试过。

表10–5　　　　　监察长办公室活动排名（1978～1989年）

部门或机构	国会出现[a] 数量（次）	国会出现[a] 得分	媒体引用 数量（次）	媒体引用 得分
农业部	33	16	30	12
国际开发署	7	2	6	1
商务部	16	8	20	11
国防部	23	13	54	16
教育部	20	12	10	3
能源部	18	10	17	9
环境保护局	11	5	45	15
总务署	27	15	33	13
卫生及公共服务部	68	17	157	17
住房与城市发展部	10	4	34	14
内政部	16	8	17	9
劳工部	19	11	10	3
国家航空航天局	4	1	8	2
小企业管理局	12	7	12	3
国务院	9	3	10	3
交通部	26	14	14	8
退伍军人事务部	11	5	10	3

注：因为铁路职工退休管理委员会和CSA的数据没有被统计进去，总数没到339次。
资料来源：监察长半年报，国会信息服务中心，《纽约时报》《华盛顿邮报》指数。

一些部门的监察长，比如航空航天局、中小企业管理局和退伍军人事务部，几乎没什么人关注，没什么新闻也没什么人看。另外比如那些农业部、能源部和住房与城市发展部等领域的监察长，这些年受到关注，但只是小范围，并没有大面积的新闻报道。还有一些部门，比如国防部和卫生及公共服务部的监察长，高度透视化，出现在半数以上的媒体通讯和国会文件里。

质量和数量。透明度的数据影响不尽相同。一些新闻报道直接和监察长的丑闻相关——比如说1983年环境保护局丑闻和后来持续发酵的总务署监察长和一个高度知名机构的告密事件。其他的就是一些长期上演的一些单个事件——比如，过度的防御开支和住房与城市发展部丑闻。还有一些个体受任者深陷利益冲突和犯罪泥潭，由于美国军事入侵格林纳达，一位海军上将和他的下属们把自动式来复枪带回家，还有住房与城市发展部用个人职务之便打印工作手稿的助理秘书。简而言之，这一系列报道一般更侧重于个人的舞弊、浪费和滥用权力的案例，而对于重要的政府调查结果报道不足。

但也并不是所有的国会听讯都是关于监察长的发现。在1978—1989年的339次国会听证会中，46次是国务院的提名听讯，109次是关于监察长的预算拨款听讯，66次是监察长的运作或扩大的监管听讯，118次涉及部分或机构项目的特殊证词。而且，由于媒体的介入，很多都与个人化的丑闻和高度受关注的审计有关。

如有哪个监察长违反了总体的规则，那就是库斯罗，大概是因为他有很多使其多样化的机会。对于监察长，没有比20世纪80年代透明度最高的时候了。他比他的同侪更频繁地出现在国会听证会并且被华盛顿邮报和纽约时代杂志文章更多的提及。尽管有一些透明度是有效的公共关系人员的产物——比如说，纽约《时代周刊》在简讯版面的"Washington Talk"一文中三次提及库斯罗，提到他的地方多集中在重要的报告和争议，时不时地也提到高度透明化的舞弊案件。

然而并不是所有新闻版面是有关政府的负面消息。比如，有一篇报道是有关社会保障管理部门多么高效地把支票寄给符合条件的人。在《睡眠更好的理由》一文中，《时代周刊》说道："值得注意的是，所有事情都在朝好的方向发展"。[18]

库斯罗的国会证词涉及很多方面，反映了他将监察长的成果与国会的需求以及最大范围内政府的兴趣的资质。但是，库斯罗证词最有趣的部分是他的重点篇幅放在了国会议程上。

20世纪90年代他21次出席国会,两次是关于监察长办公室的合理性,4次是关于监察长制度的忽视,7次是关于舞弊、浪费和滥用权力的传统议题,4次是关于具体的卫生及公共服务部项目的绩效,6次是关于项目设计和议程制定。像他的同侪一样,库斯罗的证词在小组委员会这一层级非常有价值,因为在他21次出席国会中,有16次是在小组委员会之前,议会和参议院参与的数量几乎相同。

得到重视。因此,现在关键的问题在于,透明度是一个判断效果的指标,还是一个时间和运气的产物。根据表10-6的数据来看,比较透明度和几种衡量员工和失业的不同方法,透明度和三种具体方法有很强的关联:

1. 部门绝对规模或代理机构预算,类似于一个总体的公共利益和国会利益的表征。

2. 在监察长办公室员工中调查人员的绝对数量,类似于监察长在最大程度曝光的情况下,裁员能力的一个指标。

3. 审计师的绝对数量,一个大量节约程度报告的表征。

表10-6　　　　　监察长办公室透明度决定因素

透明度排序[a]	1989年预算支出/亿美元	1990年调查人员工比例	1983~1990年调查人员工比例变化	1990年调查人员工数	1990年审计人员工数	半年度报表平均篇幅
<10分						
1. 国际开发署	21	13	-9	32	208	41
2. 国家航空航天局	110	38	10	39	64	54
3. 国务院	37	30	17	34	79	35
4. 退伍军人事务部	300	25	2	82	246	38
平均值	117	27	5	47	149	42
10~19分						
5. 劳工部	227	50	3	193	196	115
6. 小企业管理局	1	43	-4	49	51	49
7. 教育部	216	33	-11	80	166	61
8. 内政部	52	20	7	58	292	70
9. 住房与城市发展部	197	24	3	80	252	82
10. 商务部	26	20	-5	25	100	74
11. 能源部	114	29	7	53	127	48
平均值	119	31	0	77	169	71
>19分						

续表

透明度排序[a]	1989年预算支出/亿美元	1990年调查人员工比例	1983~1990年调查人员工比例变化	1990年调查人员工数	1990年审计人员工数	半年度报表平均篇幅
12. 环境保护局	49	24	2	60	194	44
13. 交通部	266	19	3	75	321	65
14. 农业部	483	40	0	265	398	44
15. 总务署	3	34	1	89	159	47
16. 国防部	3184	39	15	388	597	94
17. 卫生及公共服务部	4000	38	18	460	766	89
平均值	1331	32	7	223	406	64

注：透明度排行是由表10-5中国会形象排行和相关媒体引证加和得到的。

具有更大的监察长办公室员工比例和预算的机构似乎具有更高的透明度。譬如，在相对较大的机构中有着一般来说更为认真做事的监察长，那么机构的形象就能在报纸和听证会中大放异彩。该机构会被媒体描述成一家上至老板下至员工面面俱到，潜在机遇大好无限的天堂，而这些机构里的监察长们也已经逐渐意识到这种备受瞩目所潜藏的价值了。

实证调查人员工比例增长率和半年度报表平均篇幅是不对透明度造成影响的两个变量。而在庞大的数据中，似乎清晰的是，透明度是和实证调查人员工数紧密相关的。

如果报表篇幅对于透明度没有影响，那么报表的格式可能会。员工数众多的监察长办公室更倾向于按项目分门别类组织编制报表，而并非仅仅分为审计和调查两个部分——因为读者不需要通过逐条查找冗长的审计条目单，而且篇幅较长的报表更容易理解。如果负责报表编制的员工以一个确定的节奏工作，那么他们就可以更快地找到他们的拿手活。就国会员工来说，他们可以避开他们职责范围之外的一切事情。

那么，一个小的监察长办公室做什么呢？有这样一条路可以使所有的监察长办公室增加透明度：七日报。《1978年监察长法案》第5款第4例规定了这种报告的使用事项，它被其监察长所在的部门或机构用来通告国会的一切"大过，滥施权利和其运营的管理项目中的一切弊端"。然而即使监察长们称这份报告为"上膛的武器"，它也只是被更多地用于五花八门的琐碎事物中，很少被用于巨大的案件。

在 1978～1990 年间，只递交过 11 份这种报告。根据卡尔·列文（Carl Levin，民主党人，密歇根州）所出具的审查报告可知，约有 5/9 的公开性报告没有解决严重过失性事件。其中，3 份质疑时下立法，还有 2 份在最后一刻发出，要求获得附加性监察长办公室资金。就此，列文在给管理和预算办公室的信中注明如下：

> 这意味着 16 名监察长就声明 12 年中发生的实质性的管理问题仅仅递交了 4 份七日报。据监察长所说，这 4 份报告声明了以下几点：（1）内政部一项建设工程协助的适当性问题；（2）农业部 1982 年会计年度实际批准支出与 1983 年会计年度合同冲突问题；（3）内政部监察长职务与关岛政府税务法案冲突问题；（4）人力部监察长对养老金与福利管理局的罪犯调查记录的查阅权。[19]

七日报的缺点，同样也是其他任何监察长报告的缺点，就是国会可能会采取的部分对应措施。监察长担心，如果他们递交了一份七日报，但随后却被忽视，国会将削弱监察长们的可信度。保罗·亚当斯，查尔斯·邓普西和其他监察长在参议院住房与城市发展部听证会上都提到了这个问题。正如谢尔曼·芬克所说的，

> "在一些案例中，监察长们写好七日报并递交后，这些报告会在国会被列为无效报告而被舍弃，先生。这样将打击我们的自信心。你当然会说，如果当我看到一些恶劣的工作现象，我就会秘密地给他们写一份七日报，可当你真正这样做之后，你手里就没有底牌了，到那时，你会感觉自己确实对这件事情已黔驴技穷了，先生，你真得会感觉很尴尬。因此，你需要加倍小心，假如你要拔枪出来，最好确保里面真得有弹药，这才是问题的根源所在"。[20]

至今，监察长们仍把七日报用于相对较小的审计目标。一些七日报之所以被忽略，是因为它们不足以证明自身的重要性。

结论：关于绩效的质疑

最近一次分析中显示，一个监察长的有效性不仅仅包括它的职业水准、

规模、节约资金的数量、处理事务的力度及透明度。从最广泛的角度解读1978年的法案授权条款，一个监察长有必要关注它的部门和机构的绩效水平，并不是简简单单抓坏人就够的。对于监察长来说，它的理念的长期成功只能通过政府所提供的生活的质量来衡量。这种价值如果实现得不完美，就可以从下面四种简单的问题中看出：利益、信任度、脆弱性和增值的价值。

有人在听吗？答案似乎是否定的！首先，很多监察长的审计及调查部门通常只处理小问题而忽略更为严重的、导致小问题不断发生的系统性问题。其次，当监察长提出解决这些小问题的建议的时候显示出的成果也是良莠不齐的。

从审计方面来说，监察长在保证行动的安全性方面仍然存在问题，无论是在机构内部还是在美国国会上。理论上来说，比如每一个由审计发现的问题都必须做出回答。要么钱如数归还，体系得到稳固；要么审计问题被驳回。事实上，审计问题的解决措施仍然是监察长办公室面临的薄弱环节。绝大多数监察长能做的仅仅是威胁在那些每半年出具一次的报告的附录中暴露一次管理方面的违约行为。

从调查研究方面来说，跟踪记录并没有起到更好的效果。总统廉政与效率委员会所调查的所有案例均显示，只有4%的跟踪记录为管理绩效的提高提供了可取之处。提出建议并不是监察长的目标，而且监察长也的确没有为更广泛的建议的提出采取很多措施。然而，一些犹如库斯罗监察长却把建议放在了首要位置。卫生及公共服务部监察长办公室每年都发布"橘皮书"，里面总结了一些有关程序和管理改善的一些建议。橘皮书包含了一些主要问题简明扼要的总结，在每个卫生及公共服务部的部门被分成了不同的章节。这随之而来产生了一些建议，管理方案和现状。这个问题随后成为吸引读者的方法之一。如果橘皮书没有被阅读，它不会具有这么大的影响力。

是否公众更值得信任呢？这里答案显示肯定的再是否定的直至中期。从20世纪80年代开始直至中期，公众对政府的信任度逐渐增加，一改自1974年尼克松总统辞职以来的持续低谷状态。无论是通过对关于政府是否具备能做正义之事的能力这个传统问题的衡量，还是通过对关于政府铺张浪费的程度的观察来衡量，公民对政府的信任度在里根总统的统治下逐渐增长。政治学者杰克·西特林（Jack Citrin），唐纳德·格林（Donald Green）和贝丝·莱因戈尔德（Beth Reingold）说："罗纳德·里根总统是来华盛顿特区埋葬政府而不是褒扬它的！讽刺的是，他兴奋紧张地主持了一场国家的政治机构中信任的苏醒。总统在他第一届任期结束之后狂喜的宣告：'真正的美国回来了！'民意调查也乐观地显示了公众的认同感"。[21]

其他一些衡量信任水平的标准通常也急剧提升。从极大利益规则的视角看，那些认为政府正在为所有民众利益服务的人群占到了1/4。另外，一个关于"纳税人交了多少钱"的调查显示，原先认为政府浪费"很严重"的那部分人的数量下降了30%，现在他们仅仅认为政府浪费程度"一般"或者"不是很严重"了。[22]

然而，如同增长不会骗人一样，最近的下跌也是事实。公众对政府的信任度在"伊朗门"丑闻风波中下跌，竟然持续跌至比布什总统执政期间民众的信任度还低。[23]那些认为政府铺张浪费现象严重的公民的数量和不相信政府永远都做正义之事的人的数量都下跌回20世纪80年代的水平了。公众会对无论多少数量的事件做出回应，比如储贷危机、众议院议长出现的问题、参议院关于查尔斯·基廷的丑闻，华尔街的内幕交易或者1990年发生的经济萧条。因此，无论是信任度的增长还是下跌都不可以归因于监察长的作为。

政府对于舞弊、浪费和滥用的承受能力是否更弱了呢？这里，答案似乎是"肯定的，然而……"当问起他们所看见的政府浪费的数量，包括服务前和服务后，大致一半被采访的监察长都回答没有看到什么变化；1/4的调查对象说看到了增长；另外四分之一的受访对象说看到了下降。

然而，一些关于成功的证据的确存在。尽管监察长节约的资金可能因为一些利差而打折扣——是1978年卫生及公共服务部储蓄总额8%，正因为这样，审计总署不能把对监察长办公室的评估合法化——但也的确节约了资金，并且可能超过为了得到他们而付出的代价。[24]另一种说法是，尽管库斯罗声称从1989年4~9月里节约的60亿美元高达10倍多，相当可观数目的一笔钱也应该已经被节约。

政府在1989年似乎比1978年更有能力管控不法行为，尽管是在事后。然而，节约开销和将坏人关进监狱并不意味着可以减少其脆弱性。除非潜在的问题被解决，否则这种脆弱性会一直存在。

这里就是"但是"起作用的地方。当审计问题被定案或者坏人被关进监狱或被罚款，很多监察长就停止工作了。"我们真正有所担忧的只有一小块领域，"一位美国审计总署的官员在一次众议院的听证会上指出，这次听证会是十年一度地对监察长的审核会。他还说："只有当监察长接受了管理方面的信息，问题才能真正得到纠正。反而，我们相信，监察长在某些测评基础之上，应该回溯从前并且审视自身，是否改正措施已经落实；并审视是否真正引导机构向着越来越好的方向前行"。[25]

对结案的忧虑促使 1988 的报告批准了关于未解决议题的详细的分析，也因此促使了更为显著的管理进步。是否国会可以更加关注其他所引起的冗长的附属物目前还不能确定。

此外，根据 1982 年《联邦管理者金融诚信法》所要求的内部评估活动显示，至这个十年期的末尾，联邦政府仍然存在许多不足。在 18 个主要的实体中，10 个问题出在采购方面，17 个问题出在诚信管理方面，4 个问题出在适任和授权的决定上，8 个问题出在资金管理上，13 个问题出在自动化数据的处理过程中，10 个问题出在财产管理上，17 个问题出在财务管理和会计系统方面，还有 10 个问题出在人事和组织管理方面。[26]

然而，监察长不能把自己所有的缺点归咎于缺少政府的帮助。他们不能强制总统任命"好人"，也不能强制国会充分重视"证明过程"，更不能强制国会忧虑更多的系统疏忽。同样，监察长不能重新设计计划程序，也不能在根本不需要的地方施展才能。

难道政府的生产成果具有更大的公众价值吗？在这里，答案"既是肯定的也是否定的"。[27]

比如，就监察长追查贪污腐败的程度来说，他们在联邦程序这个漏水的桶上补了一个漏洞。就他们成功解决即使是最不起眼的调查的程度来说，无论他们是通过判罪、赔偿，亦是犹如防范和停职方面的管理制裁，监察长都使政府变得更加有效率。并且，就他们通过评估方式、政策分析或者进程设计的方式为部分程序提供改善措施的程度而言，他们为政府未来的效能做出了很大的贡献。所有的监察长都为提升公众价值采取了一些措施，甚至库斯罗做了更多，都是为了更好的政府管理。

然而，如果国会和总统允许监察长在牺牲基础计划执行能力的情况下发展的话，那么大量潜在的问题即将发生。当一个漏洞被弥补时，更多更大的漏洞正在产生。例如，如果国会和总统在不提供额外的管理支持时把监察长作为增加政府的负担的借口，强调内部的疏忽对规划能力来说是可以接受的替代，那么监察长就不能产生原来那么多的效能。如果有下面的情况发生，国会和总统仍然乐意在监察长的人员配置上找到利益并且从原先坚持的新的财政管理系统、更具竞争力的工资水平、充分的员工培训和更积极的退休方案中撤回，那么每年监察长将会继续发布节约资金和定罪方面的数据。

　　就像唐纳德·凯特尔所说的推断来看，微观管理的结果和监察长的监督体系大体"并没有像行政管理的萧条景象一样过度瘫痪。审核和复审减慢了行政管理的进程。管理者在做决定方面变得更加谨慎小心了，几乎不会抓住机会，而那些机会恰恰可以提升产量并且省钱。而他们更普遍的是能避免就避免做决策。"[28]通过增加批评家和实干家，国会和总统反对他们所追寻的责任，导致了监察长的创立者从来没有想象到的问题。随着监察长的数量的上升，效能可能会下降。

第十一章
监察长制度的未来

　　基于对政府业绩数据的统计和对员工、预算增长情况的复核，监察长法的实施并未增加政府的可靠性。监察长节省的公共资金和查处的犯罪总数连年持续增长。虽然监察长的监察工作做得还不错，但是他们似乎将工作重点放错了位置，他们关注了合规性，但没有给予绩效和能力建设方面足够的关注。

　　然而，短期绩效的压力并不是由监察长造成的。在第一个监察长办公室出现之前，合规性控制的激励机制就已经存在了。合规审计不仅引发了国会和总统最关注的结果，那些占用资金量大，透明度高，易测量的和声称高产出的项目的审查，还得出了更易接受的建议。监察长使得这些项目花费更少的资金，更便利和更快速。

　　在《监察长法案》的立法过程中，监察长也学到了很多。尽管国会依据1978年的法律给予监察长宽泛的权限，但是此项法律更多的是满足揭露政治舞弊和日益增长的信息需求的需要，而非提高政府绩效和重建行政能力。因为政治舞弊、公共资源浪费及滥用职权现象的存在，强化监督任务变得更加紧迫。对政府绩效，或者称为对问责的渴望还在讨论之中，国会想要了解更多行政管理的资料，但自从20世纪50年代审计总署不再保管政府账簿后，这些资料就丢失了。

　　在《监察长法案》付诸执行之后，合规性审计的职责更加深化了。因为监察长们有效地节省了资金抵制犯罪从而得到了高度的赞赏，以至于使得国会和总统错误地认为政府能有效在未来对抗丑闻。早期同反对设立监察机构的势力所做的斗争以及1981年的解雇事件，使得监察长们意识到他们的脆弱，于是与管理和预算办公室结成联盟，这个联盟成功地在里根总统任期内的反对浪费的战争中取得了胜利，这也成为这个联盟独一无二的动力。

每年监察长们创造着新的纪录，国会和总统认为他们已经取得了成功。而且只要总量继续增加，监察长的工作就不会有错。监察长需要复核政府的预算来保证政府拥有合理的员工数量，以及部门目标能够实现。首先，监察长们调查有问题员工的权利以及参与选择他们的继任者，这是史无前例的。即使在这光荣时代消逝后，监察长仍能得到外界对于合规性监控的支持。当他们产出大量的监督成果和低成本建议时，他们总是处于最安全的境地。

因此，到了20世纪80年代末，监察长们几乎不能响应白宫对于绩效评估的号召，因为里根行政激励政策的刺激，监察长办公室在提高调查能力方面投入了大量的精力。人员结构调整使得审计人员与调查人员的比例由3∶1变为2∶1，监察长办公室逐渐增强的调查能力将他们限定在合规性审计，犯罪调查这些单调的领域。此外，在经历了一系列组织变革之后，监察长办公室的独立性得到了增强。6个监察长办公室设立了副监察长，4个监察长办公室设立了法律顾问，7个监察长办公室设立了一个人力资源部门。在国会的帮助下，9个监察长办公室已经获得独立的财政，9个监察长办公室的职位薪酬升到了第4级，实现了与行政助理秘书同等的待遇。

尽管每次改变都增强了监察长的独立性，但却在某种程度上使得监察长与政府管理实践相脱节。这反过来不利于监察长们寻找产生这些舞弊，浪费和滥用职权的系统原因，从而强化合规性审计问责的意识。

《监察长法案》的创新

然而，监察长会继续存在，他们已经在其发展历程展示出了惊人的长期组织管理能力，并且监察长们不会在最近的反对声中受到影响。因此，现在问题焦点应该放在他们应该做哪些工作，而不是监察长这个职位是否应该存在。回答这个问题首先要从1978年促使监察长改革法案所规定的8个创新之处谈起。

双重报告制度

双重报告制度一直是《监察长法案》里最具争议的条款。那些赞成清晰划分权力的人反对这项条款，而那些将宪法视为分权制衡蓝图的人对此条款没有异议。此外，尽管顶着巨大的压力——司法部的强烈反对和对政府忠诚的担忧，双重报告这一创举几乎没有影响到监察长的运作。更大的问题是国会和白宫对于监察长报告的淡漠。早在1978年之前，国会就一直作为所有行政机构的监督机构和限制总统权力的制衡机构而存在，这就导致了那些使用了非正规通道接触国会的监察长办公室反而成为最引人注目的。

无党派任命

法律规定监察长的选举必须遵循"不考虑政治从属，只在正直和有能力"的候选人选任标准。大多数被任命的监察长都是有胜任能力并且无党派归属的人，因为他们原来的职位进入门槛低，有着无党派的历史传统，能在职业生涯阶段与政治保持距离。比如说，审计总署颁布的《审计标准》详细地规定了政府审计人员的独立性不受政府部门的影响；"也就是说组织结构和报告关系要求审计人员要服从上级的领导，相关政策会列明上级机关，这些政策也会影响到审计人员和被审计人员"。[1]在里根总统执政期间，监察长的选任标准明确规定无党派这个要求，这导致了此法律禁令失去了现实意义。此外，在旁人看来政治归属和实际能力同等重要，交通部监察长玛丽·斯特林的任命能充分说明这一点。因此即使随着监察长选任程序的失效，该项法规条款可能仍然难以付诸执行。

撤职

尽管卡特总统曾经对《监察长法案》有过短暂的兴趣，但他坚称他通过自由裁量权可以撤销监察长，一次在同内阁的简短对话中他谈到"如果监察长能够受他控制的话，那么它的存在就是好的"。在1981年，里根总统用自由裁量权解雇了卡特任命的全部监察长员工。在1989年，布什总统既没能控制也没撤销监察长，而是将它闲置起来。尽管不能说撤职条款损害了监察长的独立性，但它确实影响到了监察长的运作。里根总统轻易解雇卡特总统的监察长们表明了监察长的脆弱，而且这一特性现在仍然存在。

审计与监察调查的整合

在《监察长法案》的所有变革中，最重要的要数审计和调察的整合了。审计一直都是部门管理职能的一部分，然而调查通常是范围小，独立性强，与高层有近距离接触的单位。这两个机构的整合是希望他们加强合作，双方都能从资源的整合和独立性中受益。

而现实却是这两个机构依然彼此保持独立，很少能在项目中实现合作共赢。根据总统廉政与效率委员会的一项调查，只有10%的监察调查项目能够得到审计方面的帮助，这种帮助不仅包括审计部门作为独立的部门开展审计，还包括向监察长提供信息让他们进行调查。[2]审计人员总是对监察调查人员的身份地位和薪资表示不满，所以调查人员更倾向于同司法部或者联邦调查局合作，而非审计人员。不论《监察长法案》如何努力成全，这两个专业机构似乎很难合作。

机构自主性

依据《1978年监察长法案》第六款赋予监察长的自主权，监察长在构建独特的组织机构方面取得了长足的进展。监察长办公室在这过程中经历了两次困难时期，这些能够从联邦电话簿的变迁中找到线索。第一次困难时期是随着监察长办公室的膨胀，其下设部门的创建如副监察长、人事部、法律顾问等。第二次困难时期是将这些不同的下设部门整合成一个有序的层级机构。一些先成立的监察长办公室，例如农业部的监察长办公室、卫生及公共服务部的监察长办公室、商务部监察长办公室，在1980~1986年间增设其内部部门的数量，但在1988年又裁减了一些，新设的监察长办公室，比如国防部监察长办公室和国务院监察长办公室也效仿了这一行为。监察长办公室的组织改革倾向于使它更像一个传统的政府机构，但是它越来越免除于其他政府机构所面对的繁重的内部条例。

详细报告制度

《1978年监察长法案》规定监察长可以自行决定向国会报告的内容，每个监察长似乎对报告内容有着不同的理解。于是国会于1988年通过立法强化了对报告内容的统一规定。这一规定保障了报告信息的质量和数量，包括标准化的界定和一套新附录，新附录要概括监察长的发现和建议。

如果这些改变是为了重建国会对监察报告滞后的理解和利用，那这项法案并没有起到作用。因为没有证据表明国会议员认为监察长的半年度报告更引人注目。然而，这项法案真正的影响是使政府部门、机构同监察长就新附录的斗争变得更激烈。他们指出对监察发现和建议执行失败应该归咎于管理，尽管这可能是由于对监察建议的不认同或是不采纳。在1988年修正案之前，管理部门只要对监察长的报告置之不理就可以轻易地避免冲突。因此，报告的改变带来的影响就是使部门和机构不得不仔细阅读这些报告，就监察长所做的工作进行合法并且有帮助的讨论。[3]

七日报制度

监察长很少使用他们的七日报权，尽管在住房与城市发展部案例中，这种谨慎使用权力的行为被大众理解成监察长不能为国会提供警告的有力证据。住房部的调查委员会说"当住房与城市发展部的监察长办公室在对住房项目的管理问题进行调查时，监察长办公室非但没有给予国会足够的警告，还进行了密谈"。[4] 七日报条款在许多方面代表着分权的最大限度。七日报的递交对象表明了监察长的理念是国会而非总统负责解决紧急的危机。大部分报告都是些有关日常的监察长办公室的行政管理问题或是拨款问题，这并不让人觉得惊讶，这些都被视为国会的合法利益。

信息的获取

1978年颁布的《监察长法案》的最大担忧之一便是它实际上创造了一个法定保护的可以自由挖掘行政部门信息的"间谍"团体，这种团体的出现结果导致了司法部反对撤职条款，并且卡特对监察长的忠诚度表示了担忧。然而，监察长却从未尝试去接受自己其实是揭发丑闻的心态，他们的审计人员总是悄悄地开展他们的工作，其大多数调查关注的是承包人问题或是福利受助人的问题，而不是政府内部的实务问题。国会如今仍然通过陈旧的方式获取关于行政部门的大部分信息，例如：媒体、与告密者的间接联系、雇员的直接调查、选民的来信。

改革的重奏

回首《1978年监察长法案》的颁布施行，完全没有太多理由去担心什么。实践证明大多数的监察长都致力于合规性调查。每年在节约资金和定罪率上都有记录在案的增长，但让人感到意外的是国会和总统几乎很少就绩效监察和能力建设对监察长提出要求。

然而监察长却并没有逐渐淡出历史的舞台，大量的改革意见仍然萦绕在华盛顿。一些涉及大规模买卖的变革，其中包括田纳西州民主党参议员吉姆·萨瑟（Jim Sasser）的员工关于"超级监督员"的建议，其目的是给予告密者更好的保护。一些则比较常规，包括严格要求监察长的半年报告制度，由总统任命监察机构的负责人，建立联邦监察长调查局，明确总统任命的监察长与独立服务型监察机构的关系，增强监察机构在金融管理改革中的地位。

尽管这些改革的建议引起了关于监察长体制不断发展的争议，但是他们必须首要解决三个关乎监察长未来的问题：（1）让政府更好地履行职责的最好方式是什么？（2）监控政府更好地履行职责的最有效方式是什么？（3）监察长确保其客观性的最好方式是什么？[5]

完善问责制。"如何更好地履行职责"这个问题也许是最难回答的，因为其答案取决于回答这个问题的人。一些支持"推进绩效工资和公共服务完全国有化"改革的人认为绩效激励和能力建设因素是推进政府更好履行职责的关键因素，然而，前美国联邦调查局成员也许更倾向于合规性监控更具震慑作用。这个问题在不同的问责形式中有着不同的答案。

尽管如此，合规性审计也许会带来不合常规的结果。合规性审计不仅强调考察短期的所得而不是长远的能力建设，而且国会和总统一开始是从制定政策的角度来使问题得到更好的解决，但合规性调查转移了他们的注意力。在各种行为背后，他们也许认为工作能力是可以进行事中监控的。

而且，监察长取得越多官方统计的成就，国会和总统将会因此实施通过更多的法规。不断激增的法律法规会导致更多的舞弊、浪费和滥用职权的行为，道理就像随着文书工作和微观管理层次的不断提高，雇员和受益人会寻求不寻常的报酬一样。在联邦政府中,联邦购买法案已经成为第四个沉重的文书工作的来源,而且其并没有提供低成本和更好的履行职责的保证。这个例子显示了其他的问责形式也许会产生更好的效果。而且尽管学者们已经计算出了联邦政府中失信行为的成本代价,但是维系问责机制依然需要很高的成本。多年来所取得的有统计记录的成就是需要付出代价的,例如审计调查中所需要的人力和物力,被监察政府部门的管理者和雇员将原本用于自己工作的时间和精力用于面临被审计调查一样。

加强监管。关于开展合规性监管的作用,第二个问题尝试着去解答最有效的监察长监控是什么样的。再次重申,监察长唯一能做的并且应该做的就是监督、监控。他们既不能在他们的部门和机构内展开变革,亦不能终止任何项目计划,他们的工作成果是提供一些能引导他人行为的发现和建议。

考虑监察长们如何才能最有效工作,使他们从合规性监管最极端的方式——调查——转向评估。监察长能够向国会和总统提供他们所不知道的关于政策的评估和分析,并且他们拥有组织上的独立去保护这种评估与分析作用不受里根政府的影响。

政府政策亟须评估与分析,尤其是在里根总统任职期间政府管理能力日益衰退的背景之下,政治科学家沃尔特·威廉姆斯(Walter Williams)曾经写过"反对政策分析的国家治理模式"。

> 罗纳德·里根发起了一项长达八年的对政策信息及政策分析的反抗,从更宏观的层面来看,即是一种对行政部门制度建立的反抗。在这场反抗中,他取得了胜利,在人民的印象中,他是最有思想的一位总统,对自己颁布施行的政策的正确性确认无疑,不需要事实和数据的支持,他也因此成为第一位现代的反政策分析总统。但也由于他大量减少对政策分析评估部门人员、预算和效益的投入,对专家的政策评估、分析和建议的不信任、置之不理导致了抗争过后一段时间,行政部门制度建立的失败。[6]

然而,向政府部门进行评估和分析的转变、演进也是有一定风险的。评估机构对监察长办公室的评估持保留意见。然而,美国卫生及公共服务部的经验充分表明,评估功能能够让监察长更好地融入各种引起项目改革的研究之中。

提高客观性。不管监察长的角色定位如何，客观性是最关键的要素，监察长将可能的改革分组如下：

（1）限制总统的免职权。
（2）实行任期固定制。
（3）以法定的形式成立总统廉政与效率委员会。
（4）同时向国会和总统送审预算。
（5）成立选举会来任命监察长成员。
（6）建立总统廉政与效率委员会员工永久工作制。

监察长关于改革的观点很大程度上取决于他们为哪个管理统治机构服务（见表 11-1）。

表 11-1　　　　　　　不同时代对监察长改革的支持　　　　　　单位:%

变量	1979 年[a]	1981 年[a]	1985 年[a]
创建新的任命程序[b]			
不支持	80	65	86
支持	20	35	14
要求同时送审预算[c]			
不支持	50	87	86
支持	50	13	14
实行任期固定制[c]			
1（强烈支持）	36	29	14
2	27	21	43
3	27	14	14
4	0	14	14
5（不强烈支持）	9	21	14
有理由免职[d]			
1（强烈支持）	54	47	57
2	27	13	0
3	9	13	43
4	0	7	0
5（不强烈支持）	9	20	0
总统廉政与效率委员会员工永久制[e]			
1（强烈支持）	13	7	0
2	25	27	29

续表

变量	1979 年[a]	1981 年[a]	1985 年[a]
3	13	7	29
4	25	33	0
5（不强烈支持）	25	27	43
通过成文法成立总统廉政与效率委员会			
1（强烈支持）	13	0	0
2	25	7	14
3	13	27	43
4	13	47	14
5（不强烈支持）	38	20	29

注：a. 数据来自卡特时期的12位调查者和里根第一届和第二届任职时期28位被任命者，一些受访者回答所有的问题，由于采取四舍五入计数方法，总计百分比可能不到百分之百。

b. $N = 31$。
c. $N = 32$。
d. $N = 33$。
e. $N = 3$。

卡特时期的监察长更倾向于支持同时向国会和总统送审预算，很明显的一个原因是他们在20世纪70年代后期所积攒的经验，而且由于他们在里根总统接任时被大量解雇，他们因此强烈支持办公室任期固定制。1985年的监察人员，也就是里根总统第二任期内的成员，无论是员工资质还是绝对数量上都不断上涨，他们无疑不太支持通过员工永久工作制来增强总统廉政与效率委员会，这表明总统廉政与效率委员会的影响力正在不断下降。

然而，许多成员都共同强调监察长需要更好的政治保护的支持，其中大部分人都支持任期固定和有理由免职。尽管在不同政权时期有简单的方法途径可以确保其平稳过渡。例如，通过修正空职法案来建立一种设想，当一届总统的任期结束之后，监察长依然可以提供服务，他们可以被定义为长久的服务者，在这个过程中，任期固定制发挥了一定价值。

有理由免职将是一项更困难的改革，因为这将使监察长以及他们的审计和评估能力和他们的部门完全隔离。将此项改革写入法律也将会有更大的难度。因此，根据《1978年监察长法案》，国会对于更加灵活的免职权的强烈支持的政治现实，也只能持接受的态度。尽管部分监察长成员对此持反对态度，一个选举委员会和固定任期制度将会成为处理在总统任期过渡交替中对工作安全的需求问题，以及对寻求有专业胜任能力的监察长成员的选举问题。

除了保护问题的疑问之外，监察长不享受高级行政津贴和奖励。在两级系统中，监察长主动将自己排除在行政津贴和奖励体系之外，但是他们的同事却从中受益。这不仅不利于独立性目标的实现，也不能使监察长免受不公平、不公正的奖励津贴的影响。正如一个监察长解释道："当监察长报告的对象一定要推荐监察长成员接受奖励，而且监察长成员乐于接受因个人表现而得到的现金奖励时，监察长怎样实现真正的独立是个很现实的问题。在这种情境下，不可避免的会引起此种疑问，当他（她）接受了奖励，那么人们所认为的监察长最重要的特质——可靠性将会有所下降，得不偿失，有时甚至可能是巨大的损失。这是得不偿失的，即使奖励是20000美元。"[7]

在任期固定和独立性的选举程序下，监察长的概念在向最初的罗森塔尔方案回退了几步。任期固定形成了支持长期服务，或者长期思考、长期分析的假定基础。通过选举委员会选聘将会更加注重廉洁性和震慑性，这也许将会影响近期的选举。尽管这两项变革都不会将监察长的定位从"得力助手"转变为罗森塔尔式的"孤狼"，但他们将会更加注重发挥监察长以长远角度看待政府的作用。

监察长的保障机制

以长远目光来看待较大风险时，当监察长挖掘处理政府有关组织设计、项目工作能力建设、评估能力等问题时，他们会将真实情况反映给权威部门，但他们需要一种保证与承诺，尽管这种保证可能不会被写进法律条文中。更好的政治路径便是坚决地集中精力对一些容易发现的舞弊行为和定罪无异议事项的事后审计和调查。更困难的路径需要对白宫、国会以及不同利益集团进行前瞻性的错误评估和分析。

但是这也许正是监察长体制允诺的最成功之处。在一个由短期政治领导人的统领，短期的政治文化的冲击，而长远战略决策由国会和职业的公务系统所有，信息获取受限制的背景之下，监察长在与总统这一政策制定者进行抗争的过程中，监察长是希望在管理基础之上重建政府制度的强烈推动者。住房与城市发展部参议员强烈表明，这种平衡的局面很难出现在管理和预算办公室：

考虑到 1980 年住房与城市发展部项目的错误管理和权力滥用问题，思考为什么管理和预算办公室没有发现和阻止住房部存在的问题是非常重要的。从 1970 年管理和预算办公室的产生来寻找原因就很容易了。管理和预算办公室的工作不能同优先的预算程序相对抗，因此它的效力非常小。即使某些管理监督策略已受到管理和预算办公室的关注并得到其资助，但其效力也会因为受到该机构的短期预算观念和高度政治化本质的不利影响而大打折扣。[8]

监察长能否满足这一要求，一部分取决于监察长能否顶住来自预算办公室对其工作绩效的压力。虽然如此，监察长办公室是为数不多的能保持政治中立，并且有为人民服务的强烈信念和清晰的职业发展规划的政府机构。

虽然监察长不是唯一拥有政府部门原始资料的机构，但当政府违背可以改善其绩效的基本管理理念，需要追查其政治和领导的相关原始数据时，监察长的工作常常被忽视。就像一些人将管理和预算办公室之外的联邦管理办公室的创办视为解决总统管理盲区的方案一样，监察长也需要在不久的未来对此有所作为。[9] 管理和预算办公室希望监察长未来能去做更多绩效领域的评估工作，虽然这些领域产生统计数据的成绩较少，但是会产生更大的潜在价值，总统和国会是否会让监察长响应其号召至今仍然是一个谜。

附录
访谈人员名录

下面是一份1990年末～1991年初参与本书相关面谈式或电话式访谈的名单。这些采访大部分都非常详尽，当然，也有一些内容很简单。除非另外提及，名单中的人员头衔对应于当时访谈时被访谈人的职位。

保罗·亚当斯，住房与城市发展部监察长

梅丽莎·艾伦，管理和预算办公室前助理副主任

理查德·艾伦，消费品安全委员会助理总顾问

罗伯特·阿什宝，司法部副监察长

理查德·巴恩斯，众议院政府工作委员会法律和国家安全小组委员会主管（杰克．布鲁克斯任主席期间）

乔安妮·巴恩哈特，参议会政府事务委员会前少数党派主管（威廉·罗思任主席期间）

赫伯特·贝金顿，国际开发署监察长

乔伊斯·布莱洛克，政府印刷局前监察长

拉尔夫·布莱索，前国内政策委员会总监秘书（里根执政时期）

玛莎·博尔斯，审计总署会计与金融管理部助理主任

西莉亚·博丁顿，众议院政府工作委员会就业与住房小组委员会多数党派议员（汤姆．兰托斯任主席期间）

琼·吉布斯·布朗，内政部、国家航空航天局和国防部前监察长

黑尔·钱皮恩，卫生及公共服务部前副部长

237　埃莉诺·赫利姆斯基，审计总署项目评估与测量部助理总监察长及主任

大卫·克拉克，审计总署会计与金融管理部副主任

莫顿·科恩，内审部及国家航空航天局前主任；美国公共管理学会前财务总监

詹姆斯·科尔瓦德，人事管理办公室前副主任

道格·库克，国防部行政与管理主任

艾伦·迪安，交通部前部长助理

查尔斯·邓普西，住房与城市发展部及环境保护局前监察长

吉恩·多达罗，审计总署会计与金融管理部运营总监

马文·多亚尔，参议院政府事务委员会专职人员（威廉．罗斯任少数党派领导期间）

斯图亚特·艾森斯塔特，国内政策参谋前主任（卡特执政期间）

罗伯特·费尔曼，交通部前部长助理

威廉·费舍尔，能源部前部长特别助理

理查德·佛格尔，总监察长助理，审计总署一般政府机构部主任

约翰·弗兰克，农业部前部长助理

海莉·弗兰克尔，白宫办公厅副主任（卡特执政期间）

奥维尔·弗里曼，农业部前部长

谢尔曼·芬克，商务部前监察长，现任国务院监察长

苏珊·加夫尼，管理和预算办公室代理办公室主任

查尔斯·吉勒姆，总务署前代理监察长，小企业管理局前监察长，现任农业部副监察长

保罗·戈特洛伯，卫生及公共服务部旧金山地区评估和检查副监察长

琳达·古思特斯，参议院政府事务委员会政府监督小组委员会多数党派主管（卡尔．莱文任主席期间）

汤姆·哈根斯塔德特，审计总署法律关系部主任

238　埃德温·哈珀，管理和预算办公室前副主任（里根执政期间）

罗伯特·哈里斯，参议院政府事务委员会多数党派副主管（约翰．格伦任主席期间）

弗兰克·霍德索尔，管理和预算办公室助理副主任（布什执政期间）

J. 布莱恩·海兰德，劳工部前监察长

斯图尔特·休伊，联邦调查局执行主任

威廉·琼斯，众议院政府工作委员会前多数党派主管（杰克·布鲁克斯任主席期间）；众议院司法委员会主管

弗雷德里克·M. 凯撒，国会图书馆国会调研部专家

罗莎琳·克利曼，审计总署一般政府机构部高级助理主任

雷·克莱恩，总务署前副行政官，美国公共管理学会主席

艾略特·克莱默，卫生及公共服务部旧金山地区调查局监察长

理查德·库斯罗，卫生及公共服务部监察长

约翰·莱顿，能源部监察长

皮特·莱文，参议院政府事务委员会政府监督小组委员会顾问（卡尔·列文任主席期间）

洛林·刘易斯，参议院政府事务委员会法律顾问（约翰·格伦任主席期间）

威廉·莉莉，国家航空航天局前监察长

玛格丽特·高露洁·洛夫，代理副首席检察官

迈克尔·曼加诺，卫生及公共服务部评估与检查监察长助理

约翰·马丁，环境保护局监察长

托马斯·麦克布莱德，农业部与劳工部前监察长

约翰·麦金尼斯，法律顾问办公室代理首席检察官助理

辛西娅·梅多，前专职人员，众议院政府工作委员会法律与国家安全小组委员会（杰克·布鲁克斯任主席期间）；专职人员，众议院司法委员会（杰克．布鲁克斯任主席期间）

约翰·梅尔克纳，交通部前监察长

霍华德·梅斯纳，环境保护局前主席助理，管理和预算办公室副主任

阿诺德·米勒，白宫办公室前主席（在卡特执政期间）

沃尔特·蒙代尔，美国前副总统

托马斯·莫里斯，卫生教育和福利部前监察长

凯伦·莫里赛特，司法部刑事分部反诈骗局副首席

詹姆斯·诺顿，众议院政府工作委员会政府间关系与人力资源小组委员会前顾问（L. H. 方丹任主席期间）

珍妮特·诺伍德，劳工部劳工统计局专员

詹姆斯·皮迪利兹，众议院政府工作委员会教育和住房小组委员会专职人员（汤姆·兰托斯任主席期间）

埃尔莎·波特，商务部前部长助理

安东尼·普林奇皮，参议院退伍军人事务委员会前职工主管（弗兰克·穆尔科斯基任主席期间）；退伍军人事务部副部长助理

詹姆斯·理查兹，内政部监察长

艾略特·理查森，卫生教育和福利部和国防部前部长助理及前首席检察官

史蒂文·瑞安，参议院政府事务委员会前法律顾问（约翰·格伦任主席期间）

弗兰克·萨托，商务部和退伍军人事务部前监察长

约翰·西摩，交通部部长助理

艾拉·夏皮罗，参议院政府事务委员会前法律顾问（亚伯拉罕·鲁比科夫任主席至托马斯.伊格尔顿任主席期间）

里克福特·蒙斯，审计总署会计与金融管理部副主任

刘易斯·斯莫尔，州际商务委员会监察长

理查德·泽尼克森，司法部联邦调查局检查局代理部长助理

埃尔默·斯塔茨，美国前总审计长

哈尔·斯坦伯格，管理和预算办公室前代理副主任（里根执政期间）

杰弗里·斯坦霍夫，审计总署会计与金融管理部小组主任

詹姆斯·托马斯，教育部监察长

杰瑞·托纳，司法部刑事分部代理首席检察官助理

沃伦·安德伍德，审计总署会计与金融管理部部长助理

德里克·范德.沙夫，国防部代理监察长

杰拉尔德·里索，商务部前部长助理；管理和预算办公室前代理副主任（里根执政期间）

理查德·维根曼，参议院政府事务委员会前职工主管（约翰·格伦任主

席期间）

伦恩·韦斯，参议院政府事务委员会职工主管（约翰·格伦任主席期间）

赫伯特·威特，卫生及公共服务部旧金山地区审计监察长

唐·沃特曼，社会复原部前代理主席，卫生保健金融管理部前代理主席，现任美国公共管理学会会长特别助理

约瑟夫·怀特，管理和预算办公室前主任（里根执政期间）

温迪·泽克，管理和预算办公室金融诚信部门代理主管

艾尔扎克，劳工部前部长助理

注释

导论

1. 南希·特拉弗,《住房骗局》,载于《时代周刊》,1989年6月26日,第19页。

2.《住房与城市发展部项目中的滥用职权、徇私舞弊和管理不善》,政府工作委员会下属就业和住房小组委员会的听证会,第101届大会第1次会议(政府印刷局,1989),第1部分,第499页。

3. 本次调查不包含社区服务管理局在1981年撤销前曾短暂任职的两位监察长和所有代理监察长。

4. 参见G. 卡尔文·麦肯齐主编,《联邦政府内外:总统任命官员与华盛顿的短命政府》(约翰霍普金斯大学出版社,1987),项目总结。

5. 电话采访是面对面访谈可行的替代方法。参见保罗·C. 莱特,《采访总统的工作人员:电话交流采访和面对面访谈技巧的比较》,《总统研究季刊》,第12卷(1982年夏),第428~433页。

第一章

1. 我选择不给出文中所引用每部法规的立法出处或公法号。这样标注会分散读者的注意力而且也没有必要,除非在极少数情况下,这些信息对验证我的结论至关重要,我才标出。

2. 参见詹姆斯·L. 森德奎斯特,《国会的衰落与复兴》(布鲁金斯学会,1981)。见詹姆斯·W. 费斯勒和唐纳德·F. 凯特尔,《行政过程政治学》[查塔姆,N.J.:查塔姆研究所1991],第270-289页,微观管理问题分析。

3. 有关最后一系列措施是如何在环境政策中应用的清单，请参见加里·布林纳，《官僚自由裁量权：联邦监管机构的法规和政策》（Pergammon，1987）。

4. 弗朗西斯·鲁尔克，"官僚自治与公共利益，"见卡罗尔·H. 韦斯和艾伦·H. 巴顿，编辑，《官僚机构的工作》（贝弗利·希尔斯：塞奇出版社，1979，1980），第103页。

5. 丹尼斯·帕伦博和 史蒂文·梅纳德·穆迪，《当代公共管理》（朗文，1991），第255页。类似的列表和方法，参见 B. 盖伊·彼德斯，《官僚政治》，第三版（朗文，1989）。

6. 弗雷德里克·C. 莫舍，《弗雷德里克·C. 莫舍评论》，见布鲁斯·L. 史密斯和詹姆斯 D. 卡罗尔主编，《完善政府问责制与政府绩效》（布鲁金斯学会，1982），第72页。

7. 费斯勒和凯特尔，《行政过程政治学》，第317页。

8. 出处同上，第335页。另参见唐纳德·F. 凯特尔，《微观管理：国会控制和官僚风险》，见帕特丽夏·英格拉哈姆和唐纳德·F. 凯特尔主编，《卓越议程：美国公共服务》（查塔姆，N. J.：查塔姆研究所，1992），第94~112页。

9. 珍妮特·韦斯，《使公共管理者更善于接受新理念》，伯克利，加利福尼亚大学，创新会议论文，1992年5月，第13页。韦斯认为，"根据面临相同问题的其他机构的表现，特别是根据此领域里佼佼者的表现来衡量业绩可以确立比较高的业绩标准"。

10. 有关民主价值观和效率之间的矛盾冲突，参见道格拉斯·克密科，《官僚政治的民主：美国政府中民主与效率的探索》（剑桥大学出版社，1982）。

11. 玛丽·沃尔顿，《戴明管理方法》（Perigee Books，1986），第34~35页。

12. 出处同上，第36页。

13. 安东尼·唐斯，《官僚内幕》（Little，Brown，1967），第30页。

14. 迈克尔·巴泽雷和巴巴克·阿马伽尼，《打破官僚制：政府管理新视野》（加州大学出版社，1992），第5页。

15. 参见马克斯·韦伯，《官僚制》，见 H. H. 格特和 C. 赖特·米尔思主编，《马克斯·韦伯：社会学论文》（牛津大学出版社，1946）。另参见弗雷德里克·W. 泰勒，《科学管理原则》（Harper and Brothers，1911）。

16. 巴泽雷和阿马伽尼，《打破官僚制》，第6页。

17. 参见塞缪尔·克里斯洛夫和大卫·H. 罗森布鲁姆，《代表性官僚制与美国政治制度》（Praeger，1981）。

18. 国家公共行政科学院，《振兴联邦管理：管理者和他们超负荷的系统》（1983年11月），第3页。

第二章

1. 参见库尔特·W. 米伦伯格和哈维·富尔勒,《1978 年监察长法案》,载于《寺法季刊》,第 53 卷(1980),第 1049~1066 页,监察长制度概要介绍。

2. 对于监察长的授权工作仍有疑惑的人,了解众参两院就监察长法案进行的磋商过程有助于进一步了解此立法所希望达到的影响力。最重要的一点是参议院对监察长审计职能的定义,它旨在确保审计在新成立的监察长办公室里发挥强大的作用。此定义后被放弃因为与会者发现它和与之联系紧密的调查的定义都过于狭隘。审计职能应该包括但不限于:

1)通常审计单位里进行的传统的财务交易检查。

2)更广泛地审查"对资源的管理、使用和保护",包括"程序,是官方正式规定还是非正式建立的,已不起作用或是代价昂贵超出了合理范围";"意义很小或毫无意义的工作表现";"使用设备低效或浪费";"与工作量相比人员冗余";"浪费资源"。

3)甚至更广泛地审查项目结果,追查"项目或行动是否吻合国会机构设定的目标";"机构是否尽最大努力以更低的代价的方法实现所期望的结果";审查"用于判断在取得项目成果方面有效性的标准是否适当以及是否正确";审查"实体单位所使用的用于评估取得项目成果方面有效性的方法是否适宜";审查"积累数据的准确性;以及所获结果的可靠性"。

3. 参见玛格丽特·盖茨 和玛乔丽·法恩·诺尔斯,《联邦政府检察官总议定书:问责的新方法》,载于《阿拉巴马州法律评论》,第 36 卷(1985 年冬),第 473~513 页。

4. 出处同上,第 475 页。

5. 关于监察长制度详尽历史,参见马克·摩尔和玛格丽特·简·盖茨,《监察长:是恶犬还是人类最好的朋友?》(塞奇基金会,1986)。

6. 约翰·阿代尔和雷克斯·西蒙斯,《从凭证审核到恶犬:联邦督察长的演变》,载于《公共预算与财政》,第 8 卷(1988 年夏),第 91 页。阿代尔和西蒙斯原是审计总署的两位重要高官,负责对大多数机构的监察长制度监管。1989 年,两人辞职后加入美国重组信托公司,在新监察岗位任职。

7. 阿代尔和西蒙斯,《从凭证审核到恶犬》,第 93 页。

8. 弗雷德里克·C. 莫舍,《两个机构的故事:审计总署与管理和预算办公室的比较分析》(路易斯安那州立大学出版社,1984),第 21 页。

9. 工作量数据源自弗雷德里克·C. 莫舍,《审计总署:美国政府问责制的探索》(博尔德,科罗拉多州:中央编译出版社,1979),第 103 页。工作人员数据源自诺曼·J. 奥恩斯坦,托马斯·E. 曼恩,迈克尔·J. 麦尔滨,《国会重要统计 1991-1992》(国会季刊出版社，1992）。

10. P. L. 87 – 195，Sec. 624（E）（7）。

11. 引用于托马斯·W·诺沃特尼，"监察长—随机漫步，"《官僚》，第 12 卷（1983 年秋），第 35 页。

12. P. L. 87 – 195，Sec. 624（E）（7）。

13. 诺沃特尼，《监察长—随机漫步》，第 35 页。

14. 诺沃特尼认为监察与对外援助总长是政治化和漠不关心的受害者。"最初，监察与对外援助总长由前国会人员领导，据称处在国会政治强人的庇护之下，在对国会势力和对外援助项目持友好态度的行政机关工作"诺沃特尼写道。"这种制衡局面一旦改变，监察与对外援助总长和国会之间的关系就开始走下坡路了。最终，一参议院拨款小组委员会是唯一一个可行使对监察长定期监督的权力的机构"。参见诺沃特尼，《监察长—随机漫步》，第 38 页。

15. 例外情况请参见斯坦利·安德森，《联邦机构监察长》，为美国行政会议准备的报告草案，1979 年 8 月。

16. 虽然谁是第一位监察长无关紧要，但是农业部监察长确实没出现在正式法规中，而 1976 年卫生教育和福利部监察长和 1961 年监察与对外援助总长极为相似。

17. 《比利·索尔·埃斯蒂斯运作》，众议院报告第 89 – 196 页，第 89 届大会第 1 次会议（美国政府印刷局，1965 年 3 月 22 日），第 23 页。

18. 出处同上，第 22 页。

19. 卡特总统签署《1978 年监察长法案》的六天后，埃斯蒂斯对另外一项指控他阴谋诈骗政府的罪行认罪。

20. 《比利·索尔·埃斯蒂斯运作》，政府工作委员会的听证会，第 88 届大会第 2 次会议（美国政府印刷局，1964），第 1401 页。

21. 源自众议院政府工作委员会，《关于内部审计职能范围和位置的权威陈述》［出自杰克·布鲁克斯主席］，备忘录（无日期），第 11 页。

22. 选自罗伯特·P. 多尔蒂，《塑造监察长法》，载于《政府会计师杂志》，第 28 卷（1979 年春），第 12 页。

23. 沃尔特·盖尔霍恩，《当美国人抱怨之时：政府的申诉程序》（哈佛大学出版社，1966），第 121 页。

24. 盖尔霍恩，《当美国人抱怨之时》第 120 ~ 121 页。

25. 斯坦利·安德森，《联邦机构监察长》，为美国行政会议准备的报告草案，1979 年 8 月，第 13 页，强调是作者后加。

26. 出处同上，第 12~13 页，强调是作者后加。

27. 源自作者访谈，1990 年 6 月 12 日。

28. 美国改善邻里委员会在 1975 年也设立了非法定的监察长一职，但在 1978 年予以撤销。直到 1988 年才又重新设立此职位。

29. 美国中情局活动委员会，《美国中情局活动委员会向总统的汇报》（1975），第 88~89 页。

30. 在决定公开指控以色列在 1991 年海湾战争爆发后向中国出售爱国者导弹后，芬克或许感受过这种刺痛。

第三章

1. 这一时期各项改革的详细清单，请参见查尔斯·O. 琼斯，《美国国会：人民、地方和政策》（霍姆伍德，Ill.：多尔西出版社，1982），第 429 页。

2. 参见罗伯特·A. 卡茨曼，编辑，《法官和立法者：对机构的礼让》（布鲁金斯学会，1988），对理解立法意图的本质问题的讨论。

3. 苏珊娜·加门特，《丑闻：美国政治中的不信任危机》（时代图书，1991），第 6 页。

4. 马克·摩尔和玛格丽特·简·盖茨，《监察长：是恶犬还是人类最好的朋友？》（塞奇基金会，1986），第 1 页。

5. 《卫生教育和福利部，预防和侦察舞弊及在项目中滥用职权》众议院报告第 94-786 页，第 94 届大会第 2 次会议．（美国政府印刷局，1976 年 1 月 26 日）。

6. 引用自《国会季度会议年鉴》，第 32 卷（华盛顿：《国会季刊》，1976），第 562 页。

7. 《卫生教育和福利部监察长办公室的设立》，众议院政府工作委员会政府间关系与人力资源小组委员会的听证会，第 94 届大会第 2 次会议（政府印刷局，1976），第 1 页。

8. 《1978 年监察长法案》，参议院报告第 95-1071 页，第 95 届大会第 2 次会议（政府印刷局，1978 年 8 月 8 日），第 4~5 页。

9. 审计总署，《需要更大的内部财务运作的审计范围》，FGMSD-77-3（1976 年 11 月 19 日）。

10. 审计总署，《联邦内部审计概述》，FGMSD-76-50（1976 年 11 月 29 日）。

11. 审计总署，《联邦行政部门机构的财务审计》，FGMSD-78-36（1978 年 6 月 6 日）。

12. 出处同上。

13. 出处同上。

14. 出处同上。

15. 马修·D. 麦卡宾斯和 托马斯·施瓦茨，《忽视的国会监督：巡警式监督与火警式监督》，《美国政治科学杂志》，第 28 卷（1984 年 2 月），第 165~177 页。

16. 出处同上，第 168 页。

17. 《卫生教育和福利部监察长》，听证会，第 31 页。

18. 加门特，《丑闻》，第 142-143 页。

19. 伯德特·卢米斯，《新美国政治家：野心、创业精神和政治生活的变化》（基础图书出版公司，1988），第 233 页。

20. 库斯罗在关于医疗保险 B 部分索赔程序、毒瘾婴儿、烟草控制和医疗器械监管四次听证会上作证，后三次作证引起了全国媒体关注。正如卢米斯声称，"韦克斯曼的例子表明人员素质良好的小组委员会还是存在让激进分子钻空子的潜在危险"，其他国会欲建功立业型议员肯定也有激进这一特点。卢米斯，《新美国政治家》，第 163 页。

21. 卢米斯，《新美国政治家》，第 163 页。

22. 乔尔·D. 阿伯巴奇，《保持警惕：国会监督的政治》（布鲁金斯学会，1990），第 47 页。

23. 出处同上，第 101 页。

24. 这些数据记录在西摩·马丁·李普塞特 和 威廉·施耐德，《信心差距：公众心目中的商业、劳动与政府》（自由出版社，1983），第 17 页。

25. 罗伯特·贝恩，《创新与公共价值：错误、灵活性、目的、公平、成本控制和信任》，为会议准备的关于创新的基本问题，杜克大学，1991 年 5 月 3~4 日，第 23 页。

26. 马维尔·伯恩斯坦，《总统制与管理的改进》，载于《法律与当代问题》，第 35 卷（1970 年夏），第 515~516 页。

27. 审计总署，《政府管理改进工作选编——1970—1980》，审计总署/GGD-83-69（1983 年 8 月 8 日），第 8 页。

28. 参见审计总署，《管理政府：改进方法可以提高管理和预算办公室的效率》，审计总署 GGD-89-65（1989 年 5 月 4 日），第 3 页。

29. 《监察长办公室的设立》，众议院政府工作委员会政府间关系与人力资源小组委员会的听证会，第 95 届大会第 1 次会议（政府印刷局，1977），第 165 页。

30. 许多这些问题的精彩史实发生在水门事件危机之前。关于行政特权，参见拉乌尔·伯格，《行政特权与国会调查》，《UCLA 法律评论》，第 12 卷（1965 年冬），第 1044~1119 页，以及第 12 卷（1965 年春），第 1288~1364 页；关于国会调查权，参见特尔福德·泰勒，《大陪审团：国会调查的故事》（西蒙和舒斯特，1955）；詹姆斯·汉密尔顿,《调查的权力:国会调查研究》,(兰登书屋,1976);亚瑟·M. 小施莱辛格,以及罗杰·布伦斯,见《国会调查:历史记载,1792—1974》,五卷(切尔西下议院,1975)。

31. 参见伯格,《行政特权与国会调查》,第 1061 页。伯格还解释了为什么国会在建立战争和外交事务部的议案中没有设定类似的报告要求。关于财政部情况的类似解释还可参见格哈德·卡斯帕尔,《关于权力分立的一篇文章:一些早期的版本和实践》,《威廉和玛丽法律评论》,第 30 卷(1989 年冬),第 211~261 页。

32. 273U. S. 135(1927)。

33. 418U. S. 683(1974)。

34. 彼得·谢恩,《知识谈判:美国国会对信息需求的行政回应》,《美国行政会议的初步报告草案》,1990 年 7 月 1 日,1990,第 17 页。谢恩的报告包含这一斗争时期的精彩介绍。

35. 出处同上,第 33 页。

36. 该议案是否会带来不同的影响也不确定。以前国会也曾试图强制获取信息,但收效甚微。例如,半个世纪之前,政府工作委员会的前身就曾要求每个行政部门和独立机构"必须按本委员会所要求提供本委员会管辖范围内之事务的相关信息"。这些法规一直存在于美国法典第 5 编第 2954 节,只做过微小调整。

37. H. R. 2819,强调黑体后加。

38. 阿伯巴奇,《保持警惕》,第 35 页。

39. 唐纳德·凯特尔,《微观管理:国会控制和官僚风险》,来自帕特丽夏·英格拉哈姆和唐纳德·凯特尔,编辑,《卓越议程:美国公共服务》(查塔姆,新泽西州.:查塔姆研究所,1992),第 101 页。

40. 这些统计数字不包括个人办公室人员和家乡选区工作人员,此部分人员数量同样也增长惊人。在 1950 年的时候,平均每位众议院议员配有 4 位全职工作人员;到 1986 年,增至 18 位。在 1950 年的时候,平均每位参议院议员配有 6 位全职工作人员;到 1986 年,增至 38 位。

41. 这些人员数据引自史蒂文·S. 史密斯 和克里斯托弗·J. 迪林,国会委员会(华盛顿:CQ 出版社,1984),第 282 页。

42. 加门特,《丑闻》,第 143 页。

43. 阿伯巴奇,《保持警惕》,第 105~129 页。

44. 美国卫生及公共服务部,监察长办公室,《半年度报告》;1990 年 4 月 1 日—1990 年 9 月 30 日,附录 C。

45. 摩尔和盖茨还列举了许多其他可能的潜在的副作用,例如认为"监察长办公室工作机制将有可能损害政府绩效和公信力,但这一点并不明显,或许发生的可能性不大。很可能发生的情况是,例如,政府管理者治理舞弊、浪费和滥用职权的动力和能力已经很强烈了,监察长办公室对这些早已致力于此目标的众多机构毫无益处。这样的话,监察长办公室将会降低政府效率,因为他们会增加政府运营成本,但是不会带来显著的改善。"参见摩尔和盖茨,《监察长》,第4页。

第四章

1. 本杰明·罗森塔尔和L. H. 方丹,见艾伦·埃伦哈特主编,《美国政治》(华盛顿:国会季刊,1981),分别见第816页和第897页。

2. 据国会第94届第二次会议众议院政府工作委员会政府关系与人力资源小组委员会听证会上卫生、教育和福利部报告《卫生教育和福利部监察长办公室的设立》记载,所有条款来自众议院5302号法案(政府印刷局,1976),第3~5页。

3. 同上,第17~18页。

4. 同上,第10页。

5. 同上,第12~13页。

6. 同上。

7. 注释引自艾森斯塔特1977年11月7日档案。感谢提供参阅并分享真知灼见。

8. 《监察长办公室的设立》国会第95届第一次会议众议院政府工作委员会政府关系与人力资源小组委员会听证会(政府印刷局,1977,第23、122页)。

9. 埃尔莎·波特,无题演讲,1980年12月1日,第3页。

10. 司法部,《宪法问题备忘录》H. R. 2819出品,再版于《监察长办公室的设立》,听证会,第831~849页。

11. 同上,第844页。

12. 同上,第848~849页。

13. 《监察长办公室的设立》,听证会,第468~469页。

14. 强调黑体后加。

15. 28 U. S. C. 596 (a) (1)。

16. 28 U. S. C. 596 (a) (3)。

17. 108 S. Ct. 2597 (1988). 关于该决定的不同理解,参见C. 小都德利伯爵,《莫里森诉奥尔森案:一个小小的评估》,美国大学法律评论,第38卷1989年冬,第255~274页;埃里克·格力特斯坦和艾伦B. 莫里森,《最高法院对于莫里森诉奥尔森一案的判决:宪法常识于实际问题中的应用》,载于《美国大学法律评论》,第38卷1989年冬,第359~382页;莫尔顿·罗森伯格,《国会相对于政府各部门及其决策者的特权:里根政府中央集权理论的兴衰》，乔治·华盛顿法律评论，第 57 卷 1989 年 1 月，第 627~703 页。

18. 参见方丹对法案中更改部分的解释，《国会议事录》，1978 年 4 月 18 日，第 10403 页。

19. 审计总署，《行政预算程序对监察长办公室独立性的影响》，审计总署 – 84 – 78（1984 年 9 月 26 日）。

20. 《1978 年监察长法案》，参议院报告第 95 – 1071 页，第 95 届大会第 2 次会议（政府印刷局，1978 年 8 月 8 日），第 9 页。

21. 《美国政府的严重管理问题》，参议院政务委员会的听证会，第 101 届大会第 1 次会议（政府印刷局，1989），第 55 页。

22. 该建议的提出基于监察长们对"不当行为的强烈感知"，布什执政期住房与城市发展部部长杰克·康普就职时当即实施。

23. 《美国政府的严重管理问题》，听证会，第 209 页；强调黑体后加。

24. 《住房与城市发展部项目中的滥用职权，徇私舞弊与管理不善》，给政府工作委员会的报告，第 101 届大会第一次会议（政府印刷局，1989），第 67 页。

25. 《住房与城市发展部的滥用职权与管理不善》，众议院报告 101 – 977，第 6 页。

26. 《住房与城市发展部的滥用职权与管理不善》，住房与城市发展委员会下属委员会上的听证会/美国参议院银行、住房和城市事务委员会的适度整修调查，第 101 届大会第 2 次会议（政府印刷局，1990），第 2 卷，第 479 页。

27. 《最后报告与建议》，印刷委员会，参议院银行、住房和城市事务委员会，第 101 届大会第 2 次会议（政府印刷局，1990），第 218 页。

28. 《住房与城市发展部监察长报告》，众议院银行、金融和城市事务内务委员会下属住房与社区发展委员会上的听证会，第 99 届大会第 2 次会议（政府印刷局，1986），第 70 页。

29. 同上，第 80 页。

30. 《住房与城市发展部的滥用职权与管理不善》，众议院报告第 101 – 977 页，第 3 页。

31. 最后报告与建议，印刷委员会，第 218~219 页。

32. 1988 年，住房与城市发展部监察长建议当局中止获批的项目。1989 年，住房与城市发展部部长康普采纳了该建议。

33. 参见保罗·C. 莱特，《副总统的权利：白宫中的建议与影响》（约翰霍普金斯大学出版社，1984）。

34. 由于缺乏国会和总统的持续关注，最终全国公共管理学会提议设立单独的联邦管理局，脱离管理和预算办公室。众议院议员里昂·帕内塔（加利福利亚州民主党人）支持该建议，认为只有如此才能"（1）建议并协助总统履行其作为政府首席执行官的责任"；"（2）在完善及实施联邦管理政策、协调规划以提高管理人员的素质及业绩方面提供统筹领导权。"

35. 《最后报告与建议》，政府印刷局，第 180 页。

36. 《住房与城市发展部项目中的滥用职权，徇私舞弊与管理不善》，报告，第 68 页。

37. 《住房与城市发展部的滥用职权与管理不善》，H. 报告 101-977。

第五章

1. 数据摘自乔治 C. 爱德华三世与埃里克·M. 盖洛普的合著，《总统认可度：原始资料集》（约翰霍普金斯大学出版社，1990 年）第 75~83 页。

2. 关于卡特和国会矛盾的完整概述，参见查理斯 O. 琼斯，《托管总统：吉米卡特与美国国会》，（路易斯安那州立大学出版社，1988）。

3. 参见保罗·C. 莱特主编，《总统的议题：从肯尼迪到里根的国内政策抉择》修订版，（约翰霍普金斯大学出版社，1992）。

4. 《美国总统的公开文件：吉米卡特》，第二卷，1978 年 6 月 30 日到 12 月 31 日政府印刷局，1979 年第 1755 页。

5. 1979 年人员包括所有卡特监察长，以及 1979 年前提名并确定的两位监察长——卫生教育和福利部的托马斯·莫里斯和能源部的肯尼斯·曼斯菲尔德。

6. 朱迪·卡普夫，《监察长——现场的看门狗》，美国审计总署评论，第 15 卷（1980 年春），第 56 页。

7. 参见 G. 卡尔文·麦肯齐主编，《联邦政府内外：总统任命官员与华盛顿的短命政府》（约翰霍普金斯大学出版社，1987），第 9 页。

8. 同上，第 15 页。

9. 《1988 监察长法案修正案》，众议院政府工作委员会下属法律和国家安全小组委员会上的听证会，第 100 届大会第 2 次会议（政府印刷局，1988），第 123 页。

10. 参见众议院政府工作委员会主席约翰·科尼尔斯（密歇根州民主党人）1989 年 10 月 29 日致布什信。

11. 奥维尔·弗里曼，日记，1962 年 12 月。

12. 《1988 年监察长法案修正案》中对该问题有详尽说明。

13. 《监察长法定办公室：领导与资源》，众议院报告 97-211，97 届大会第 1 次会议（政府印刷局，1981 年），第 17 页。

14. 报告概述参见《监察长办公室的失察》，第 97 届大会第 1 次会议众议院政府工作委员会政府关系与人力资源小组委员会听证会（政府印刷局，1981 年），第 161~164 页。

15. 社区服务部监察长对于严格设立优先级问题提出异议，该意见应该针对社区服务部非监察人员略带讽刺意味，因为 1982 财政年度预算提案已将其办公室列入撤除计划。

16. 麦肯齐，《联邦政府内外》，第 37 页。

17. 同上，第 185 页。

18. 该讨论摘自马克·摩尔与玛格丽特·简·盖茨的合著，《监察长：是恶犬还是人类最好的朋友？》（罗素塞奇基金会，1986）的第二个案例分析；"卫生教育和福利部存在的舞弊，浪费和滥权"，案例 14-80-337（哈佛大学，约翰肯尼迪政府学院，1980）。

19. "卫生教育和福利部存在的舞弊，浪费和滥权"，第 9 页。

20. 同上，第 13~14 页。

21. 同上，第 16 页。

22. 数据分别摘自不同的监察长报告；报告大量引用加注，此外并未明确加注。

第六章

1. 监察长调查准备期测试问卷中有关所属政党派别的问题引发了负面的反馈，因为担心破坏全部工作，该问题取消。因此，监察长是否得到政治同情，并没得到具体的结论。

2. 竞选言论摘自《监察长法定办公室：领导与资源》，众议院报告 97-211，97 届国会第 1 次会议（美国政府印刷局，1981），第 18 页。

3. 总统文件周编，17 卷（1981 年 1 月 26 日），第 27~28 页。

4. 引用于查理斯·R. 巴布科克与帕特里克·泰勒，《对美国浪费开火：斗士承受政府的后续调查》《华盛顿邮报》，1981 年 2 月 2 日，第 A1、A8 版。

5. 《监察长：十年回顾》，众议院政府工作委员会下属法律和国家安全小组委员会听证会，第 97 届大会第 1 次会议（政府印刷局，1981 年），第 22 页。

6. 《监察长办公室的失察》，众议院政府工作委员会下属政府间关系与人力资源小组委员会听证会，第 97 届大会第 1 次会议（政府印刷局，1981 年），第 22 页。

7. 给参议员马克思·鲍卡斯的信（民主党人，蒙大拿州），《国会议事录》，1981 年 2 月 6 日，第 S1215 页。

8. 众议院监察长 1981 报告，第 22 页。

9. 《经济复苏计划》，里根总统演讲的文本，见《总统文件周编》，第 17 卷（1981 年 2 月 23 日），第 134 页。

10. G. 卡尔文·麦肯齐，《选贤任能》，载于《政府官员》，第 22 卷（1990 年 4 月），第 30 页。

11. 监察长，听证会，第 11 页。

12. 同上，第 111 页。

13. 司法部，《司法部关于其与美国各部门和机构的法定监察长的关系和协调的政策声明》，1981 年 6 月 3 日（修订版），第 6~7 页。

14. 《监察长法定办公室》，众议院报告 97－211，第 24 页。

15. 《监察长》，听证会，第 89 页。

16. 特里 M. 莫，《总统一职的政治化》，约翰 E. 丘伯与保罗 E. 彼得森合著，《美国政治的新方向》（布鲁金斯学会，1985），第 235 页。

17. 参见全国公共服务委员会，《领导美国》（莱克星顿，马萨诸塞州：莱克星顿图书公司，1989），最后一篇报道由本人撰写。

18. 《监察长法定办公室》，众议院报告 97－211，第 8 页。

19. 政府范围的人员数据摘自审计总署，《联邦官员：行政部门职业与非职业雇员的任命趋势》，GAO/GGD－87－96FS（1987 年 7 月）。

20. 《1978 年监察长法案：十年回顾》，众议院报告 100－1027，第 100 届大会第 2 次会议．政府印刷局，1988 年，第 38 页。

21. 审计总署，《管理政府：改进方法可以提高管理和预算办公室的效率》，GAO/GGD－89－65（1989 年 5 月），第 56 页。

22. 罗纳德·C. 莫，《传统的组织管理与管理型总统：从凤凰化为灰烬》，载于《公共行政管理评论》，50 卷（1990 年 3 月），第 134 页。

23. 《监察长》，听证会，第 57 页。

24. 同上。

25. 《浪费、舞弊和滥用职权》，参议院政府事务委员会上的听证会，第 100 届大会第 1 次会议（政府印刷局，1987 年）第 2 部分，第 12 页。

26. 同上，第 13 页。

27. 《监察长》，听证会，第 116 页。

28. 审计总署，《国务院监察长办公室应更加独立和有效》，GAO/AFMD－83－56 1982 年 6 月 2 日，第 ii 页。

29. 第一项热线举报指控一名环保局官员伪造个人资质陈述表信息；第二项涉及指控一名环保局区域负责人滥用资金对其办公室进行不必要的重复装潢；第三项主要指控环保局助理局长接受其部门管辖企业提供的娱乐消费。

30. 审计总署，《环境保护局的监察长业务所需的改进》，GAO/AFMD－84－13（1983

31. 审计总署，《美国内政部监察长办公室在粉河盆地煤炭销售式租赁的调查上存在的不足》，GAO/RCED－84－167（1984年6月11日），第 ii 页。

第七章

1. 总统廉政与效率委员会，《监察长办公室的主要影响，1981—1986：前五年》（1987年1月），第 9－12 页。

2. 参议院的一个议员都可以无限地延期一个草案的通过，因为参议院的许多事务必须得到一致同意方能实施。

3. 《1988 年监察长法案修正案》，第 100 届大会第 2 次会议（政府印刷局，1988年7月13日）第 7 页。

4. 《司法部处理与 INSLAW 公司的合同时所受指控的员工研究》，参议院政府事务委员会调查分会，第 101 届大会第 1 次会议（政府印刷局，1989），第 53 页。

5. 在下列情况发生的费用被认定为问题费用：（1）被指控违反了法律、法规、合同等；（2）发现这些费用的支出缺少相应的文件材料；（3）发现支出是多余的或者不合理。如果费用的支出缺少相应的文件材料支撑，就得不到支持。因此，得不到支持的费用将被归入有问题费用，这可能更多地反映了费用凭证和文书工作存在的问题，而不是舞弊、浪费或者滥用职权。

6. 见表 2－1。

7. 这个调查是由协调大会开展的，协调大会是由总统廉政与效率委员会发起的一个小机构委员会。

8. 罗伯特·霍克致众议院院长和参议院议长的信，1990年5月18日。

9. 关照总监察长的责任落在了格伦参议员的肩上，因为杰克·布鲁克斯离开了众议院政府工作委员会，接任众议院司法委员会主席一职。

10. 《美国政府的严重管理问题》，参议院政府事务委员会听证会，101 大会第 1 次会议（政府印刷局，1989），第 48 页。

11. 同上，第 9 页。

12. 同样，监察长委员会也拒绝了对乔治·墨菲担任美国新闻署总监察长的任命，但是这个提名最终还是获得批准。

13. 劳工部负责养老金与福利管理的副部长丹尼斯·M. 卡斯致劳工部检察官乔治·塞勒姆和布莱恩·海兰德的备忘录，1988年2月6日，第 1 页。

14. 劳工部检察官乔治·塞勒姆致道格拉斯·克密科的信，1988年12月5日，第 1 页。

15.《监管监察长办公室的运作》，参议院政府事务委员会听证会，第 101 届大会第 2 次会议（政府印刷局，1990），第 5 页。

16. 司法部、法律顾问办公室，《美国国务院安全办公室调查护照和签证欺诈的权力》，备忘录，1984 年 8 月 17 日。备忘录中说，监察长只能调查与本部门有直接关系的护照和签证作假，也就是国务院工作人员的护照和签证问题。

17. 然而，引起监察长辩论的不仅仅是克密科 3 月 9 日的意见，法律顾问办公室两周之后发布了克密科的第二份备忘录，因为国会要求提供相关信息。这也是一份没有具体案例的意见，是对总统廉政与效率委员会针对国会提出的对公开刑事调查提供相关信息的要求所做出的回应。

根据这个意见，监察长非在特殊情况下不得提供此类信息："长期形成的行政部门的政策和做法，基于对国会监管权力和行政原则的考量，要求在非特殊情况下监察长必须拒绝提供关于公开刑事调查的保密信息"。（见司法部、法律顾问委员会《国会要求监察长提供关于开放刑事调查的信息》，备忘录，1989 年 3 月 24 日，第 12 页。）

尽管行政特权辩论再次开战，克密科的第二份备忘录并没有引起国会山太大的反应，一方面因为国会没怎么注意到这件事，另一方面监察长基本认可其中的要点。对这份备忘录唯一的回应是众议院法律顾问给司法委员会主席杰克·布鲁克斯的通信，通信中把这份备忘录描绘成"阻碍国会监管浪费和舞弊行为的毫无法律价值的请帖"。（见众议院职员办公室《司法部关于不向国会提供监察长信息的备忘录》，备忘录 1989 年 5 月 2 日）由于缺少争议，这份备忘录无人理睬了。

18. 司法部、法律顾问委员会，《监察长开展监管调查的权限》，备忘录，1989 年 3 月 9 日，第 1~2 页。

19. 同上。

20. 詹姆斯·诺顿，《关于监察长有权进行涉及监管项目刑事调查的报告》，1990 年 6 月 11 日，第 5 页。这份报告受参议院政府事务委员会委托而撰写。

21. 同上。

22. 劳动部、监察长办公室，《半年报 1988 年 10 月 1 日 – 1989 年 3 月 31 日》，第 1 页。

23.《监管监察长办公室的运作》，听证会，第 13~14 页。

24. 同上。

25.《赤裸裸的反转：沙利文部长撤回其授予的监察长调查权限》，委员会文件，众议院能源和商务委员会监管和调查小组委员会，第 101 届大会第 2 次会议（政府印刷局，1990），第 1，III 页。

26. 代理副总检察长威廉·巴尔 致管理和预算办公室副主任威廉·迪芬德弗的信，1990 年 7 月 17 日，第 2~3 页。

27. 法律顾问办公室的意见并没有被人们遗忘。比如说，1991 年，众议员约翰·丁格尔（密歇根州民主党）和 41 位共同提案人提出 H. R. 2454，赋予卫生及公共服务部的监察长在必要时启动"关于与项目或运作有关的舞弊、弄虚作假、铺张浪费或滥用职权行为"的指控的调查。"这些项目和运作是由食品药品监督管理局所管理、实施、赞助或执行的。"这个议案还包括下列条款："在决定授权时，部长要考虑监察长办公室和食品药品监督管理局的人力和物力"。简言之，这条立法把"赤裸裸的反转"又反转过来了。

28. 《看守看门狗》，《华盛顿邮报》，1990 年 9 月 15 日，第 A22 版。

29. 《调查报告：监察长制度》，报告草案，参议院政府事务委员会之总务、联邦事务及哥伦比亚地区小组委员会（1990 年 7 月），第 22 页。

30. 关于议程设置过程的讨论详见约翰金登的《议程、替代方案和公众政策》（波士顿：布朗出版社，1984 年）。

31. 《美国政府预算（1992 财政年度）》，第 2~342 页。

第八章

1. 审计人员遵照执行审计总署制定的"黄皮书"《政府审计准则》，修订版（1988）。

2. 詹姆斯·理查兹和威廉·菲尔兹：《监察长法案：其中的调查条款能否满足当前的需要?》《乔治曼森大学法律评论》，第 12 卷（1990 年冬春），第 247 页。

3. 《赏金猎头》，美国广播公司《黄金时间直播》，文字记录，1990 年 9 月 20 日，第 2 页。

4. 同上。

5. 美国医学协会詹姆斯托德致路易斯·沙利文的信，1990 年 11 月 27 日，第 1 页。

6. 这些差异可能与本科阶段的专业有关。政治学专业的监察长在掌握部门运作程序方面难度最少，与媒体打交道也得心应手。比起财经或人文学科毕业的同行，政府的短期定位、部门的决策滞缓和成绩量化给他们带来的困扰要少得多。他们在办公室的人员配备和组织机构方面，困难要大些。与财经和司法专业的毕业生一样，他们对本单位抵制改变的情况无能为力，国会的干扰也让他们烦心。

司法专业的监察长在与媒体打交道方面困难最少，掌握项目细节的困难也少些。决策滞缓对他们的影响最小，这可能因为他们经常接触司法程序。但是政府的短期定位和办公室人员配备和组织机构问题给他们带来的难度最大。与财经和会计专业的人一样，司法专业的在与管理和预算办公室和媒体打交道方面难度最小。与其他专业的一样，白宫的干涉没有什么影响。

会计和财经专业的在预算、办公室人员配备和组织机构方面比其他专业的问题少些，缺少时间进行规划，资源匮乏对他们影响甚微。但是，机构抵制变化和与媒体和国会打交道确实困扰他们。比起政治学和司法专业的人，领导的人事变动影响不大。他们说部门工作程序带来的困难最大，比其他专业的都大，在项目细节方面困难也很大。他们都是典型的会计人员——财经和会计知识非常丰富，但是其他方面则知之甚少。

最后一点，人文学科背景监察长工作中的困难最小，耐心最强，这种耐心是来自自信还是质朴的个性，则不得而知。他们在部门工作程序方面的困难比较大，但是在预算程序方面几乎没有任何困难。他们在项目细节方面像其他监察长一样难度相当，但是与白宫和管理预算局打交道几乎没有问题。可能最让人吃惊的是，人文学科的监察长中只有37%的人与国会打交道有困难，而财经专业的是79%，司法专业的是57%。最后，他们不容易受到困扰，很少提及媒体、国会的干扰或机构抵制变化给他们带来的烦恼。他们唯一感到苦恼的是缺少资源，在这方面他们苦恼的程度是财经专业和政治学专业的两倍，决策滞缓是他们最苦恼的事情。

7.《设立监察长办公室立法——H. R. 8588》，参议院政府事务委员会听证会，第95届大会第2次会议（政府印刷局，1978），第82页。

8. "qui tam"（要求取得罚金的起诉，此项罚金由起诉人与官方均分）一词来自拉丁语。

9.《虚假索赔法案的实施》，众议院司法委员会听证会，第101届大会第2次会议（政府印刷局，1990），第30页。

10. 见亚瑟·奥肯，《公平与效率：重要权衡》（布鲁金斯学会，1975），请特别关注第91~95页。

11. 人力管理办公室，《资格标准》（1968年12月），第1页。

12.《监察长：十年回顾》，众议院政府工作委员会听证会，第101届大会第2次会议（政府印刷局，1988），第86页。

13. 引用露丝·马库斯，《机构监察长感受到司法部的约束》，《华盛顿邮报》，1989年9月18日，第86页。

14.《美国政府的严重管理问题》，参议院政府事务委员会听证会，第101届大会第1次会议（政府印刷局，1989），第91页。

15. 同上。

16.《最后报告与建议》，委员会文件，参议院银行、住房和城市事务委员会，第101届大会第1次会议（政府印刷局，1990），第75页。

17. 109 S. CT, 1982 (1989)。

18. 关于独立性问题的讨论与国防部军事监察长有关,因为该监察长不受 1978 年的《监察长法案》或者其修订案的制约,见斯图尔特·哈里斯,《在看门狗的房子里》,《政府官员》,22 卷,(1990 年 10 月),第60~64页,第 74 页。

19. 对罗森塔尔来说,有固定任期还不够。他还提出,监察长没有资格获得第二任期的再任命。利己主义要得到遏制。

20. 《住房与城市发展部的滥用职权和管理不善》,参议院的银行、住房和城市事务委员会听证会,第 101 届大会第 1 次会议(政府印刷局,1990),第 490 页。

21. 《1988 年监察长法案修正案》,众议院政府工作委员会听证会,第 100 届大会第 2 次会议(政府印刷局,1988),第 123 页。

22. 引用卡尔·布鲁尔《总统更迭:从艾森豪威尔到里根》 (牛津大学出版社,1986),第 263 页。

23. 卡尔文·麦肯齐,《选贤任能》,载于《政府官员》,第 22 卷,(1990 年 4 月),第 31 页。

24. 人事管理办公室,《情况说明书》,1990 年 8 月。

25. 《监察长》,听证会,第 335 页。

第九章

1. 从个人 1987~1988 年在参议院的任职经验来说,我可以作证卫生及公共服务部法定联络程序是公开支持国会的,并且在提醒部门成员或员工正在运行的任务或项目方面有着效率相当高的工作记录。监察长办公室经常联络本部并提供相应的帮助,对于相关的要求也能够快速做到。不仅如此,卫生及公共服务部的监察长办公室还可以帮助国会立项,并保证以最快的速度回收成本,甚至比审计总署的效率还要高。

卫生及公共服务部的部门成员和员工们在监察长理查德·库斯罗的帮助下努力工作。"1987 年时,我们收到了大约 111 封来自国会成员的求助信。许多求助信里要求我们对整个国会做调查或者审计工作,还包括主持听证会……我们同样也会基于不同的委员会或下设机构的主席提出的固定要求,起草适用于关系到众议员的不同问题的相应审计报告和监察报告"。库斯罗解释道。《监察长:十年回顾》,众议院政府工作委员会法律和国家安全小组委员会听证会,第 100 届大会第 2 次会议(政府印刷局,1988),第 174 页。

2. 1990 年 10 月 26 日笔者采访稿。

3. 总顾问爱德华·C. 斯特林格于 1989 年 12 月 12 日赠予詹姆斯·B. 托马斯的回忆录,第 1 页。

4. 《教育部关于监察长办公室与总法律顾问办公室之间谅解的备忘录》,1990 年 7 月 7 日,第 1 页。

5.《美国政府的严重管理问题》,参议院政府事务委员会听证会,第 101 届大会第 1 次会议(政府印刷局,1989),第 86 页。

6. 美国国家行政学会,《振兴联邦管理:管理者及其不堪重负的系统》(华盛顿,1983 年 11 月),第 37 页。

7. 同上。

8. 全国公共服务委员会,《领导美国》(莱克星顿,马萨诸塞州:莱克星顿图书公司,1989),第 28 页。

9.《总统文件周编》,第 17 卷,no. 13,1981 年 3 月 30 日,第 347 页。

10.《1978 年监察长法案:十年回顾》,H. 报告 100 - 1027,100 大会第 2 次会议(政府印刷局,1988),第 25~26 页。

11. 此处引自 1978 年针对监察长行为实行的部门的局部十年回顾中对一名监察长的访谈底稿,出自政府工作委员会办公室收到的材料。我很感谢法律和国家安全小组委员会下设机构的前人事部主任理查德·巴恩斯在查阅国家资料库内的相关文件方面对我的帮助。基于目前的既定法规制度,这份采访样稿不得用于个人私利。

12.《监察长:十年回顾》,众议院政府工作委员会法律和国家安全小组委员会听证会,第 100 届大会第 2 次会议(政府印刷局,1988),第 181 页。

13. 两处全部引自监察长,听证会,第 233 页。

14.《美国政府的严重管理问题》,听证会,第 96 页。

15. 该解读引自威廉·莫兰,《政府部门内部的监察长绩效评估》,迈克尔·亨德里克、迈克尔·曼加诺和威廉·莫兰主编,《监察长:评估的新方向》,48 号(旧金山:约赛巴斯出版社,1990 年冬),第 13 页。FBI 的绩评专家理查德·泽尼克森认为,库斯罗的分析"几乎是绩评者和项目经理的合作的努力理解互相之间对总体效率的贡献的空想主义"。见理查德·泽尼克森,《监察长办公室项目检查的另一种看法》,载于亨德里克、曼加诺和莫兰主编,《监察长:评估的新方向》,第 81 页。

16. 联邦政府监察长法定调查机构,《全面执法权利的重要性》,1989 年 3 月。

17. 弗雷德里克·M. 凯撒,《新提出的监察长执法机构中潜藏的问题和关注点探究》,备忘录,(国会调查服务部,1990 年 6 月 29 日),第 10 页。

18.《1978 年监察长法案》,H. 报告 100 - 1027,第 28 页。

19. 法务部致参议院约翰·格伦的信,1990 年 3 月 22 日,第 7 页。

20. 凯撒,《新提出的监察长执法机构中潜藏的问题和关注点探究》,第 19 页。

21. 1990 年,司法部部长答应格伦,七天内对所有的监察长的要求作出统一答复。出自作者访谈会手稿,1990 年 11 月 10 日。

22. 《1978年监察长法案》，S. Rept. 95 - 1071，95大会第2次会议（政府印刷局，1978年8月8日），第34页。

23. 《美国诉伊安诺尼案》，458 F. Su第42～43页。

24. 国会调查服务部报告、美国司法部、政府工作委员会办公室，《对扩大监察长既定权利和权限的待定提议的几点意见》，1990年7月6日，第6页。

25. 赫伯特·L. 芬斯特和达瑞尔·J. 李，《联邦政府逐渐扩大的审计和调查权利》，《公共合同法月刊》，第12卷（1982年3月），第220页。

26. 见雷蒙德·麦卡恩，《采购欺诈调查方法：国会为监察长扩大传讯权强制举行听证的必要性》，《公共合同法月刊》，第16卷（1987年3月），第502～503页。

27. 见《证监会所使用的程序：作为物证的监察长传票也将由最高法院在既定标准下管理》，出自《美国诉鲍威尔》一案，379 U. S. 48（1964）。

28. 这项讨论的相关基础材料首先出现在保罗·C. 莱特，《总统的议题：从肯尼迪到里根的国内政策选择》，修订版（约翰霍普金斯大学出版社，1991）。

29. 审计总署，《对联邦政府的评价：联合松散，资源减少，1980年之后的不同研究》，审计总署/PEMD - 87 - 9（1987年1月），第2页。

30. 见审计总署，《项目评估问题》，过渡系列，GAO/OCC - 89 - 8TR（1988年11月），第1页。这份报告出自下一任办公室主任选举的相关文献集。

31. 同上，第10～11页。

32. 莫兰，《联邦监察长办公室内部评估》，第16页。

33. 审计总署，《项目评估问题》，第21页。

34. 莫兰，《联邦监察长办公室内部评估》，第15页。

35. 德怀特·F. 戴维斯，《绩效审计还是项目审计？》，《公共行政管理评论》，第50卷（1990年1～2月），第37、39页。

36. 凯瑟琳·E. 纽科默，《搞定评估的10种方法》，《官僚》，第18卷（1989年秋），第60页。

37. 引自泽尼克森，《监察长办公室看监察长项目的另一视角》，第83页；据泽尼克森报告，库斯罗曾意图在协会的年终会议上宣布这项事，这项对外宣布被安排在旧金山，但最终这项轰动一时的事件需要以另外一种方式呈现。

38. 亨德里克斯、曼加诺、莫兰主编，《联邦监察长办公室内部评估的发展》，第26页。

39. 迈克尔·曼加诺，《美国卫生及公共服务部监察长办公室内部评估》，亨德里克斯·曼加诺、莫兰主编，《监察长：评估的新方向》，第35页。

40. 卫生及公共服务部、监察长办公室、绩效评估和监察办公室,《撰写监察报告的特殊步骤》,技术援助指南 6（1990）,第 11 页。

41. 埃莉诺·赫利姆斯基,《论美国审计署项目评估的作用》,国家法定项目评估社团年会报道,明尼阿波利斯,1992 年 3 月,第 16 页。

42.《住房与城市发展部的滥用职权与管理不善》,参议院银行、住房和城市事务委员会听证会,101 大会第 2 次会议（政府印刷局,1990）,第 Ⅱ 卷,第 82 页。

43. 同上,第 86 页。

第十章

1. 和我一起撰写本书的我的首席调研助手约翰·明格斯建议,从监察长的角度看,最重要的资源是员工数量。而从这方面看出:"从财政历年 1981～1988 年,很明显国防部、内政部以及卫生及公共服务部是最有效率的监察长办公室,交通部、退伍军人事务部则是最不具有效率的部门。"

《监察长:一项整体绩效审计案例分析》,本文在一定程度上属于硕士学位论文,明尼苏达大学休伯特·H. 汉弗莱公众事务学院,1990 年 4 月,第 31 页。

2. 斯蒂文·凯尔曼,《格蕾丝委员会:政府浪费有多少?》,载于《公众的兴趣》,第 78 卷（1985）,第 63 页;见斯蒂文·凯尔曼,《采购和公共管理:对自由裁量权的恐惧和政府职能表现》（华盛顿:美国企业研究所,1990）。

3. 马克·摩尔、玛格丽特·简·盖茨,《监察长:是恶犬还是人类最好的朋友?》（塞奇基金会,1986）。

4. 最小值数据来自总审计长,《政府组织、计划、活动以及职能审计标准》（1988 年修订版）——即所谓的"黄皮书"。

5. 审计总署,《监察长:遵循总务署监察长职业标准》GAO/AFMD - 87 - 22（1987 年 7 月）。

6. 同上,第 3～4 页。

7. 联邦监察长谢尔曼·芬克对欺诈曝光的解释为《自由裁量的资金》,与个人资金,如热能、光能、维护费等恰好相反。他在 10 年回顾的听证会笔记上注明:"当我离任时,我们会 5 倍偿还拨出的款项. 虽然自由裁量预算被缩小了,我希望尽快与州标准平行作业"。

8. 总统廉政与效率委员会,委员会协调组,"汲取的教训:根据 1988 年监察长法案修正案进行汇报"。调查第 1、5～6 页。

9. 总统廉政与效率委员会、诚信与法律实施委员会,《监察长调查的特色》（1989 年 7 月）,第 17 页。

10. 同上，第 23 页。

11. 同上，第 5 页。

12. 同上，第 14 页。

13. 同上，第 14 页。

14. 同上，第 7 页。

15. 同上，第 7 页。

16. 《环境保护署监察长的活动》，能源与商务委员会监督和调查部下设机构听证会，101 大会第 2 次会议（政府印刷局，1991），第 95 页。

17. 见审计总署，《舞弊：农业部、劳工部、总务署的特点、制裁和预防》，GAO/AFMD-88-34BR（1988 年 6 月），第 24～29 页。

18. 菲尔·盖里、小瓦伦·韦弗，《睡眠更好的理由》，载于《纽约时报》，1983 年 3 月 14 日，第 B6 版。

19. 参议员卡尔·列文写给总统廉政与效率委员会威廉·迪芬德弗的信，1990 年 3 月 5 日，第 2 页。

20. 《最后报告与建议》，委员会印刷局、参议院银行、住房和城市事务委员会，101 大会，第 2 次会议，（政府印刷局，1990），第 217 页。

21. 杰克·西特林、唐纳德·格林、贝丝·莱因戈尔德，《浅谈构架稳定性——里根任期的信心》，《公众意见》，第 10 卷（1987 年 11～12 月），第 18 页。

22. 同上。

23. 见丹·巴尔兹、理查德·莫林：《一场悲观主义和消极政治的潮流初露端倪》，载于《华盛顿邮报》，1991 年 11 月 3 日，第 A1、A16～17 版。

24. 美国审计总署，《遵循卫生及公共服务部的监察长职业标准》HHS，GAO/AFMD-88-36（1988 年 9 月），第 33 页。

25. 《监察长：十年回顾》，众议院政府工作委员会法律和国家安全小组委员会听证会，第 100 届大会，第 2 次会议，（政府印刷局，1988），第 33 页。

26. 审计总署，《面对事实：1989 年年报》（1989 年），第 12 页。

27. 我对马克·摩尔帮助我更加清晰地理解这个论点表示感谢。

28. 唐纳德·凯特尔，《微观管理：国会控制和官僚风险》，载于帕特丽夏·W·英格拉哈姆，唐纳德·凯特尔，《卓越议程：美国公共服务》（查塔姆，N.J：查塔姆研究所，1992），第 103 页。

第十一章

1. 审计总署标准的该项总结是由科尼利厄斯·蒂尔尼，《政府审计》（华盛顿：商业票据交换所，1979），第 99 页。

2. 总统廉政与效率委员会、诚信与法律实施委员会，《监察长调查的特色》（1989年7月），第 30 页。

3. 对1988年变化的补充总结，见委员会协调组，《汲取的教训：根据1988年监察长法案修正案进行汇报》调查，1990年9月。

4. 《住房与城市发展部的滥用职权与管理不善》，H. 报告 101 – 977，101 大会，第 2 次会议，（政府印刷局，1990），第 6 页。

5. 改革潜力区清单，见弗雷德里克·M. 凯撒、戴安娜·杜菲，《影响法定监察长行为的因素探究》，备忘录，（国会调研服务部，1992 年 1 月 28 日）。

6. 沃尔特·威廉，《美国的管理不善：反研究型的管理的崛起》（堪萨斯大学，1990），第 x 页。

7. 这项回复来自一项对于所有参议院政府事务委员会的监察长进行的调研。

8. 《最后报告与建议》，委员会印刷局、参议院银行、住房和城市事务委员会，第 101 届大会，第 2 次会议，（政府印刷局，1990），第 194 页。

9. 见罗纳德·C. 莫，《住房与城市发展部丑闻及联邦管理办公室的相关案例》，载于《公众管理评论》，第 51 卷（1991 年 7 ~ 8 月），第 298 ~ 307 页。

索引[1]

Aberbach, Joel, 45, 51, 53	乔尔·阿伯巴奇, 45, 51, 53
Accountability in government: bureaucratic paradigm, 20;	政府问责制: 官僚典范, 20;
command-and-control approach, 12–13;	命令控制型方法, 12–13;
comparison of methods, 14–16, 18–20;	方法之间的比较, 14–16, 18–20;
conflicts created by, 13;	由……产生的冲突, 13;
congressional initiatives of 1960s and 1970s, 11;	60 至 70 年代的国会法案, 11;
definitions of, 3–4, 12–14;	……的定义, 3–4, 12–14;
ethical behavior and, 13;	民族行为及……, 13;
monitoring and, 16–21;	监督以及……, 16–21;
post-bureaucratic paradigm, proposed, 21.	经推荐的后官僚典范, 21.
See also	另见
Capacity-based accountability;	能力问责制;
Compliance accountability;	合规问责制;
Performance accountability	绩效问责制
Adair, John, 25	约翰·阿代尔, 25
Adams, Paul, 1–2, 73–74, 75, 86, 182,	保罗·亚当斯, 1–2, 73–74, 75, 86,

---

[1] 索引中所列数码为索引内容在原著中的页码, 正文外版口所标数码为原著内容所在页码, 两者可结合使用, 对照查阅中英文相关内容。——编者注。

219

Agency for International Development (AID), 31, 181

Agriculture, U.S Department of, 101;

creation of own IGship, 31 – 35;

IG staffing problems, 92, 94;

investigatory units, 166;

law enforcement authority for IG investigators, 190;

successful investigations by IG, 211

American Hospital Association, 154

American Medical Association (AMA), 154 – 155

Anderson, Jack, 104

Armajani, Babak, 20, 21

Assistant secretaries for management: IGs and, 90, 91, 98;

OMB and, 112 – 114

Auditors and IGs, 122 – 124, 149 – 150, 227;

audience for reports, 150, 155;

demographic profile, 150;

internal orientation, 156 – 157;

introspective nature, 158;

investigators, relations with, 160 – 161, 168 – 169;

job satisfaction, sources of, 157 – 158;

reform of IG system, view of, 158, 159;

staffing and, 158 – 159, 160, 162, 163 – 165, 168

Barr, William, 143

Barton, William, 118

Barzelay, Michael, 20, 21

182, 219

国际开发署（AID），31, 181

美国农业部，101；

自我监察技能的创立，31 – 35；

监察长聘任问题，92, 94；

调查单位，166；

监察长调查人员所拥有的法律强制性权力，190；

监察长的成功调查案例，211

美国医院协会，154

美国医学协会（AMA），154 – 155

杰克·安德森，104

巴巴克·阿马伽尼，20, 21

部长助理管理：监察长们以及……，90, 91, 98；

管理和预算办公室以及……，112 – 114

审计人员和监察长们，112 – 124, 149 – 150, 227；

报告阅读人，150, 155；

人员统计概况，150；

内部取向，156 – 157；

……的反省本能，158；

相关调查人员，160 – 161, 168 – 169；

工作成就感相关来源，157 – 158；

关于监察长体制改革的观点，158, 159；

职工配备以及……，158 – 159, 160, 162, 163 – 165, 168

威廉·巴尔，143

威廉·巴顿，118

迈克尔·巴泽雷，20, 21

Bass, Ellen, 183

Bass, Mary, 83

Behn, Robert, 47

Bell, Griffin, 62

Bergland, Bob, 35

Bernstein, Marver, 47

Beuley, Robert, 86

Board for International Broadcasting, 131

Bonus and awards system, 172–174, 233

Boucher, Paul, 83

Brady, James, 102

Brooks, Jack, 49, 50, 65, 103, 144, 191

Brown, June Gibbs, 82, 83, 86, 100, 105, 117, 122–123, 134, 163, 173

Budget and Accounting Act of 1921, 27

Bureaucratic paradigm of accountability, 20

Bush administration, 56;

appointments, delays in, 171–172;

IG's experiences during, 131–145;

program evaluation, focus on, 145

Butz, Earl, 33–34

Califano, Joseph, 63–64, 81, 99

Capacity-based accountability, 3;

comparison with other accountability methods, 14–16, 18–20;

complexity of, 16;

durability of, 16;

evaluation by IGs and, 194;

management and oversight in, 15–16;

mechanisms for achieving change, 15;

monitoring and, 18–20;

reform of IG system and, 230;

艾伦·巴斯, 183

玛丽·巴斯, 83

罗伯特·贝恩, 47

贝尔·格里芬, 62

鲍勃·伯格兰, 35

马维尔·伯恩斯坦, 47

罗伯特·伯利, 86

国际广播委员会, 131

奖励与激励体系, 172–174, 233

保罗·鲍彻, 83

詹姆斯·布雷迪, 102

杰克·布鲁克斯, 49, 50, 65, 103, 144, 191

琼·吉布斯·布朗, 82, 83, 86, 100, 105, 117, 122–123, 134, 163, 173

1921年预算与会计法案, 27

问责制官僚典范, 20

布什政府, 56;

……的任命延期, 171–172;

在……其间监察长经验, 131–145;

……的项目评估, 145

厄尔·巴茨, 33–34

约瑟夫·卡利法诺, 63–64, 81, 99

能力问责制, 3;

与其他问责制方法的对比, 14–16, 18–20;

……的复杂性, 16;

……的耐用度, 16;

监察长评估结果以及……, 194;

……的管理与监督, 15–16;

实现变革的机制, 15;

监督和……, 18–20;

监察长系统改革以及……, 230;

sanctions, role of, 15	处罚或认可的作用, 15
Career executives, 91	职业主管, 91
Carter, Jimmy, 39, 62, 99, 226-227	吉米·卡特, 39, 62, 99, 226-227
Carter administration: coordination of IG offices, 186;	卡特政府: 监察长办公室间的协调, 186;
IGs' experiences during, 90-101;	在……期间的监察长经历, 90-101;
Inspector General Act of 1978, 62-64, 67;	1978年监察长法案, 62-64, 67;
popularity problems, 81;	名气问题, 81;
recruitment of IG candidates, 82-90	监察长候选人的雇佣, 82-90
Central Intelligence Agency (CIA), 35	中央情报局 (Central Intelligence Agency, CIA), 35
Chelimsky, Eleanor, 199	埃莉诺·赫利姆斯基, 199
Chief Financial Officers Act, 22	首席财务官法, 22
Chiles, Lawton, 90	劳顿·奇利斯, 90
Citrin, Jack, 221	杰克·西特林, 221
Civil Service Reform Act of 1978, 11-12, 13-14, 64, 172, 173	1978年公务员改革法案, 11-12, 13-14, 64, 172, 173
Clarke, Floyd, 167	弗洛伊德·克拉克, 167
Colvin, Bill, 86, 172-173	比尔·科尔文, 86, 172-173
Command-and-control accountability, 12-13	命令控制型问责制, 12-13
Commerce, U.S. Department of, 101	美国商务部, 101
Compliance accountability, 3-4;	合规问责制, 3-4;
bureaucratic paradigm and, 20;	官僚典范以及……, 20;
comparison with other accountability methods, 14-16, 18-20;	与其他问责制方法的对比, 14-16, 18-20;
complexity of, 16;	……的复杂性, 16;
durability of, 16;	……的耐用度, 16;
government officials' preference for, 3-4, 19-20, 22, 56-57, 224-225;	政府工作人员更偏好于……, 3-4, 19-20, 22, 56-57, 224-225;
management and oversight in, 15-16;	……的管理与监督, 15-16;
mechanisms for achieving change, 15;	实现变革的机制, 15;
monitoring and, 18-20;	监督和……, 18-20;

perverse consequences, 230;	不合常规的后果,230;
Reagan administration's focus on, 102 – 103;	里根政府行政的相关重点在于……,102 – 103;
sanctions, role of, 15	处罚或认可的作用,15
Comprehensive Crime Control Act of 1984, 167	1984年综合犯罪控制法,167
Condon, Lester, 32 – 33, 35	莱斯特·康登,32 – 33,35
Confirmation of IG nominees, 88 – 90	确认监察长提名人选,88 – 90
Congress, U. S. : access to information through IGs, 28 – 29, 30, 56;	美国国会：监察长提供的信息渠道,28 – 29,30,56;
accountability initiatives of 1960s and 1970s, 11;	60至70年代的问责制法案,11;
compliance accountability, preference for, 56 – 57;	服从问责制相关偏好,56 – 67;
congressional-IG activity, patterns in, 53 – 56;	国会监察长活动相关形式,53 – 56;
GAO and, 27 – 28;	审计总署以及……,27 – 28;
Health, Education, and Welfare IG Act of 1976, 40, 50, 58 – 61;	1976年健康、教育和福利监察长法案,40,50,58 – 61;
HUD scandal and, 75 – 76;	美国住房与城市发展部丑闻以及……,75 – 76;
IG's loyalty to, 95, 96;	监察长相关忠诚度,95,96;
Inspector General Act Amendments of 1988, 128 – 131;	1988年监察长法案修正案,128 – 131;
law enforcement authority for IG investigators, 190 – 91;	监察长调查员的法律强制性保障机构,190 – 91;
oversight activity, expansion of, 51;	相关监督行为的扩大,51;
small agency IGs and, 133;	小机构监察长以及……,133;
staffing of IG offices, 110 – 111,	监察长办公室职员安置,110 – 111,
staff trends in, 51 – 53.	相关职员招聘倾向,51 – 53.
See also House of Representatives, U. S. ; Inspector General Act of 1978; Senate, U. S.	另见：美国众议院；1978年监察长法案；美国参议院
Continental Congress, 25	大陆会议,25
Contracting-out initiative, 113	外包法案,113
Conyers, John, 144	约翰·科尔尼斯,144
Coordinating Conference, 188	协调会议,188

Coordinating mechanism for all IG offices, 186–189	监察长办公室总协调机制, 186–189
Coverage capacity of IGs, 205–207, 209	监察长的职能范围, 205–207, 209
Davis, Dwight, 197	德怀特·戴维斯, 197
Defense, U. S. Department of: coverage of activities by IG, 206–207;	美国国防部: 监察长行动范围, 206–207;
law enforcement authority for IG investigators, 190, 192;	监察长调查员的法律强制性保障机构, 190, 192;
location of IG office, 185;	监察长办公室位置, 185;
staffing of IG office, 163, 164, 165;	监察长办公室职员安置, 163, 164, 165;
successful investigations by IG, 211	监察长的成功调查案例, 211
Defense Contract Audit Agency (DCAA), 206–207	国防合同审计局, 206–207
Deficit problem, 114–115	赤字问题, 114–115
DeGeorge, Frank, 86, 173	弗兰克·德乔治, 86, 173
Deming, W. Edwards, 17	W·爱德华兹·戴明, 17
Dempsey, Charles, 71, 75, 86, 100, 103, 105–106, 116–117, 119, 122, 163, 170, 182, 219	查尔斯·邓普西, 71, 75, 86, 100, 103, 105–106, 116–117, 119, 122, 163, 170, 182, 219
Department of Energy Act, 193	能源部法案, 193
Deputy IGs, 181–182	副监察长, 181–182
Devine, Donald, 170	唐纳德·迪瓦恩, 170
Diefenbach, William, 152–153	威廉·迪芬巴赫, 152–153
Diefenderfer, William, 111, 135	威廉·迪芬德韦, 111, 135
Dingell, John, 212–213	约翰·丁格尔, 212–213
Downs, Anthony, 19	安东尼·唐斯, 19
Doyle, William, 173	威廉·道尔, 173
Eagleton, Thomas, 42, 67	托马斯·伊格尔顿, 42, 67
Education, U. S. Department of, 2;	美国教育部, 2;
deputy IGs, 182;	副监察长, 182;
legal counsel for IG, 183;	监察长法律顾问, 183;
location of IG office, 185;	监察长办公室位置, 185;
staffing of IG office, 94	监察长办公室职工安置, 94
Effectiveness of IGs, 203;	监察长有效性, 203;

coverage of agency activities, 205 – 207, 209;
definition of effectiveness, 203 – 204;
performance of departments and agencies, 220 – 223;
professionalism issue, 204 – 205;
savings as measure of, 101, 115, 121, 208, 209 – 210;
successful investigations, 210 – 214;
visibility of results, 214 – 220
Eizenstat, Stuart, 62, 67
Employment Standards Administration, 136
Energy, U. S. Department of, 2, 61;
subpoena authority for IG investigators, 193
Environmental Protection Agency (EPA): law enforcement authority for IG investigators, 192;
location of IG office, 185;
problems with IGship, 118 – 119;
staffing of IG office, 94, 163;
successful investigations by IG, 212 – 213;
visibility of IG results, 216
Estes, Billie Sol, 31, 32
Ethics in Government Act of 1978, 11, 12, 14, 65
Evaluation and analysis by IGs, 145, 189, 230 – 231, 234 – 235;
capacity-based accountability and, 194;
decline of, 194 – 195, 200;
HHS approach, 198 – 199;
negative aspects, 197 – 198;
recommendations resulting from evaluation, 199;
value of, 195 – 196
Executive privilege, 48 – 51
False Claims Act Amendments of 1986, 22, 165

机构活动内容范围, 205 – 207, 209;
有效性的定义, 203 – 204;
部门和机构的绩效, 220 – 223;
专业化问题, 204 – 205;
节约资金作为……的一个衡量标准, 101, 115, 121, 208, 209 – 210;
成功调查案例, 210 – 214;
结果的透明度, 214 – 220
斯图亚特·艾森斯塔特, 62, 67
就业标准管理局, 136
美国能源部, 2, 61;
监察长调查员传讯机构, 193
环境保护局：监察长调查员法律强制力保障机构, 192;
监察长办公室位置, 185;
监察长身份问题, 118 – 119;
监察长办公室职工安置, 94, 163;
监察长成功调查案例, 212 – 213;
监察长结果透明度, 216
比利·索尔·埃斯蒂斯, 31, 32
1978年政府道德法, 11, 12, 14, 65
监察长对该问题的评估与分析, 145, 189, 230 – 231, 234 – 235;
能力问责制以及……, 194;
……的减少, 194 – 195, 200;
卫生及公共服务部, 198 – 199;
消极方面, 197 – 198;
绩效评估对象推荐, 199;
……的价值, 195 – 196
行政特权, 48 – 51
1986年虚假索赔法修正案, 22, 165

Federal Bureau of Investigation (FBI), 106, 167, 170, 186, 213	联邦调查局, 106, 167, 170, 186, 213
Federal Election Commission, 131	联邦选举委员会, 131
Federal Managers' Financial Integrity Act of 1982, 222	1982 年联邦管理者金融诚信法, 222
Federal Maritime Commission, 131	联邦海事委员会, 131
Fenster, Herbert L., 193	赫伯特·L·芬斯特, 193
Fesler, James, 13	詹姆斯·费斯勒, 13
"Fire-alarm" oversight, 42 – 43	"火警式" 监督, 42 – 43
Firing of IGs (1981), 102 – 104, 105 – 106	监察长的解聘 (1981), 102 – 104, 105 – 106
Food and Drug Administration (FDA), 141 – 142	美国食品药品监督管理局, 141 – 142
Ford administration, 51	福特政府, 51
Foreign Assistance Act of 1961, 29 – 30	1961 年对外援助法案, 29 – 30
Fountain, L. H., 31, 32, 39, 40, 48, 49 – 50, 58, 60, 61, 64, 67, 68, 103, 121, 139, 165	L. H. 方丹, 31, 32, 39, 40, 48, 49 – 50, 58, 60, 61, 64, 67, 68, 103, 121, 139, 165
Freeman, Orville, 31 – 32, 90	奥维尔·弗里曼, 31 – 32, 90
"Funds put to better use" issue, 210	"择优用资" 问题, 210
Funk, Sherman, 35, 69, 86, 134, 138, 141, 163, 167 – 168, 178, 188, 219	谢尔曼. 芬克, 35, 69, 86, 134, 138, 141, 163, 167 – 168, 178, 188, 219
Garment, Suzanne, 39, 44, 53	苏珊娜·加门特, 39, 44, 53
Gates, Margaret, 24 – 25, 39 – 40, 204	玛格丽特·盖茨, 24 – 25, 39 – 40, 204
Gellhorn, Walter, 33	沃尔特·盖尔霍恩, 33
General Accounting Office (GAO): accounting and auditing roles, conflict between, 27 – 28;	审计总署: 会计和审计职能相关分歧, 27 – 28;
on auditors and investigators as IGs, 161;	关于监察长审计员和调查员, 161;
budgets of IGs and, 67;	监察长预算以及……, 67;
contracting – out initiative, 113;	外包法案, 113;
EPA, criticism of, 119;	环境保护局相关评论, 119;
establishment of, 27;	……的建立, 27;
on evaluation and analysis by IGs, 194 – 195, 196, 199;	监察长就相关问题的评估与分析, 194 – 195, 196, 199;
Inspector General Act of 1978, 41 – 42;	1978 年监察长法案, 41 – 42;

Interior, criticism of, 119;
on OMB management initiatives, 47–58;
on professionalism of IGs, 204–205
General Services Administration (GSA): law enforcement authority for IG investigators, 190;
professionalism of IG, 205
Gillium, Charles, 86, 173, 207
Glenn, John, 56, 129, 133, 138, 141, 142, 144, 183
Gonzalez, Henry, 74
Gorsuch, Anne Burford, 118
Government Energy Efficiency Act of 1991, 46
Government Printing Office (GPO), 132–133
Graziano, John, 116
Green, Donald, 221
Harper, Edwin, 103, 104, 105, 106–108, 110, 116
Health, Education, and Welfare, U. S. Department of (HEW), 2;
IG reports on, 98–100;
scandals in, 40
Health, Education, and Welfare IG Act of 1976, 40, 50, 58–61
Health and Human Services, U. S. Department of (HHS), 2, 141;
coverage of activities by IG, 206, 207;
deputy IGs, 182;
evaluation and analysis by IG, 195–196, 197, 198–99;
expansion of IG office, 178–179, 181;
IG appearances before Congress, 56;
improvement recommendations by IG, 220;

内政部相关评论, 119;
管理和预算办公室相关法案, 47–58;
关于监察长专业化的问题, 204–205
总务署: 监察长调查员执法权力, 190;
监察长的专业化, 205
查尔斯·吉勒姆, 86, 173, 207
约翰·格伦, 56, 129, 133, 138, 141, 142, 144, 183
亨利·冈萨雷斯, 74
安妮·伯福德. 戈萨奇, 118
《1991年政府能源效率法案》, 46
美国政府印刷局, 132–133
约翰·格拉齐亚诺, 116
唐纳德·格林, 221
埃德温·哈珀, 103, 104, 105, 106–108, 110, 116
美国卫生教育和福利部, 2;
监察长报告, 98–100;
丑闻, 40
《1976年卫生教育和福利法案》, 40, 50, 58–61
美国卫生及公共服务部, 2, 141;
监察长活动范围, 206, 207;
副监察长, 182;
监察长的评估和分析, 195–196, 197, 198–99;
监察长办公室的扩大, 178–179, 181;
监察长出席国会听证会, 56;
监察长提出的改进措施, 220;

independence of IG office, 181;	监察长办公室独立性, 181,
investigators, emphasis on, 163–164;	重视调查员, 163–164;
location of IG office, 185;	监察长办公室地点, 185;
Medicare/Medicaid bounty episode, 151–155;	医疗保险/医疗补助的奖励金事件, 151–166;
qui tam investigations, 165;	公私共分罚款事件调查员, 165;
savings achieved by IG, 101, 209–210;	监察长工作实现的结余, 101, 209–210;
successful investigations by IG, 211;	监察长成功的调查案例, 211;
visibility of IG results, 216–217	监察长结果的透明度, 216–217
Heineman, Ben, Jr., 100	本·小海涅曼, 100
History of IG concept, 25, 27–35	监察长理念的历史, 25, 27–35
Hodsoll, Frank, 135, 142	弗兰克·霍德索尔, 135, 142
Holifield, Chet, 50	切特·霍利菲尔德, 50
Houk, Robert, 132–133	罗伯特·霍克, 132–133
House of Representatives, U.S.: Agriculture Appropriations Subcommittee, 34;	美国众议院: 农业拨款小组委员会, 34;
Commerce, Consumers, and Monetary Affairs Subcommittee, 58;	商业, 消费者和货币事务小组委员会, 58;
Energy and Commerce Committee, 212–213;	能源与商务委员会, 212–213;
Energy and Commerce Committee on Oversight and Investigations, 142;	能源与商务委员会监督调查小组, 142;
Government Operations Committee, 49–50, 58, 74, 75, 92, 106–107, 110–111, 129, 133, 167, 173, 186–187, 191;	政府工作委员会, 49–50, 58, 74, 74, 92, 106–107, 110–111, 129, 133, 167, 173, 186–187, 191;
Government Operations Employment and Housing Subcommittee, 70;	住房与就业政府事务小组委员会, 70;
Health and Environment Subcommittee, 44;	卫生与环境保护小组委员会, 44;
Intergovernmental Relations and Human Resources Subcommittee, 31, 32, 58, 60–61, 64;	政府间关系与人力资源小组委员会, 31, 32, 58, 60–61, 64;
Judiciary Committee, 165	司法委员会, 165
Housing and Urban Development, U.S. Department of (HUD): creation of IGship, 35;	美国住房与城市发展部: 监察长身份的创立, 35;
deputy IGs, 182;	副监察长, 182;

evaluation capacity of IG, decline of, 200;	监察长评估能力的下降，200；
savings achieved by IG, 101;	监察长工作实现的结余，101；
scandal of 1989, 1-2, 69-77, 168, 200;	1989年丑闻，1-2，69-77，168，200；
staffing of IG office, 163;	监察长办公室的职员安置，163；
visibility of IG results, 216	监察长报告结果的透明度，216
H. R. 12462, 49-50	众议院第12462条规定，49-50
Hyland, J. Brian, 86, 136, 137, 140, 173, 183	J·布莱恩·海兰德，86，136，137，140，173，183
Iannone, John, 193	约翰·伊安诺尼，193
Improvement recommendations by IGs, 220	监察长提出的改进建议，220
Independent counsel legislation, 65	独立律师条例，65
Ink, Dwight, 168, 200	德怀特·英克，168，200
Inspector General Act of 1978, 2, 11, 23;	《1978年监察长法案》，2，11，23；
"access to executive branch information" issue, 48-51;	"行政机构信息披露"问题，48-51；
Amendments of 1988, 128-131, 181;	1988年修正案，128-131，181；
budgetary issue, 43-44;	预算问题，43-44；
Carter administration and, 62-64, 67;	卡特政府以及……，62-64，67；
compromise agreements in, 64-67;	……妥协性协议，64-67；
definitions of accountability, 14;	问责制的定义，14；
drafters of, 58;	起草者，58；
GAO reports on, 41-42;	审计总署报告，41-42；
goals of, 2;	目标，2；
IG's authority to conduct investigations and, 139-140;	监察长实施调查权利以及……，139-140；
independence issue, 62-64;	独立性问题，62-64；
information imperative, 48-57;	信息需求，48-57；
innovations included in, 225-229;	创新，225-229；
job description, development of, 61-68;	职务描述的演变，61-68；
management issue, 47-48;	管理问题，47-48；
on organization of IG offices, 175;	监察长办公室的组织架构问题，175；
origins of, 39;	起源，39；

oversight issue, 45 – 46, 51;	监督问题, 45 – 46, 51;
overview of, 23 – 25;	概览, 23 – 25;
passage of, 68;	通过, 68;
publicity issue, 44 – 45;	公开性问题, 44 – 45;
Senate amendments, 67 – 68;	参议院修正法案, 67 – 68;
staff trends in Congress and, 51 – 53;	国会聘任倾向以及……, 51 – 53;
strategies of accountability, 11 – 12;	问责制策略, 11 – 12;
on subpoena authority for IG investigators, 192 – 193;	监察长调查人员的传讯权, 192 – 193;
"trust in government" issue, 46 – 47	"政府信任度"问题, 46 – 47
Inspectors general: accomplishments of, 101, 115, 121, 208, 209 – 210;	监察长: 成就, 101, 115, 121, 208, 209 – 210;
assistant secretaries for management and, 91, 98;	管理工作的部长助理以及……, 91, 98;
audience for reports, 95, 96, 124 – 126, 128, 150 – 155;	报告阅读人, 95, 96, 124 – 126, 128, 150 – 155;
audit as cornerstone of IG concept, 42;	审计是监察长理念的基础, 42;
budgets for, 66 – 67;	预算额度, 66 – 67;
Bush administration and, 131 – 145;	布什政府以及……, 131 – 145;
career profile, 84 – 87, 122;	职业概述, 84 – 87, 122;
Carter administration and, 82 – 101;	卡特政府以及……, 82 – 101;
compliance accountability, focus on, 3 – 4, 22, 56 – 57, 224 – 225;	重视合规问责制……, 3 – 4, 22, 56 – 57, 224 – 225;
confirmation process, 88 – 90;	确认程序, 88 – 90;
conflict of interest concerns, 86 – 87, 172 – 174, 233;	利益相关体的冲突, 86 – 87, 172 – 174, 233;
congressional access to information and, 28 – 29, 30, 56;	国会获取信息以及……, 28 – 29, 30, 56;
congressional-IG activity, patterns in, 53 – 56;	国会—监察长互动模式, 53 – 56;
crisis situations, reporting on, 24, 66, 228;	危机情况报告, 24, 66, 228;
deficit problem and, 114 – 115;	赤字问题以及……, 114 – 115;
demographic profile, 82 – 84, 150, 151, 152;	人员概况, 82 – 84, 150, 151, 152;
departmental creation of IG post, 31 – 35;	部门监察长职位的设立, 31 – 35;
dual allegiance issue, 62 – 64, 69 – 77, 226;	忠诚度的两面性问题, 62 – 64, 69 – 77, 226;

educational profile, 84, 122;

expansion of IG concept, 25, 26;

fallback rights, 105–106;

"fire–alarm" oversight, 42–43;

firing of (1981), 102–104, 105–106;

first IGs, establishment of, 28–29;

historical perspective on, 25, 27–35;

HUD scandal and, 1–2, 69–77, 168, 200;

improvement recommendations by, 220;

"innovations" in search for accountability, 2–3;

as institutional memory, 200, 234;

integration of audit and investigation, 227;

interference by departments and agencies, protection from, 67–68;

investigations, emphasis on, 165–169;

investigative authority, challenge to, 106, 135–143;

job description, 61–68;

job skills needed for IG position, 95–96, 97;

legislation on, 27–28 (See also Inspector General Act of 1978);

"lone wolf" alternative, 59–61;

mandate of, 23;

monitoring function, 16–17;

nature of IG job, evolution of, 126–128;

opposition within departments and agencies, 62–64, 90;

political appointees, relations with, 96–98;

political influences, protection from, 23–25, 169–174;

politicization of, 169, 186–187;

problems with IGships, 118–120;

教育问题概述，84，122；

监察长理念的扩展，25，26；

备用权，105–106；

"火警"式监督，42–43；

1981年解雇问题，102–104，105–106；

第一批监察长的就任，28–29；

历史视角，25，27–35；

住房与城市发展部丑闻以及……，1–2，69–77，168，200；

改善建议，220；

问责制的"创新"，2–3；

制度记载，200，234；

审计与调查的一体化，227；

防止相关部门与机构的干涉，67–68；

重视调查，165–169；

调查权面临的挑战，106，135–143；

职位描述，61–68；

监察长职位需要的专业技能，95–96，97；

立法 27–28（另见《1978年监察长法案》）；

"孤狼"备选方案，59–61；

授权，23；

监督功能，16–17；

监察长工作性质的演变，126–128；

部门与机构内部的反对，62–64，90；

与政治任命有关，96–98；

防止政治影响，23–25，169–174；

政治化，169，186–187；

监察长身份问题，118–120；

program evaluation by, 145;	项目评估, 145;
Reagan administration and, 82 - 90, 102 - 120, 121 - 131;	里根政府以及……, 82 - 90, 102 - 120, 121 - 131;
Reagan reform agenda, role in, 112;	在里根改革议程中的作用, 112;
records of agencies, access to, 24, 30, 48 - 51, 229;	获取机构相关记录的渠道, 24, 30, 48 - 51, 229;
recruitment of candidates, 23 - 24, 82 - 90, 171 - 172, 226, 233 (See also self-selection below);	候选人的招募, 23 - 24, 82 - 90, 171 - 172, 226, 233 (另见下文中的"自选");
removal, president's power of, 63, 66, 226 - 227, 233;	总统的免职权力, 63, 66, 226 - 227, 233;
reporting style, 130 - 131, 228;	报告风格, 130 - 131, 228;
review of reports by department officials, 98 - 100;	机构人员的报告审查, 98 - 100;
salary of, 65 - 66;	薪金, 65 - 66;
self-selection by, 107 - 108, 116 - 118, 122, 134 - 135;	自选, 107 - 108, 116 - 118, 122, 134 - 135;
small agency IGs, 131, 132 - 133;	小机构监察长, 131, 132 - 133;
staffing issues, 92 - 95, 108 - 111, 124, 125, 158 - 159, 160, 162, 163 - 165, 168, 207, 209;	职员配置问题, 92 - 95, 108 - 111, 124, 125, 158 - 159, 160, 162, 163 - 165, 168, 207, 209;
strategies of accountability and, 16;	问责制策略以及……, 16;
title issue, 42;	头衔问题, 42;
vague and tedious reports by, 74;	含糊乏味的报告, 74;
wastefulness in government, view of, 124;	关于政府浪费问题, 124;
whistleblowers, protection of, 67, 143 - 145. See also Auditors as IGs;	保护吹哨者, 67, 143 - 145。
See also Auditors as IGs; Effectiveness of IGs; Investigators as IGs; OMB-IG alliance; Organization of IG offices; Reform of IG system; specific agencies and departments	另见监察长的审计员身份;监察长效力问题;监察长的调查员身份;管理和预算办公室与监察长的联盟;监察长办公室组织架构;监察长制度改革;具体机构及部门。
Institutional memory, IGs' role as, 199 - 200, 234	在制度记载中监察长的作用, 199 - 200, 234

Interior, U. S. Department of, 119 – 120, 192

International Cooperation Administration, 29

Investigators as IGs, 122 – 124, 149 – 150, 227;

 audience for reports, 150 – 155;

 auditors, relations with, 160 – 161, 168 – 169;

 civil service classification, 166;

 demographic profile, 150, 151, 152;

 external orientation, 156 – 157;

 go-for-broke nature, 158;

 job satisfaction, sources of, 157 – 158;

 law enforcement authority, 150, 189 – 192, 213;

 qui tam investigations, 165;

 reform of IG system, view of, 158, 159;

 staffing and, 158 – 159, 160, 162, 163 – 165, 168;

 subpoena authority, 192 – 194, 213 – 214

Justice, U. S. Department of: coordination of IG offices, 186;

 declination of IG cases, 212;

 IGs' authority to conduct investigations, challenges to, 106, 135 – 143;

 IGship created for, 129 – 130, 134;

 law enforcement authority for IG investigators, 150, 190, 192;

 objections to IG Act of 1978, 62 – 63;

 qui tam investigations, 165

Kaiser, Fred, 190 – 191, 192

Keating, Charles, 144

Kelman, Steven, 203

Kennedy, John F., 171

Kennedy, Robert F., 31

美国内政部, 119 – 120, 192

国际合作总署, 29

监察长的调查员身份, 122 – 124, 149 – 150, 227;

 报告阅读人, 150 – 155;

 审计员的关系, 160 – 161, 168 – 169;

 行政部门分类, 166;

 人员概况, 150, 151, 152;

 外向性, 156 – 157;

 "全力以赴" 本能, 158;

 工作满意度的来源, 157 – 158;

 法律强制力保障机构, 150, 189 – 192, 213;

 公私共分罚款事件调查案例, 165;

 关于监察长制度改革, 158, 159;

 职员配置及……, 158 – 159, 160, 162, 163 – 165, 168;

 传讯权限, 192 – 194, 213 – 214

美国司法部: 协调监察长办公室, 186;

 监察长案例倾向, 212;

 对监察长行使调查权力的挑战, 106, 135 – 143;

 为……创建的监察长身份, 129 – 130, 134;

 监察长调查员法律强制性权力, 150, 190, 192;

 反对1978年监察长法案, 62 – 63;

 公私共分罚款事件调查案例, 165

弗雷德·凯撒, 190 – 191, 192

查尔斯·基廷, 144

史蒂文·凯尔曼, 203

约翰·F·肯尼迪, 171

罗伯特·F·肯尼迪, 31

Kettl, Donald, 13, 51, 223	唐纳德·凯特尔, 13, 51, 223
Kmiec, Douglas, 136, 138, 139, 183	道格拉斯·克密科, 136, 138, 139, 183
Knowles, Marjorie Fine, 24–25, 83, 86, 100	玛乔丽·法恩·诺尔斯, 24–25, 83, 86, 100
Kusserow, Richard, 44, 56, 59, 181, 185, 209, 220;	理查德·库斯罗, 44, 56, 59, 181, 185, 209, 220;
deputy IG and, 182;	副理监察长以及……, 182;
on evaluation by IGs, 189, 198;	关于监察长做出的评估, 189, 198;
on FDA investigation, 141–142;	关于食品药品监督管理局的调查结果, 141–142;
on fixed term of office, 170–171;	关于固定任期问题, 170–171;
Medicare/Medicaid bounty episode, 151–155;	医疗保险医疗补助的奖金事件, 151–155;
on OMB-IG alliance, 116;	关于管理和预算办公室与监察长联盟, 116;
on PCIE, 187;	关于总统廉政和效率委员会, 197;
on qui tam investigations, 165;	关于公私共分罚款事件调查, 165;
on recruitment of IGs, 86–87;	关于监察长的聘任, 86087;
staffing of IG office, 163–164;	监察长办公室职员配置, 163–164;
visibility of, 216–217	透明度, 216–217
Labor, U.S. Department of, 94;	美国劳工部, 94;
IG investigation controversy, 136–140;	关于监察长调查权限的争议, 136–140;
IG staffing problem, 94;	监察长任用问题, 94;
legal counsel for IG, 183–184	监察长法律顾问, 183–184;
successful investigations by IG, 211, 213	监察长的成功调查案例, 211, 213
Law enforcement authority for IG investigators, 150, 189–192, 213	监察长调查员的执法权力, 150, 189–192, 213
Layton, John, 86, 120, 173	约翰·莱顿, 86, 120, 173
Lee, Darry J., 193	达瑞尔·J·李, 193
Legal counsel for IGs, 182–184	监察长法律顾问, 182–184
Levin, Carl, 219	卡尔·列文, 219
Levitas, Elliott, 43, 103	艾略特·莱维塔斯, 43, 103
Lewis, Lorraine, 209	洛林·刘易斯, 209
"Lone wolf" IG, 59–61	"孤狼"型监察长, 59–61

Loomis, Burdett, 44	伯得特·卢米斯, 44
Lynch, Marjorie, 59–60	玛乔丽·林奇, 59–60
McBride, Thomas, 86, 105	托马斯·麦克布莱德, 86, 105
McCubbins, Mathew, 42	马修·麦卡宾斯, 42
McGrain v. Daugherty, 48	麦格伦·V·多尔蒂, 48
McIntyre, James, 62	詹姆斯·麦金太尔, 62
Mackenzie, G. Calvin, 105, 171–172	G·卡尔文·麦肯齐, 105, 171–172
Madison, James, 63	詹姆斯·麦迪逊, 63
Mangano, Michael, 198	迈克尔·曼加诺, 198
Mann, Thomas, 74	托马斯·曼恩, 74
Maria, Ray, 168, 183–184, 188	蕾·玛丽亚, 168, 183–184, 188
Martin, John, 86, 163, 173, 187	约翰·马丁, 86, 163, 173, 187
Maynard-Moody, Steven, 12–13	史蒂文·梅纳德穆迪, 12–13
Media as audience for IG reports, 150–155	媒体作为监察长报告阅读人, 150–155
Medicare and Medicaid provider fraud case, 151–155	医疗保险和医疗补助提供商服务诈骗案, 151–155
Melchner, John, 187	约翰·梅尔克纳, 187
Moe, Ronald C., 113, 114	罗纳德·C·莫, 113, 114
Moe, Terry, 109	特里·莫, 109
Monitoring, 16–21;	监督行为, 16–21;
reform of IG system and, 230–231	监察长制度改革以及……, 230–231
Moore, Mark, 39–40, 204	马克·摩尔, 39–40, 204
Moran, William, 195, 196	威廉·莫兰, 195, 196
Morris, Thomas, 64, 84, 86, 98–100	托马斯·莫里斯, 64, 84, 86, 98–100
Morrison, Alexia, 65	亚历克西娅·莫里森, 65
Morrison v. Olson, 65	莫里森·V·奥尔森, 65
Mosher, Frederick, 13, 27	弗雷德里克·莫舍, 13, 27
Moss, Frank, 40	弗兰克·莫斯, 40
Mulberry, Richard, 119–120	理查德·马尔伯里, 119–120
Mutual Security Act amendments of 1959, 28	《1959年共同安全法修正案》, 28
Naked Reverse (report), 142	《赤裸裸的反转》（报告）, 142
National Academy of Public Administration (NAPA), 22, 184	美国公共管理学会, 22, 184

National Commission on the Public Service (Volcker Commission), 109, 184	国家公共服务委员会（沃尔克委员会），109, 184
Naughton, James, 32, 63–64, 100, 140	詹姆斯·诺顿，32, 63–64, 100, 140
Newcomer, Kathryn, 197	凯瑟琳·纽科默，197
New Deal, 27	新政，27
New York Times, 216	美国时代周刊，216
Nixon administration, 33–34	尼克松政府，33–34
Novak, Michael, 116, 119	迈克尔·诺瓦克，116, 119
Novotny, Thomas W., 30	托马斯·W·诺沃特尼，30
Occupational Safety and Health Administration (OSHA), 136	职业安全与卫生管理局，136
Office of Community Services, 94	社区服务管理办公室，94
Office of General Counsel (OGC), 183	法律总顾问办公室，183
Office of Management and Budget (OMB), 7;	管理和预算办公室，7；
assistant secretaries for management and, 112–114;	负责管理的部长助理以及……，112–114；
contracting-out initiative, 113;	外包倡议，113；
coordination of IG offices, 186;	协调监察长办公室间，186；
establishment of, 27;	建立，27；
IG investigation controversy, 142;	关于监察长调查权限的争议，142；
management initiatives, 47–48;	管理举措，47–48；
management side of, 113–114;	管理方面，113–114；
oversight failure, 234;	监督失效问题，234；
war on waste, 104.	反浪费战争，104。
See also OMB-IG allianceOMB-IG alliance, 120, 224–225;	另见管理和预算办公室与监察长的联盟管理和预算办公室与监察长的联盟，120, 224–225；
changes during Bush administration, 135;	布什政府时期的变化，135；
IGs' incentives, 115–118;	监察长激励机制，115–118；
IGs undermined by, 111;	被削弱权限的监察长们，111；
OMB's incentives, 112–115;	管理和预算办公室激励机制，112–115；
origins of, 106–107;	起源，106–107；
recruitment of IG candidates, 107–108;	监察长候选人的招募，107–108；

staffing of IG offices, 108 – 111

Office of Personnel Management (OPM), 91 – 92

Office of inspector general (OIGs). See Organization of IG offices

Okun, Arthur M., 165 – 166

Olson, Theodore, 65

Orange Book, 220

Organization of IG offices, 227 – 228;

coordinating mechanism for all IG offices, 186 – 189;

deputy IGs, 181 – 182;

expansion of offices, 176, 177 – 179, 181;

future prospects, 189 – 199;

history of, 177 – 189;

independence from parent agencies, development of, 180, 181 – 186;

law enforcement authority for investigators, 150, 189 – 192, 213;

legal counsel, 182 – 184;

legal requirements, 175;

personnel system, 184 – 185;

physical location of offices, 185 – 186;

subpoena authority for IG investigators, 192 – 194, 213 – 214

Oversight, 15 – 16, 42 – 43, 45 – 46, 51

Palumbo, Dennis, 12 – 13

Pension Welfare Benefits Administration (PWBA), 136

Performance accountability, 3;

comparison with other accountability methods, 14 – 16, 18 – 20;

complexity of, 16;

durability of, 16;

监察长办公室人员配置, 108 – 111

人事管理办公室, 91 – 92

监察长办公室。另见监察长办公室的组织架构

亚瑟·M·奥肯, 165 – 166

西奥多·奥尔森, 65

橘皮书, 220

监察长办公室的组织架构, 227 – 228;

监察长办公室协调机制, 186 – 189;

副监察长, 181 – 182;

办公室的扩展, 176, 177 – 179, 181;

未来展望, 186 – 189;

历史, 177 – 189;

子机构的独立性发展, 180, 181 – 186;

调查人员的执法权力, 150, 189 – 192, 213;

法律委员会, 175;

法律要求, 175;

人事制度, 184 – 185;

办公室地点, 185 – 186;

监察长调查员传讯权限, 192 – 194; 213 – 214

监督, 15 – 16, 42 – 43, 45 – 46, 51

丹尼斯·帕伦博, 12 – 13

养老金与福利管理局, 136

绩效问责制, 3;

与其他问责制方式比较, 14 – 16, 18 – 20;

复杂度, 16;

耐用度, 16;

management and oversight in, 15 – 16;	管理和监督, 15 – 16;
mechanisms for achieving change, 15;	实现变革的机制, 15;
monitoring and, 18 – 20;	监督以及……, 18 – 20;
reform of IG system and, 230;	监察长机制的改革以及……, 230;
sanctions, role of, 15	处罚的作用, 15
Personnel systems of IG offices, 184 – 185	监察长办公室的人事制度, 184 – 185
Pierce, Samuel, 69, 75, 76	塞缪尔·皮尔斯, 69, 75, 76
Politicization of bureaucracy, 109 – 110	官僚主义政治化, 109 – 110
Politicization of IGs, 169, 186 – 187	监察长制度政治化, 169, 186 – 187
Porter, Elsa, 62	埃尔莎·波特, 62
Post-bureaucratic paradigm for accountability, 21	问责制的后官僚范式, 21
Power River Basin coal lease sale, 119	波德河煤田租约权拍卖, 119
President's Commission on CIA Activities within the United States (Rockefeller Commission), 35	总统调查中情局美国境内活动委员会（洛克菲勒委员会）, 35
President's Council on Integrity and Efficiency (PCIE), 104, 107, 112, 121, 134, 211, 212, 227, 231, 233;	总统廉政与效率委员会, 104, 107, 112, 121, 134, 211, 212, 227, 231, 233;
coordinating function, 186 – 189	协调功能, 186 – 189
President's Council on Management and Efficiency (PCME), 112	总统管理与效率委员会, 112
Professionalism of IGs, 204 – 205	监察长专业化, 204 – 205
Program Fraud and Civil Remedies Act, 22, 141	《项目欺诈与民事补救法》, 22, 141
Quality management, 17, 21, 76 – 77	质量管理, 17, 21, 76 – 77
Qui tam investigations, 165	公私共分罚款事件调查, 165
Railroad Retirement Board (RRB), 206	铁路职工退休委员会, 206
Reagan, Ronald, 35, 102, 103, 104, 107, 231	罗纳德·里根, 35, 102, 103, 104, 107, 231
Reagan administration: appointees, quality of, 112;	里根政府：被任命者的素质, 112;
compliance accountability, focus on, 102 – 103;	关注合规问责制, 102 – 103;
coordination of IG offices, 186;	监察长办公室间的协调关系, 186;
firing of Carter-era IGs, 102 – 104;	卡特政府时期监察长的解聘, 102 – 104;
HUD scandal, 1 – 2, 69 – 77, 200;	住房与城市发展部丑闻, 1 – 2, 69 – 77, 200;
IGs' experiences during, 104 – 120, 121 – 131;	在……期间的监察长经历, 104 – 120,

recruitment of IG candidates, 82–90;	监察长候选人的招募，82–90；
Reform 88 program, 112–113, 114;	88号改革方案，112–113，114；
trust in government and, 221;	政府信任度以及……，221；
war on waste, 104.	反浪费战争，104。
See also OMB-IG alliance	另见管理和预算办公室与监察长的联盟
Recruitment of IG candidates, 23–24, 82–90;	监察长候选人的招募，23–24，82–90；
reform proposals, 171–172, 233;	改革建议书，171–172，233；
self-selection issue, 107–108, 116–118, 122, 134–135	自选问题，107–108，116–118，122，134–135
Reform 88 program, 112–113, 114	88号改革方案，112–113，114
Reform of IG system: bonus and awards system, 172–174, 233;	监察长制度改革：奖金与奖励制度，172–174，233；
enhancing objectivity, 231–233;	增强客观性，231–233；
existing proposals, 229;	现存建议书，229；
IG Act and, 225–229;	监察长法案以及……，225–229；
IGs' opinions on, 158, 159, 231, 232;	监察长的观点，158，159，231，232；
improving accountability, 229–230;	完善问责制，229–230；
improving monitoring, 230–231;	完善监督，230–231；
1988 reforms, 128–131, 181;	1988年改革，128–131，181；
recruitment mechanism, 171–172, 233;	聘任机制，171–172，233；
removal only for cause, 233;	免职的唯一原因，233；
subpoena authority for IG investigators, 192–194, 213–214;	监察长调查员的传讯权限，192–194，213–214；
term of office, 169–171, 233.	任期，169–171，233。
See also Evaluation and analysis by IGs	另见监察长的评估和分析
Rehnquist, William H., 65	威廉·H·伦奎斯特，65
Reid, Inez, 103	伊内兹·里德，103
Reingold, Beth, 221	贝丝·莱茵戈尔德，221
Removal, president's power of, 63, 66, 226–227, 233	总统的免职权，63，66，226–227，233
Research methods for this book, 4–5	本书的研究方法，4–5

Ribicoff, Abraham, 67	亚伯拉罕·里比科夫，67
Richards, James, 120, 141, 149	詹姆斯·理查兹，120，141，149
Romney, George, 35	乔治·罗姆尼，35
Rosenthal, Benjamin, 58, 59, 60–61, 68	本杰明·罗森塔尔，58，59，60–61，68
Roth, William, 71, 143	威廉·罗思，71，143
Rourke, Francis, 12	弗朗西斯·鲁尔克，12
Salem, George, 137	乔治·塞勒姆，137
Sasser, Jim, 229	吉姆·萨瑟，229
Sato, Frank, 82, 83, 86, 105, 122, 173	弗兰克·萨托，82，83，86，105，122，173
Savings achieved by IGs, 101, 115, 121, 208, 209–210	监察长工作实现的结余，101，115，121，208，209–210
Schwartz, Thomas, 42	托马斯·施瓦茨，42
Scientific management, 21	科学管理，21
Search commission recruiting process, 171–172, 233	遴选委员会，171–172，233
Senate, U.S.: confirmation of IG nominees, 89–90;	美国参议院：确认监察长人选，89–90；
Finance Committee, 40;	财务委员会，40；
General Services, Federalism, and the District of Columbia Subcommittee, 144;	总务、联邦事务以及华盛顿地区小组委员会，144；
Government Affairs Committee, 42, 68, 90, 129, 133, 134, 141, 142–143, 144, 161, 168, 188, 207;	政府事务委员会，42，68，90，129，133，134，141，142–143，144，161，168，188，207；
HUD investigating committee, 74, 75–76;	住房与城市发展部调查委员会，74，75–76；
IG Act amendments, 67–68;	监察长法案修订案，67–68；
interest in IGs, 55;	监察长利益，55；
Oversight of Government Management Subcommittee, 219	政府管理监督小组委员会，219
Senior Executive Service (SES), 15, 92, 105–106	高级行政服务机构，15，92，105–106
Seven-day letters, 24, 66, 228;	七日报，24，66，228；
visibility of IG activities and, 219	监察长活动透明度以及……，219
Shane, Peter, 48	彼得·谢恩，48
Shays, Christopher, 1–2, 69, 75	克里斯托夫·谢斯，1–2，69，75

Sherrick, Joseph, 163	约瑟夫·谢里克，163
Simmons, Rex, 25	雷克斯·西蒙斯，25
Small Agency IGs, 131, 132–133	小机构监察长，131，132–133
Small Business Administration (SBA), 206, 207, 209	小企业管理局，206，207，209
Smith, Sid, 90	锡得·史密斯，90
Social Security Administration, 216	国家安全局，216
Staats, Elmer, 41	埃尔默·斯塔茨，41
Staffing of IG offices, 92–95, 108–111, 124, 125, 158–159, 160, 162, 163–165, 168, 207, 209	监察长办公室人员配置，92–95，108–111，124，125，158–159，160，162，163–165，168，207，209
Staggers, Harley O., Jr., 189	海莉·O·小斯塔格斯，189
State, U.S. Department of, 110–111, 138, 163, 165;	美国国务院，110–111，138，163，165；
creation of IGship, 28–31;	监察长身份的建立，28–31；
expansion of IG office, 177–178;	监察长办公室的扩大，177–178；
problems with IGship, 118	监察长身份问题，118
Sterling, A. Mary, 169, 226	玛丽·斯特林，169，226
Stockman, David, 107	大卫·斯托克曼，107
Subpoena authority for IG investigators, 192–194, 213–214	监察长调查员的传讯权限，192–194，213–214
Success rates of IG investigations, 210–214	监察长调查员成功率，210–214
Superfund scandal, 118–119	超级基金丑闻，118–119
Supreme Court, U.S., 65	美国最高法院，65
Talmage, Herman, 99	赫尔曼·塔尔梅奇，99
Tanaka, Deidre, 212–213	黛德丽·田中，212–213
Taylor, Frederick, 21	弗雷德里克·泰勒，21
Term of office for IGs, 169–171, 233	监察长任期，169–171，233
Thomas, James, 86, 105, 173, 182, 183	詹姆斯·托马斯，86，105，173，182，183
Thurmond, Strom, 129	斯特罗姆·瑟蒙德，129
Time magazine, 1	时代周刊，1
Transportation, U.S. Department of, 92, 94, 192	美国交通部，92，94，192

Treasury, U. S. Department of, 48;	美国财政部，48；
expansion of IG office, 177-178;	监察长办公室的扩大，177-178；
IGship created for, 129, 134	监察长身份的建立，129，134
Trust in government, 46-47, 220-221	政府信任度，46-47，220-221
United States v. Nixon, 48	美国诉尼克松案，48
U. S. Information Agency (USIA), 209	美国新闻署，209
U. S. V. Iannone, 193	美国诉伊安诺尼案，193
"Value added" of government programs, 222-223	政府项目的"增值"，222-223
Vander Schaaf, Derek, 163, 173	德里克·范德·沙夫，163，173
Veterans Administration (VA): coverage of activities by IG, 207;	退伍军人管理局：监察长活动范围，207；
location of IG office, 186;	监察长办公室地点，186；
savings achieved by IG, 210	监察长工作实现的结余，210
Veterans Affairs, U. S. Department of, 87	美国退伍军人事务部，87
Visibility of IG results, 214-216;	监察结果的透明度，214-216；
methods for achieving visibility, 217-220;	确保透明度的方法，217-220；
quality and quantity concerns, 216-217	质量和数量问题，216-217
Vogel, Raymond, 87	雷蒙德·沃格尔，87
Wallace, Chris, 151, 152-153	克里斯·华莱士，151，152-153
Walton, Mary, 17	玛丽·沃尔顿，17
Washington Post, 144, 216	华盛顿邮报，144，216
Watt, James, 1, 76	詹姆斯·瓦特，1，76
Waxman, Henry, 44	亨利·韦克斯曼，20
Weber, Max, 20	马克斯·韦伯，20
Weiss, Janet, 16	珍妮特·韦斯，16
When Americans Complain (Gellhorn), 33	《当美国人抱怨之时》（盖尔霍恩），33
Whitten, Jamie L. 34	杰米·L·惠滕，34
Williams, Walter, 231	沃尔特·威廉姆斯，231
Wright, Jim, 50	吉姆．怀特，50
Wright, Joseph, 34-35, 107-108, 113, 115, 116, 121, 135, 188	约瑟夫．怀特，34-35，107-108，113，115，116，121，135，188